Spanish B SL&HL
FOR THE IB DIPLOMA

Helena Matthews

PEAK

Published by:
Peak Study Resources Ltd
1 & 3 Kings Meadow
Oxford OX2 0DP
UK

www.peakib.com

Spanish B SL&HL Study & Revision Guide for the IB Diploma

ISBN 978-1-913433-55-0

© Helena Matthews 2022

Helena Matthews has asserted her right under the Copyright, Design and Patents Act 1988 to be identified as the author of this work.

All rights reserved. No part of this publication may be reproduced, stored in a retrieval system, or transmitted in any form or by any means, without the prior permission of the publishers.

***PHOTOCOPYING ANY PAGES FROM THIS PUBLICATION,
EXCEPT UNDER LICENCE, IS PROHIBITED***

Peak Study & Revision Guides for the IB Diploma have been developed independently of the International Baccalaureate Organization (IBO). 'International Baccalaureate' and 'IB' are registered trademarks of the IBO.

Books may be ordered directly from the publisher (see www.peakib.com) and through online or local booksellers. For enquiries regarding titles, availability or retailers, please email books@peakib.com or use the form at www.peakib.com/contact.

Printed and bound in the UK

CPI Group (UK) Ltd, Croydon CR0 4YY

www.cpibooks.co.uk

Cover image: Barcelona, viewed from Park Güell
(Adobe Stock)

Welcome to my study and revision guide for IB Spanish B!

If you love Spanish and have bought this book at the start of your course, it will guide you through each stage, reinforce what you are doing in class and always put you a step ahead. However, if you have picked this up just before the exams and you need a last push to help you improve your Spanish grade, then it will provide you with plenty of revision tips and exam strategies to help you maximise the study time you have remaining and get the most marks in the assessments.

While I have used colour and highlighting to help make key points in spelling and grammar clear, you are advised to add your own notes and mark-up as you go along; interacting with the content rather than just reading it helps with comprehension and recall.

Whether you are HL or SL, you need to score consistently highly if you are aiming for a top grade. However, I really believe that a 7 is achievable as long as you understand what is expected of you, so work through this book and take the advice on board to upgrade your language skills and prepare for the assessments with confidence.

¡Suerte!

Helena Matthews

SPANISH B SL&HL

Dedication

I am grateful to the Godolphin & Latymer School for awarding me sabbatical leave to write the present edition of this Guide. As always, the support and encouragement of my wonderful colleagues in the Spanish Department has been invaluable. Finally, I thank Rob for his love and patience, and dedicate this book to Thomas and Harry, who I hope will grow up loving Spanish as much as I do.

Acknowledgements

Paper 1 text types:

Text types were adapted from original assignments produced by students at the Godolphin & Latymer School. Their collaboration and enthusiasm for IB Spanish has significantly contributed to the development of this guide.

Listening Comprehension audio files:

I am indebted to Jenny McNally-Cross, Ana San Martín, Clara Saavedra, Walter Barona, Maria José Coto Diaz, Cristian Marcos Álvarez, María Caló and Raimon Salazar Bonet for their assistance in the production of the audio files.

Reading Comprehension texts:

Concepción Macías Sánchez – almanatura.es
Constanza Mahecha – zonamovilida.es
Juan Barcala – controlaclub.org
Susanne Rieger & Anne Rupp – indialogo.es
Amaia Celorrio Amonarraiz – ayudaenaccion.org
Hernán M. Di Menna & Andres Hax – clarín.com
Manuel Rodríguez – entornonatural.net
Juan Luis Caviaro – blogdecine.com

HL Reading Comprehension texts:

Joann Schwendemann – doverpublications.com
Spanish Stories: Cuentos Españoles (A Dual-Language Book), edited by Angel Flores (1987, Dover Publications, Inc., New York)
Spanish-American Short Stories: Cuentos hispanoamericanos (A Dual-Language Book), edited and translated by Stanley Appelbaum (2005, Dover Publications, Inc., New York)

Listening Comprehension texts adapted from:

Text A: https://www.youtube.com/watch?v=Ko9axPle_-A & https://elpoderdelconsumidor.org/2020/05/todo-lo-que-debes-saber-sobre-el-nuevo-etiquetado-de-advertencia/

Text B: https://youtu.be/MDBdFV57rmQ

Text C: entrevista de la autora con Gemma Verdés

Text D: http://agenciacomunica.soc.unicen.edu.ar/index.php/entrevistas/719-en-argentina-las-mujeres-ganamos-un-27-menos-que-los-hombres & http://argentinainvestiga.edu.ar/noticia.php?titulo=los_derechos_politicos_de_la_mujer&id=1969

Text E: Javier De Rivera http://sociologiayredessociales.com/2016/04/entrevista-sobre-la-moda-de-los-selfies/

Text F: https://www.youtube.com/watch?v=qKlh23dZPyI

HL Oral Literary extracts:

Invisible © 2018, Eloy Moreno. Licencia editorial otorgada por Penguin Random House Grupo Editorial, S.A.U.
Los jóvenes no pueden volver a casa © Mario Martz, 2017 © Anamá Ediciones, 2017. Licencia editorial otorgada por Anamá Ediciones

Image credits

SL Oral images and all images throughout the book licensed from Adobe Stock (stock.adobe.com) unless listed below:
Honduran migrants walk toward El Florido border crossing point in Vado Hondo, Guatemala (page 133): licensed from REUTERS/Luis Echeverria, 2021.
Equal salary poster (page 134): Public Services International (https://publicservices.international), used with permission.
Residents walk along a street covered in mud and debris due to the rains brought by Hurricanes Eta and Iota, in San Pedro Sula, Honduras: licensed from REUTERS/Jose Cabezas, 2020.

Contents

Chapter 1: Introduction to Spanish B 1

1.1	Aims of Language B Spanish HL & SL (*Objetivos*)	1
1.2	Prior learning (*Conocimientos previos*)	1
1.3	IB learner profile in Spanish B (*Perfil de la comunidad de aprendizaje del IB*)	1
1.4	Spanish B and the Core (*Núcleo*)	2
1.5	ATLs in Spanish B (*Enfoques de la enseñanza y el aprendizaje*)	2
1.6	Academic honesty in Spanish B (*Probidad académica*)	3
1.7	Spanish – a global language	3
	1.7.1 Regional languages of Spain	4
	1.7.2 Spanish words derived from Arabic	4
	1.7.3 Variations in Latin America	4
	1.7.4 Spanglish	4
	1.7.5 Spanish words derived from *Náhuatl*	5
	1.7.6 Indigenous Peoples and Afro-descendants in Latin America and the Caribbean	5
1.8	Syllabus – Themes (*Áreas temáticas*)	6
1.9	Syllabus – Text types (*Tipos de texto*)	8
1.10	Literary texts HL (*Textos literarios NS*)	8
1.11	Conceptual understanding (*Comprensión conceptual*)	9
1.12	The 5 concepts (*Los 5 conceptos*)	9
1.13	FAQs about Spanish B	10
1.14	Assessment outline	11
	1.14.1 Higher Level (*Nivel superior*)	11
	1.14.2 Standard Level (*Nivel medio*)	11

Chapter 2: Paper 1 – Writing 12

2.1	Differences between SL and HL	12
2.2	Assessment criteria for Paper 1	13
	2.2.1 The criteria explained	13
	2.2.2 Examiners' gripes	13
2.3	Conceptual understanding	14
	2.3.1 Text types	14
	2.3.2 The 5 concepts	14
	2.3.3 Register	15
	2.3.4 Style and tone	18
	2.3.5 Appellative and phatic language	19
	2.3.6 Paragraphs and cohesive devices	20
2.4	Paper 1 questions	20
	2.4.1 Breaking down the questions	20
	2.4.2 Annotate the questions	20
	2.4.3 What is meant by 'appropriate' text type?	21
	2.4.4 What else do I need to know about choosing a question?	21
	2.4.5 Referring to all aspects of the question	22
	2.4.6 Word count	22
	2.4.7 Paper 1 exam rubrics	22
2.5	Paper 1 checklist	25

2.6		Index of text types for P1	26
	2.6.1	Artículo (diario, revista)	27
	2.6.2	Blog	29
	2.6.3	Columna de opinión	31
	2.6.4	Editorial	33
	2.6.5	Carta al director (a la directora)/Carta de los lectores	35
	2.6.6	Conjunto de instrucciones/directrices	37
	2.6.7	Correo electrónico (informal)	39
	2.6.8	Correo electrónico (formal)	41
	2.6.9	Carta (informal)	43
	2.6.10	Carta/Correspondencia formal/Carta de motivación	45
	2.6.11	Crónica de noticias	47
	2.6.12	Diario personal	48
	2.6.13	Discurso	51
	2.6.14	Presentación	53
	2.6.15	Introducción a conferencia o debate	55
	2.6.16	Ensayo	57
	2.6.17	Entrevista	59
	2.6.18	Folleto/panfleto	61
	2.6.19	Informe	63
	2.6.20	Publicación en medios sociales/foro en línea	65
	2.6.21	Reseña	67
	2.6.22	Propuesta	71

Chapter 3: Paper 2 – Listening comprehension 73

3.1	Text types and conceptual understanding	74
3.2	Rubrics and question types	74
3.3	Accents and regional variations	75
	3.3.1 Characteristics of Latin American Spanish, and Spanish spoken in Andalusia and the Canary Islands	76
	3.3.2 Characteristics of Spanish spoken in the Southern Cone	76
	3.3.3 Characteristics of Mexican Spanish	77
3.4	Differences in register and pronouns	77
3.5	Idioms	78
3.6	How can I improve my listening and become familiar with different accents?	78
3.7	General listening tips for the exam	78
3.8	Practice Listening comprehension texts	79

Chapter 4: Paper 2 Reading comprehension 89

4.1	Question types and rubrics	89
4.2	Practice Reading comprehension texts SL/HL	92
4.3	Higher Level literary texts	112
	4.3.1 HL Literary map of authors	113
4.4	Practice Reading comprehension texts HL	114

Chapter 5: Internal Assessment – Oral 124

5.1	Format of the oral exam	124
5.2	Assessment criteria for Internal assessment explained	125

5.3	FAQs on the oral		125
	5.3.1	SL FAQs	126
	5.3.2	HL FAQs	127
5.4	Suggested HL Literary texts		128
5.5	SL Presentation on a visual stimulus		129
	5.5.1	Part 1 – Presentation	129
	5.5.2	Part 2 – Questions on the presentation	129
	5.5.3	Más expresiones para hablar de una imagen	130
	5.5.4	Worked examples	131
	5.5.5	SL Oral presentation planner	136
5.6	HL Presentation on a literary extract		137
	5.6.1	Part 1 – Presentation	137
	5.6.2	Part 2 – Questions on the presentation	137
	5.6.3	Más expresiones para hablar de la obra literaria	138
	5.6.4	Worked examples	139
	5.6.5	HL Oral presentation planner	149
5.7	Parte 3: discusión general SL/HL		150
	5.7.1	Área temática – Identidades	150
	5.7.2	Área temática – Experiencias	150
	5.7.3	Área temática – Ingenio humano	152
	5.7.4	Área temática – Organización social	153
	5.7.5	Área temática – Cómo compartimos el planeta	154
5.8	General oral exam revision tips		155

Chapter 6: Language – Vocabulary 159

6.1	Vocabulary learning strategies	160
6.2	Vocabulario de las Áreas temáticas	161
6.3	A-Z de verbos útiles	166
6.4	Expresiones idiomáticas	167
6.5	Falsos amigos	168
6.6	Palabras frecuentes	169
6.7	Conectores	170
6.8	Marcadores secuenciales	171
6.9	Cómo traducir los verbos compuestos del inglés	171
6.10	Cómo traducir '*to become*' y otros verbos de cambio	173
6.11	Verbos que cambian de significado con el 'se' reflexivo	174
6.12	Expresiones para discutir y argumentar	174
6.13	Expresiones para comparar y contrastar	176
6.14	Cómo expresar datos	177
6.15	Países y nacionalidades	178
6.16	Errores comunes de vocabulario del NM (*SL*)	179
6.17	Vocabulario literario esencial de NS (*HL*)	181

Chapter 7: Language – Grammar 183

7.1 Basic Errors — 184
- 7.1.1 Interference from English — 184
- 7.1.2 Nouns, gender and articles — 186
- 7.1.3 Agreements — 187
- 7.1.4 Accents — 188
- 7.1.5 Punctuation — 189
- 7.1.6 Prepositions — 191
- 7.1.7 Verbs and tenses — 193
- 7.1.8 Irregular verbs — 200
- 7.1.9 Six key verbs: *hacer, ser, estar, ir, tener, haber* — 204
- 7.1.10 Repaso 1 – los errores básicos — 208

7.2 Complex Structures — 209
- 7.2.1 Subordinate clauses — 209
- 7.2.2 Relative clauses — 210
- 7.2.3 Using the subjunctive — 211
- 7.2.4 Compound tenses with *haber*, *estar* and *ir* — **220**
- 7.2.5 Moving between different time frames — 221
- 7.2.6 Imperatives — 222
- 7.2.7 Using the gerund or the infinitive — 223
- 7.2.8 Avoiding the passive voice — 224
- 7.2.9 Using pronouns — 226
- 7.2.10 Using negatives and affirmatives — 229
- 7.2.11 Repaso 2 – las estructuras complejas — 229

Chapter 8: Answers and transcripts 230

8.1 Answers and transcripts for questions — 230

Chapter 9: Links and recommended resources 243

9.1 Linked resources for this guide — 243
9.2 Recommended resources — 243
- 9.2.1 Books — 243
- 9.2.2 Podcasts and audio resources — 243
- 9.2.3 Audio magazines — 243
- 9.2.4 Websites — 244
- 9.2.5 Apps — 244

About this guide

This book is not intended as a substitute for your textbook, class work or independent research; it is more of an additional, focused guide that takes you through the key parts of the syllabus, provides advice and pointers to other resources or linked topics, and is especially useful for exam preparation.

You are strongly encouraged to make this book your own: highlight key words or concepts, put your notes in the margin, mark up text and diagrams, add your own links to other sources, and so on. As well as helping to consolidate your understanding of each topic, this will give a solid base to review when it comes to preparing for final exams.

Navigating the guide

This guide is structured to enable you to study efficiently:

- it is organised according to the components of the assessments you will take,
- practice questions follow the relevant sections of text, with answers and transcripts in the last chapter,
- key terms are highlighted in bold, and
- cross references provide links between connected topics.

We also have margin notes and highlighted sections in the text which use colours and icons to help you quickly and easily identify types of information.

Key to icons used in this study guide

Icon	Name	Description
	Study notes and exam tips	A combination of study suggestions, guidance on what you need to know for exams and what can gain extra marks, and tips to guard against common errors or misconceptions.
	Vocabulary and key terms	Selected words and phrases that you should be familiar with.
	Practice question	Questions to help you self-test your understanding. These appear after each topic with answers at the end of the book.
	Worked example	Helpful illustrations to explain a concept or problem type.
	Key concept/information	Recurring and significant ideas or information that are particularly important to understanding sections of the course.
	Cross-reference	Links to connected topics in the guide.
	More information	Pointers to resources outside this guide that will boost your understanding of the topic.
	Media link	Online resources including audio components for practice questions linked via the Peak Study Resources website.

SPANISH B SL&HL

Linked resources

The audio resources for the listening comprehension practice questions in Chapter 3 can be found on the Peak Study Resources website.

Scan the QR code or type in the following shortlink URL to take you to the index page:

https://peakib.com/link/55af

See Chapter 9 for a summary of other useful external resources.

Please note that while checks were made at the time of writing, neither the author nor Peak Study Resources can be liable for the suitability or availability of third party content following publication of this guide. Where external links break, we will whenever possible provide updated references on the Peak website (see link on back cover).

Chapter 1: Introduction to Spanish B

1.1 Aims of Language B Spanish HL & SL (*Objetivos*)

The Spanish B course aims to help you develop your international-mindedness and promotes social and intercultural interaction and understanding. It offers you opportunities to develop your critical and creative thinking and encourages you to be a life-long language learner. By the end of the course, you should be able to understand and analyse a variety of types of text, communicate clearly and effectively in a range of contexts and for a range of purposes, both in speaking and writing, and use language appropriately to express your ideas.

1.2 Prior learning (*Conocimientos previos*)

Students come to Spanish B with a range of previous exposure to the language. The Language B Guide suggests that if you are at A2–B1 level already under the *Common European Framework of Reference for Languages*, then SL is suitable. If you are already at B1–B2 level, then HL is suitable. There may be other factors which determine the level you choose, such as your higher education aspirations, attitude towards the language, or simply because you need a Group 2 subject. Whatever your ability level, motivation and ambition in Spanish, the aim of this guide is to help you get the best grade you possibly can, to contribute positively towards your overall points score, and help you on your way to your next stage of learning.

1.3 IB learner profile in Spanish B (*Perfil de la comunidad de aprendizaje del IB*)

The *Perfil de la comunidad de aprendizaje del IB* offers us as teachers and students a series of values which align perfectly with language learning. Being willing to communicate with people in another language requires risk-taking; showing curiosity for their culture and beliefs demonstrates inquiry and an open mind; understanding ourselves and how we learn requires us to think and reflect. These terms, which should by now be very familiar to you, are worth bearing in mind as you enter the examination room – the oral exam is the perfect chance to show the examiner how learning Spanish has helped you develop these qualities over the two-year course, through the thoughtful and knowledgeable answers you give.

Inquirers	*Indagadores*	**Open-minded**	*De mentalidad abierta*
Knowledgeable	*Informados e instruidos*	**Caring**	*Solidarios*
Thinkers	*Pensadores*	**Risk-takers**	*Audaces*
Communicators	*Buenos comunicadores*	**Balanced**	*Equilibrados*
Principled	*Íntegros*	**Reflective**	*Reflexivos*

1.4 Spanish B and the Core (*Núcleo*)

▶ *Teoría del Conocimiento*: All the Spanish B topics offer you opportunities to ask questions and to think critically, while many Paper 1 text types require you to organise and justify an argument. The skills you learn in TOK will make you a more effective language learner, while learning a language encourages us to question:
- *¿Es posible pensar sin la lengua?*
- *Si una persona habla más de una lengua, ¿lo que sabe es distinto en cada lengua?*
- *¿Somos conscientes del impacto que tiene la cultura sobre lo que creemos?*

▶ *Creatividad, Actividad y Servicio*: Where relevant, take the opportunity in lessons, in your oral exam, or in Paper 1, to share the experiences you gain through CAS, to demonstrate intercultural understanding. Also:
- Could you join a voluntary project in a Spanish-speaking country?
- Could you work with vulnerable Spanish-speaking communities in your area?
- Could you support younger students in your school who are struggling with Spanish?

▶ *Monografía*: You can choose to write your Extended Essay in Spanish, to explore an aspect of Hispanic language, culture or literature in greater depth.
- Could you develop the thinking, research and self-management skills necessary to undertake the EE in Spanish?

1.5 ATLs in Spanish B (*Enfoques de la enseñanza y el aprendizaje*)

The ATLs go hand in hand with the Learner Profile, to offer you guidance on the attitudes, skills and strategies that will enable you to maximise your learning across your IB subjects, and for the rest of your life. In Spanish B, the 5 approaches to learning are intrinsically relevant to learning a language:

Thinking skills   *Habilidades de pensamiento*

The vast range of topics that you will study in relation to Spanish-speaking countries and cultures, and the range of sources you will read, hear and watch in Spanish, will challenge you to think, and develop your own ideas.

Social skills   *Habilidades sociales*

You will gain an appreciation for the appropriate mode of address to use in Spanish social situations, but, in addition, language classrooms are sociable places, and your classmates may be from all over the world, so much emphasis is placed on talking and listening to each other, with patience and interest.

Communication skills   *Habilidades de comunicación*

The emphasis on text types and conceptual understanding underpins the aim of developing your ability to be an effective communicator in Spanish, orally and in writing.

Self-management skills   *Habilidades de autogestión*

Learning a language is hard; it takes commitment, concentration, revision and time, so the ability to self-manage and self-motivate is essential if you are aiming for a high grade.

Research skills   *Habilidades de investigación*

Whether you are researching for a class presentation or for an Extended Essay in Spanish, you should aim to develop the skills and confidence to find and use authentic, reliable sources, in Spanish.

1.6 Academic honesty in Spanish B (*Probidad académica*)

Most written assignments in Spanish B could be considered creative writing, so there is perhaps less chance of inadvertently plagiarising the work of others or not crediting sources appropriately. However, the greatest threat to *la probidad académica* in Spanish B is perhaps the temptation to use online translators to skip out the difficult bit of working out how to write a whole sentence in Spanish. To do so undermines your chances of truly understanding how the language works, of making genuine progress through taking risks, and of reaping the rewards of persevering with the learning of vocabulary. Academic honesty should also be considered as you approach your Internal Assessment (oral exam) and you are encouraged to have faith that you *can* think on the spot, *can* convey your ideas spontaneously, and that you will be rewarded for doing your best.

1.7 Spanish – a global language

Spanish is the *most popular* language chosen at **Language B**, whether at HL, SL or *Ab Initio*. But it is not a homogeneous language. During your course, you should study a range of topics from the perspectives of different Spanish-speaking countries and cultures, and become familiar with different regional variations. Despite this aim, Spanish B examiners find that students' general knowledge and understanding of Spanish as a global language can be lacking, with ideas expressed in examination scripts that are superficial and stereotypical.

Figure 1.1: **Map showing Spanish-speaking countries**

Linguistic variation is particularly relevant to the study of Spanish because it is spoken in so many countries besides mainland **Spain**, including the **Canary Islands**, the **Balearic Islands** and most countries in **Latin America** and the **Caribbean**. A legacy of its colonial past, Spanish is also spoken in **Equatorial Guinea** and the **Philippines**. It is worth looking at maps and familiarising yourself with all these places, as well as doing some research into the **Spanish Conquest** and **European colonialism** in the Americas.

Paper 2 texts often deal with languages and cultures related to Spanish, while Paper 1 may have a question related to cultural diversity. While you are not expected to know about all these regional variations of Spanish, a little research can help you feel more confident when confronted by unfamiliar vocabulary and help you to impress the examiners with your knowledge and understanding.

1.7.1 Regional languages of Spain

In **Spain**, Spanish is usually referred to as *castellano* (Castilian), while *gallego*, *catalán*, *valenciano*, and *euskera* (*vasco*) are co-official languages. In **Mallorca** they speak *Mallorquí*, a dialect of *Catalan*, as well as Spanish. Other minority languages and dialects spoken in Spain include *aranés*, *asturiano*, *asturleonés*, *bable*, and *ibicenco*. Language politics can be an intensely controversial issue in Spain.

español	catalán	gallego	euskera
hablar	parlar	falar	hitz egin
muy bien	molt bé	moi ben	oso ondo
zanahoria	pastanaga	cenoria	azenarioa

1.7.2 Spanish words derived from Arabic

A lasting legacy of the Muslim conquest and nearly 800-year rule of Spain (711–1492) is the influence of Arabic on the Spanish language. Many of these words are related to food, construction and social structures. Many begin with a– or al–, because those are the articles in Arabic. Interestingly, English, French and Catalan versions of the words dropped the article.

árabe español	español	English
assúkkar	azúcar	sugar
azzáyt	aceite	oil
law šá lláh	ojalá	if God wills
ḥattá	hasta	until
ḥasána	hazaña	feat

1.7.3 Variations in Latin America

In Latin America, you will find differences in accents, pronunciation and register as well as **common vocabulary**, just as you do between English spoken in the UK, the USA, Australia, or South Africa.

See Chapter 3: Paper 2 – Listening comprehension from page 73 for further guidance.

English	In Spain	Differences in Latin America
a flat/apartment	*un piso*	*un departamento* in Mexico
a bedroom	*un dormitorio*	*una recámara* in Mexico
a bus	*un autobús*	*una guagua* in Canary Islands and Cuba
a sandwich	*un bocadillo*	*una torta* in Mexico
an avocado	*un aguacate*	*una palta* in Chile
a peach	*un melocotón*	*un durazno* in Mexico
a swimming pool	*una piscina*	*una alberca* in Mexico
a swimming costume	*un traje de baño*	*una malla* in Argentina
cool	*guay, genial*	*chévere* in Venezuela, *chido* in Mexico
to talk, chat	*hablar, chatear*	*platicar* in Mexico and Guatemala
to hurt	*hacer daño, herir*	*lastimar* in Mexico

1.7.4 Spanglish

In the United States, in cities inhabited by millions of second-generation immigrants or *Chicanos*, you will find **Spanglish** freely spoken between people who speak a mixture of English and Spanish. Some people are against this 'corruption' of languages and think that its speakers are unable to speak either language correctly. Others see it as an exciting and

1. INTRODUCTION TO SPANISH B

unstoppable phenomenon that is also an inevitable evolution of language in the Internet age. Examples of Spanglish include:

English word	Spanglish	Correct Spanish word
jeans	los jeans	los vaqueros / los tejanos
application	la aplicación	el formulario / la solicitud
to check	checar / chequear	comprobar / averiguar / verificar
to click on the link	clickear en el link	pulsar el enlace
carpet	la carpeta	la moqueta (una carpeta is a folder)
to rent	rentar	alquilar
to work out	uerkaut	hacer ejercicio

1.7.5 Spanish words derived from *Náhuatl*

In Mexico, many words are derived from *Náhuatl*, the ancient Aztec language. Some of these are related to plant and food items that the Spanish conquerors discovered there.

náhuatl	español	English
ahuacatl	aguacate	avocado
xocolatl	chocolate	chocolate
tzictli	chicle	chewing gum

1.7.6 Indigenous Peoples and Afro-descendants in Latin America and the Caribbean

It is essential to know and appreciate that there are hundreds of **pueblos indígenas** (or **pueblos originarios**) whose cultures coexist with, or are marginalized by, dominant Hispanic cultures, and whose languages are either widely spoken, or at risk of extinction. It is equally important to appreciate the colonial history behind **Afro-descendant communities**. Spanish B celebrates all these cultures and heritages, and they regularly feature in examination papers.

Search online for these prominent communities and identify their territories on the map:

los aymara/aimara

los maya

los mapuche

los kuna

los inca (lengua quechua)

los azteca (lengua náhuatl)

los caribes

los nukak

los shipibo

los guaraníes

los afrodescendientes

(see answers on page 230)

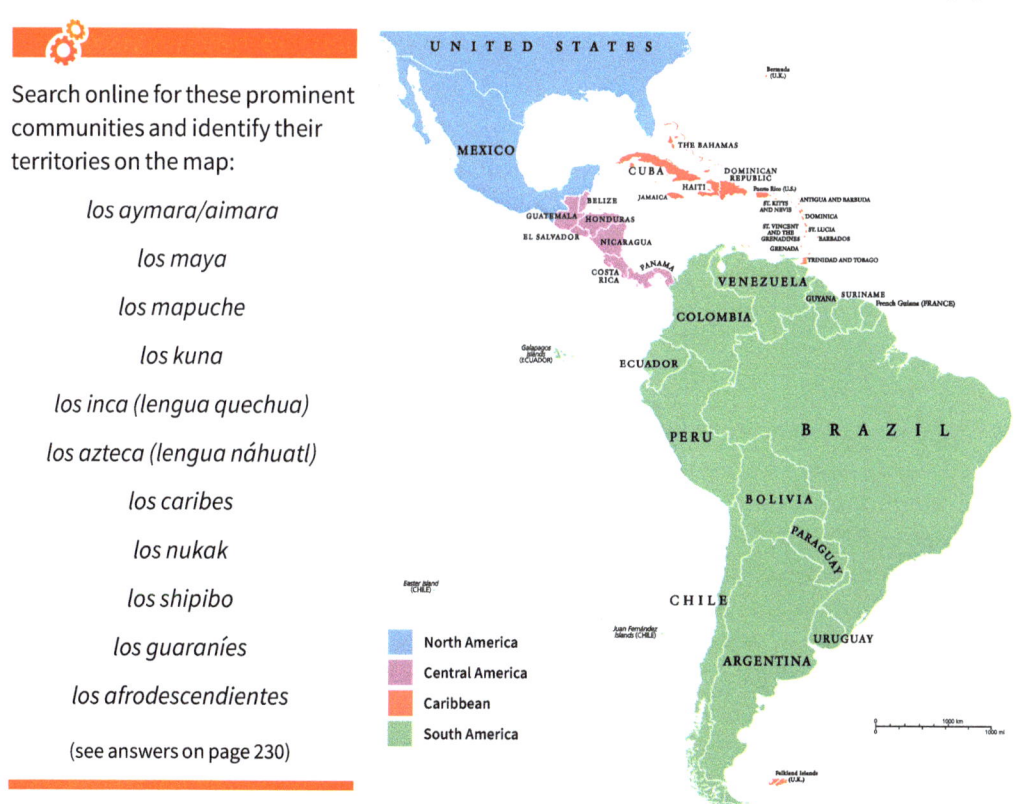

1.8 Syllabus – Themes (*Áreas temáticas*)

There are 5 prescribed **Themes** (*Áreas temáticas*) which form the basis of your course, along with a number of suggested **topics** (*Temas*). The Themes are vast, so you may not cover all aspects of them, and there is also quite a bit of overlap. For example, *Migración* comes under *Experiencias*, but is undoubtedly linked to *Cómo compartimos el planeta*. All topics must be approached from the perspective of Spanish-speaking countries and cultures.

Below are some suggestions for how your teachers might approach these topics, bearing in mind that the content you learn should give you material to talk about in your oral, opportunities to write different text types and the confidence to tackle the unpredictable reading and listening comprehension tasks.

IDENTIDADES: Explorar la naturaleza del ser y lo que significa ser humano

• **Estilos de vida** • **Salud y bienestar** • **Creencias y valores** • **Subculturas** • **Lengua e identidad**	• *¿Qué constituye una identidad?* • *¿Cómo expresamos nuestra identidad?* • *¿Qué ideas e imágenes asociamos con un estilo de vida sano?* • *¿Cómo contribuyen la lengua y la cultura a formar nuestra identidad?*

▶ Estudiar el estilo de vida y los valores de la Generación Z en Argentina marcado por una preocupación por el cambio climático, la desigualdad y las oportunidades laborales. Escribir un **artículo** para una revista o un **blog** analizando sus preocupaciones.

▶ Explorar el impacto de la pandemia del Covid-19 en Perú. Escribir un **folleto** o un **conjunto de instrucciones** dando consejos sobre cómo minimizar el riesgo de transmisión del virus.

▶ Indagar en la convivencia de las lenguas originarias en Bolivia o Guatemala con el español. Escribir un **ensayo** sobre las ventajas y desventajas de la educación bilingüe o **una publicación en un foro en línea** recogiendo diversas opiniones sobre el tema.

EXPERIENCIAS: Explorar y contar la historia de los acontecimientos, experiencias y viajes que determinan nuestra vida

• **Actividades recreativas** • **Vacaciones y viajes** • **Historias de la vida** • **Ritos de paso** • **Costumbres y tradiciones** • **Migración**	• *¿De qué manera nos ayudan los viajes a ampliar nuestros horizontes?* • *¿De qué manera da forma nuestro pasado a nuestro presente y a nuestro futuro?* • *¿Cómo marcan distintas culturas los momentos importantes de la vida y por qué lo hacen?* • *¿Cómo afectaría a nuestra visión del mundo vivir en un país que tenga una cultura distinta?*

▶ Explorar las ventajas e inconvenientes de hacer trabajo voluntario en comunidades en vías de desarrollo. Escribir una **carta de motivación** para hacer trabajo voluntario en un tortuguero en Costa Rica, o una **carta informal** a un amigo o un **diario** sobre dicha experiencia.

▶ Aprender sobre la situación de los venezolanos que emigran a Colombia. Escribir una **editorial** sobre cómo hacer frente a la necesidad de acoger a tantos migrantes o una **entrevista** con un migrante para indagar en sus experiencias.

1. INTRODUCTION TO SPANISH B

INGENIO HUMANO: Explorar cómo afectan a nuestro mundo la creatividad humana y la innovación

• **Entretenimiento** • **Expresiones artísticas** • **Comunicación y medios** • **Tecnología** • **Innovación científica**	• *¿Cómo influyen en nuestras vidas los avances en ciencia y tecnología?* • *¿Cómo nos ayudan a entender el mundo las artes?* • *¿Qué podemos aprender sobre una cultura mediante sus expresiones artísticas?* • *¿Cómo cambian los medios de comunicación la forma en que nos relacionamos?*

▶ Estudiar la obra de Frida Kahlo y cómo transmitió su visión del mundo y de la cultura mexicana a través de su arte. Escribir una **carta a los directores del colegio** pidiendo más recursos y materiales para promover y apoyar la expresión artística de los estudiantes.

▶ Ver una película en lengua española (p.e. La chispa de la vida). Escribir una **reseña** analizando lo que podemos aprender de la cultura a través de la película o un **debate** sobre los dilemas explorados (p.e. el poder de los medios de comunicación hoy en día).

ORGANIZACIÓN SOCIAL: Explorar cómo se autoorganizan o son organizados los grupos de personas mediante sistemas o intereses comunes

• **Relaciones sociales** • **Comunidad** • **Participación social** • **Educación** • **El mundo laboral** • **Ley y orden**	• *¿Cuál es el papel del individuo en la comunidad?* • *¿Qué papel desempeñan las normas y reglamentaciones en la formación de una sociedad?* • *¿Qué papel desempeña la lengua en una sociedad?* • *¿Qué oportunidades y desafíos conlleva el lugar de trabajo del siglo XXI?*

▶ Compartir los proyectos CAS de cada estudiante. Escribir y dar una **presentación** sobre su proyecto CAS explicando los objetivos, desafíos y logros.

▶ Aprender sobre el crimen organizado y la guerra contra el narcotráfico en México. Escribir una **crónica de noticias** sobre un incidente relacionado con la delincuencia o un **discurso** proponiendo soluciones al tema.

▶ Estudiar la igualdad de género en el mundo laboral en España. Escribir un **informe** analizando los datos, o una **columna de opinión** sobre cómo terminar con la discriminación y la desigualdad en el mundo laboral.

CÓMO COMPARTIMOS EL PLANETA: Explorar las dificultades y las oportunidades a las que se enfrentan los individuos y las comunidades en el mundo moderno

• **Medio ambiente** • **Globalización** • **El medio urbano y el rural** • **Paz y conflictos** • **Derechos humanos** • **Igualdad** • **Ética**	• *¿Qué cuestiones ambientales y sociales suponen dificultades para el mundo y cómo pueden superarse dichas dificultades?* • *¿Qué dificultades y ventajas conlleva la globalización?* • *¿Qué dificultades y ventajas surgen de los cambios en los medios urbano y rural?* • *¿Qué cuestiones éticas surgen de vivir en el mundo moderno y cómo las resolvemos?*

▶ Estudiar cómo la distribución de energía sostenible (p.e. paneles solares) en América Latina ayuda a desarrollar la economía local respetando la naturaleza. Escribir una **propuesta** a las autoridades explicando los beneficios de un proyecto sostenible en tu comunidad.

▶ Estudiar la ley sobre la igualdad y la autodeterminación de género en España. Escribir un **ensayo** o una **carta del lector** expresando y justificando tu opinión sobre la ética de dicha ley.

Adaptado de la Guía de Lengua B

SPANISH B SL&HL

1.9 Syllabus – Text types (*Tipos de texto*)

It is important to understand the fundamental nature of texts in Language B if you are to appreciate the format of the examinations and what you are expected to do to perform well. During the course you should be exposed to a wide range of authentic texts in Spanish, from different Spanish-speaking countries and communities. Language B understands the idea of a 'text' in its broadest sense:

- **Visual texts**: photograph, picture, painting, collage, with or without written text eg. advert

- **Written texts**: literary/fiction eg. novel, story, play, poem, song; and non-fiction eg. essay, letter, article, report, guidelines, recipe, newspaper, magazine

- **Broadcast media texts**: film, TV, radio, and their scripts

- **Oral texts**: presentation, debate, speech, interview, podcast, conversation, dialogue, and their transcripts

- **Digital texts (which include some of the above)**: text message, website, blog, social media, video sharing platform

For the purposes of the Language B assessment, the above text types are organised into 3 categories according to context, audience and purpose and you should be trained to recognise the format and presentational features of these text types.

Textos personales	Textos profesionales	Textos de medios de comunicación de masas
blog diario personal correo electrónico carta personal publicación en redes sociales publicación en salas de chat	blog correo electrónico carta formal cuestionario / encuesta ensayo informe propuesta conjunto de instrucciones	anuncio artículo blog carta al director columna de opinión crónica de noticias discurso editorial entrevista folleto / panfleto guía de viaje hoja informativa literatura (*nivel superior*) página web película podcast póster programa de radio reseña

1.10 Literary texts HL (*Textos literarios NS*)

HL students must study two works of literature over the two-year course. These can be novels, plays, short stories or poems. The HL oral, taken towards the end of the second year, is based on one of the two works you have studied. See the chapter on **Internal Assessment** for all you need to know about the oral. In addition, in HL P2 Reading Comprehension, one of the texts will be a literary extract, unrelated to the two works you are studying.

1.11 Conceptual understanding (*Comprensión conceptual*)

Language B assumes you are a mature thinker, speaker, reader and writer, (even in a foreign language), capable of distinguishing nuance in meaning, capable of reasoning and analysing, and capable of understanding that the **style** of a language depends on who the **author** (writer, speaker, etc) is, who the intended **audience** (listener, reader, recipient, etc) is, and what the **purpose** of communication is (to acquire information, to get a job, to entertain, to persuade, etc).

	Textos personales	Textos profesionales	Textos de medios de comunicación de masas
Receptor	uno mismo, amigos, conocidos o familiares	compañeros de trabajo o personas que no conoces	el público en general
Registro	informal (según el contexto/receptor), a veces coloquial, jerga aceptable a veces.	formal o neutro (según el contexto/receptor).	formal o neutro (o variable)
Propósito	describir, narrar, entretener, recomendar, persuadir	instruir, dar instrucciones, informar, explicar, analizar, convencer, interpretar, evaluar	informar, explicar, persuadir, entretener, proyectar autoridad, proyectar deseabilidad
Estilo	narrativo, personal, lúdico	claro, factual, lógico	informativo, persuasivo, autoritario

1.12 The 5 concepts (*Los 5 conceptos*)

The underpinning principles of conceptual understanding in the Spanish B exams are the following five concepts:

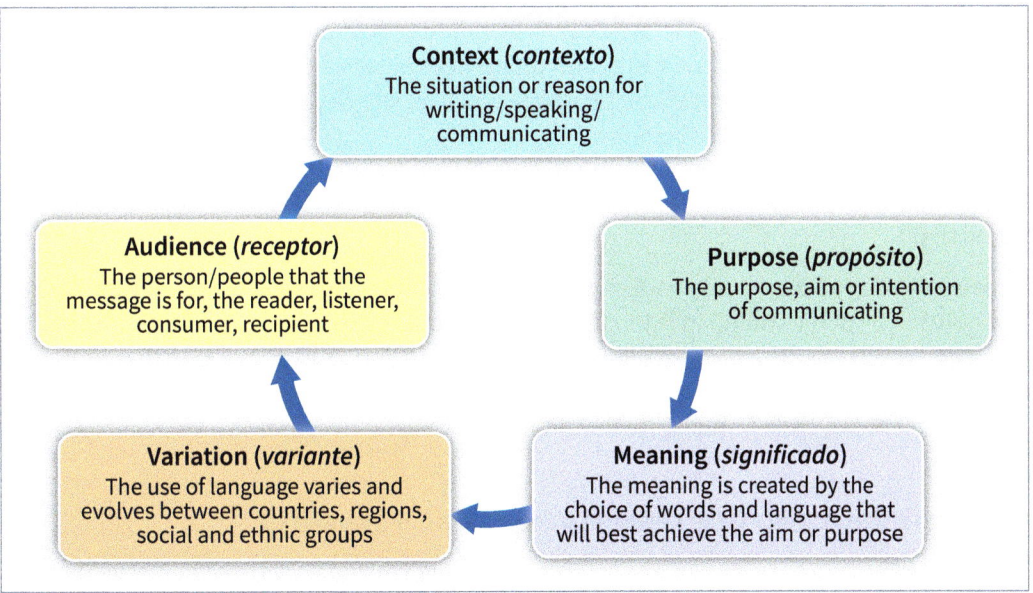

1.13 FAQs about Spanish B

What is the point of learning different text types?

The IB Language B course aims to prepare you to use Spanish beyond the classroom, in real life, on your travels, in your work, in your social life. Understanding that *the way you communicate* depends on the situation, and that the formality of language you use depends on how well you know the people as well as cultural norms, will contribute to your ability to communicate successfully.

How will text types feature in the exams?

The range of text types will be evident across the exams. In **Listening**, you might hear extracts from a radio interview, a university presentation, and an informal conversation. In **Reading**, you might get an article, a blog, and an interview. In **Writing**, you might have to write a speech, a letter, or a diary entry. In the **Oral**, you will be presented with a visual text (at SL) or literary extract (at HL) and will need to discuss it.

Which variation of Spanish am I expected to use?

There is no 'right' variation. It depends on where you are, how your teacher speaks and what access you have to authentic resources. Follow the lead of your teacher: whether your teacher is from Spain, Mexico, Chile, or not even a native Spanish speaker, you are likely to pick up certain mannerisms and expressions from them. Ultimately, you will be rewarded for your willingness to use the language as well as you can and for the effort that you make with your pronunciation and intonation.

Is intercultural competence assessed?

Even though it is not explicitly stated in any of the criteria, it is an implicitly understood element of assessment. The stated aims of Language B include developing your international-mindedness and appreciation of a variety of perspectives from diverse cultures. The assessment objectives include understanding and using language appropriate to interpersonal and intercultural contexts. In other words, the examiners want to see evidence of your ability to reflect on similarities and differences between Hispanic cultures and your own culture. "Your own culture" can be where you live, where you originally come from, or whichever culture you feel you belong to.

How can I demonstrate that I am an open-minded and reflective communicator in Spanish B?

By being willing to learn about a wide range of aspects of Spanish and Hispanic culture, history and politics. By being willing to listen to stories of people's experiences in those cultures. By being prepared to see things from different perspectives, and think about how they compare to the culture you have grown up in. By engaging in discussions and debates on issues to do with human rights, beliefs and ethics that affect people in (or in exile from) Spanish-speaking countries.

How can I demonstrate international mindedness in Spanish B?

By showing that you are aware of where Spanish is spoken in the world; that between all these countries there are many cultural and political differences; that within each country there may be tensions regarding language politics, economic inequalities, and cultures of minority ethnic groups. By showing that you can understand Spanish spoken in different accents. By being prepared to make an effort to speak in Spanish (even if not perfectly) to communicate directly with Spanish-speakers on the understanding that speaking a language helps you connect and find common ground.

1.14 Assessment outline

Skills assessed in Spanish B

| Receptive
Listening & Reading | + | Productive
Writing & Speaking | = | Interactive
Having an authentic conversation |

1.14.1 Higher Level (*Nivel superior*)

External assessment			Internal assessment
Paper 1 Productive skills	Paper 2 Receptive skills		Individual Oral Interactive skills
Writing 450–600 words	Listening 3 audio texts	Reading 3 printed texts	Speaking Student & Teacher
1 hr 30	1 hr	1 hr	12–15 mins + 20 mins prep
/30	/25	/40	/30
A) Language B) Message C) Conceptual understanding	1 mark per question	1 mark per question	A) Language B1) Message: Literary extract B2) Message: Conversation C) Communication
25%	25%	25%	25%

1.14.2 Standard Level (*Nivel medio*)

External assessment			Internal assessment
Paper 1 Productive skills	Paper 2 Receptive skills		Individual Oral Interactive skills
Writing 250–400 words	Listening 3 audio texts	Reading 3 printed texts	Speaking Student & Teacher
1 hr 15	45 mins	1 hr	12–15 mins + 15 mins prep
/30	/25	/40	/30
A) Language B) Message C) Conceptual understanding	1 mark per question	1 mark per question	A) Language B1) Message: Visual stimulus B2) Message: Conversation C) Communication
25%	25%	25%	25%

Make sure you have copies of the Assessment Criteria for each component – ask your teacher or IB Coordinator for them.

Chapter 2: Paper 1 – Writing

Paper 1 assesses your Productive Skills (writing). It is a demanding paper which requires you to make a lot of decisions in the moment about what and how to write. The questions are phrased in such a way as to test your **conceptual understanding**, as you will need to be able to identify **context**, **purpose**, **audience**, **variation** and **meaning**, in order to choose the most appropriate **text type** from the options given, and from there, adopt an appropriate **style**, **tone** and **register**. You have a totally free choice of question, and it is up to you how you apply what you have learnt on your course.

In this chapter, you will find advice on the format of the paper, what the examiners are looking for, rubrics, the **five concepts**, text types, register and style, (see the Introduction for more details). Then, a model example of each Text Type with advice about conventions specific to that text type. Most of the model texts are based on original assignments done by my students in response to IB-style questions. This means that they are the genuine ideas of HL and SL students of Spanish and are not meant to be of native standard (although language errors have generally been corrected). I believe that full written answers give you the clearest idea of what you should be aiming for in terms of structure, style, length and quality of ideas.

2.1 Differences between SL and HL

Standard Level	Higher Level
1 hr 15 mins	1 hr 30 mins
Choice of 3 questions – choose one Choice of 3 text types per question – choose most appropriate one Each question related to a different Theme	
250-400 words 2 communicative purposes	450-600 words 3 communicative purposes

The assessment criteria are very similar for SL and HL but the range of language and complexity of ideas should be greater at HL. As mastery of basic grammar is already assumed, you should always aim to include reference to **past**, **present** and **future** ideas as a minimum. See the Language chapter for further guidance on vocabulary and grammar.

In terms of ideas, at SL, the ability to **describe** and **explain** clearly and coherently is valued, while at HL, the ability to **construct a logical argument and justify opinions** is prized. In all cases, the content of your answer should be totally relevant to the details of the task, covering fully **each and every communicative purpose** in the question.

2.2 Assessment criteria for Paper 1

2.2.1 The criteria explained

Criterio A Lengua (Language)	/12

Vocabulary: Is the vocabulary appropriate, varied and idiomatic?
Grammar: Are basic and complex grammatical structures used effectively (and at HL, selectively)?
Accuracy: How accurate is the language? Do errors get in the way of communication?

Criterio B Mensaje (Message)	/12

Ideas: To what extent are the ideas relevant? Are all aspects of the question addressed methodically?
Development: How developed are the ideas? Are the ideas supported by concrete examples and justified arguments?
Organisation: Is the organisation of ideas logical and clear? Does the candidate use paragraphs and cohesive devices to enhance the structure of the piece?

Criterio C Comprensión conceptual (Conceptual understanding)	/6

Text type: Has the candidate chosen the most appropriate text type for the task from the 3 options given?
Register and tone: Are the register and tone appropriate for the context, purpose and audience?
Conventions: Does the text incorporate the appropriate format and features?

Make sure you have a copy of the assessment criteria and are familiar with it (you can get it from your teacher or IB Coordinator), as much of the guidance in this chapter is directly related to the values of the criteria.

2.2.2 Examiners' gripes

For each criterion, these are the areas highlighted as weaknesses by examiners.

Criterio A   Lengua (Language)

The standard of Spanish is not expected to be perfect or native, however, examiners find:

Vocabulary: Variety of vocabulary is often limited; candidates use "false friends" or make up words that "look Spanish".
Grammar: Often even basic grammatical structures present serious errors, and complex structures are often not used at all. At HL, examiners expect to see a variety of complex sentence structures.
Accuracy: Missing accents, spelling errors, errors in agreements and verb endings.

Furthermore, examiners would like to see more effective use of language that enables explanation and development of ideas.

Criterio B   Mensaje (Message)

Ideas: Ideas can often be vague or generic; examiners would like to see ideas that show knowledge and understanding of Spanish-speaking countries and cultures. Ideas will not be evaluated for their truthfulness or accuracy: the important thing is to present relevant and plausible ideas that are tailored to the purposes of the task.
Development: Ideas are often superficial; examiners would like to see ideas developed methodically and logically, covering all aspects of the question. If any aspect of the question is not clearly addressed, then the task is only "partially communicated".

SPANISH B SL&HL

> **Organisation**: Many candidates fail to use paragraphs or cohesive devices to link ideas coherently. Such answers show poor planning and can be rambling or unbalanced.
>
> There is no penalty for not meeting the word count but a text that is too short is unlikely to fully address all aspect of the task, and a text that is too long is likely to be poorly planned, unfocused and contain more errors.
>
> | Criterio C   Comprensión conceptual (Conceptual understanding) |
> |---|
>
> **Text type**: Generally, candidates *do* choose the appropriate text type for the question.
>
> **Register and tone**: Register is often inappropriate (too informal) or inconsistent (mixing up formal and informal). Text types involving a live audience (e.g. speech) often start out addressing the audience then forget them.
>
> **Conventions**: Examiners expect to see attention to formatting and layout, even within the constraints of using lined exam paper. Beginnings and endings are crucial. Sometimes, texts start with the right format but then turn into a generic "essay" with no appropriate ending. Salutations (greetings and sign-offs) are often missing.
>
> Illegible handwriting presents a problem for many examiners, who struggle to decipher the work when reading on-screen.

2.3 Conceptual understanding

Spanish B is all about communicating in real situations for real purposes because in real life, most things we write are not just for the eyes of our teachers. So, you will write different types of text, for different audiences.

2.3.1 Text types

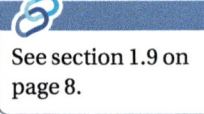

See section 1.9 on page 8.

The first thing you need to identify is whether you are writing a **personal**, **professional** or **mass-media** text:

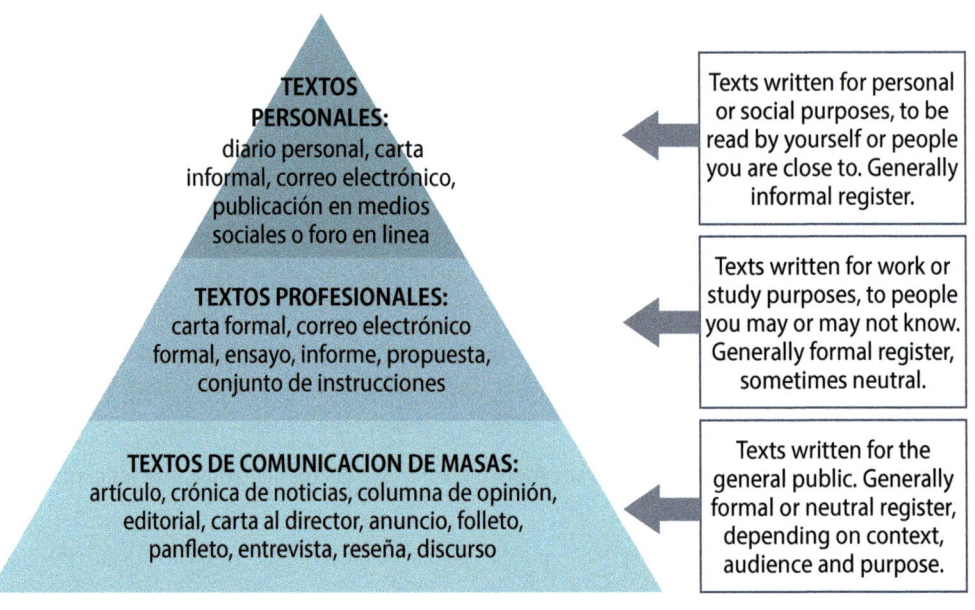

2.3.2 The 5 concepts

See section 1.12 on page 9.

You then need to make a series of decisions about how to use language to write a successful and convincing text, depending on the **5 concepts**:

context	audience	purpose	meaning	variation

As **author**, you will always be yourself (*an IB student*) but you might have a particular role (e.g. *Presidente del Comité estudiantil, Representante de la clase*) and the **situation** (*context*) will be imagined, though plausible within the context of school life or your local community.

Work out **what the purpose of writing is** (*expressed as verbs in the question*, e.g. *describir, explicar, recomendar*) and **who your intended audience is** (e.g. *friends, a company, the editor of a newspaper, a live audience, the school authorities*).

Once you have established all this, you need to decide **which text type** (*of three options e.g. letter, diary, article*) will be most appropriate to achieve your aims, and use the appropriate **conventions** and **formatting** for the text type. Depending on the audience, you will need to adopt an appropriate **register** (*formal, informal, neutral*), and depending on the **purpose**, choose an appropriate **style** (*narrative, informative, persuasive*) and **tone** (*serious, light-hearted, concerned*). Depending on the **topic** and **context** of the task, you will need to decide if you have enough topic specific **knowledge** and **vocabulary** to do justice to the question.

Try to remember all this visually:

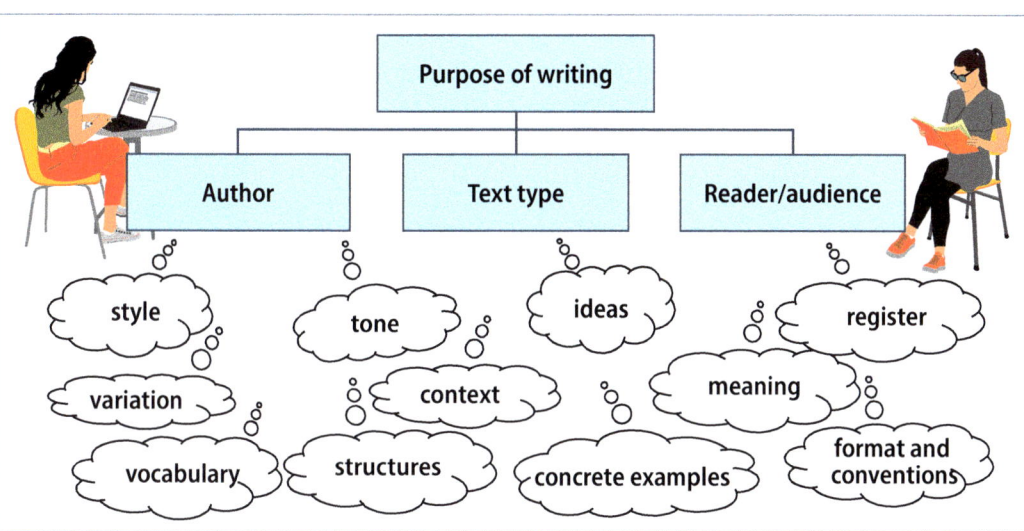

2.3.3 Register

Register refers to the formality of language selected: formal, informal, semi-formal or neutral. This can depend on whether the text is **public** or **private**, **personal** or **impersonal**.

Informal	Formal	Neutral
• colloquial, friendly, jokey • aimed at young people or family • showing awareness of spoken traits of language • usually subjective Examples include: email to a friend, diary entry, interview with a student	• higher register, denoting a certain level of education • more sophisticated choice of words • can be objective or subjective depending on the purpose of writing Examples include: essay, letter to the editor, formal letter, interview with an author	• for the general public • objective • no personal opinion • no need for fancy descriptions • not emotional Examples include: instructions, newspaper article, report

SPANISH B SL&HL

In reality, a certain degree of formality has been done away with in Spain. Nevertheless, in all the model texts in this chapter, I will follow the standard conventions for Spain.

Choosing the correct 'you' in Spanish

The key feature of communicating in the right register in Spanish is choosing the correct part of the verb to express 'you' either in the **informal** or the **formal**.

Generally, *in Spain* you would use:
- *tú* (singular) + *vosotros* (plural) for the informal
- *usted* (singular) + *ustedes* (plural) for the formal

tú	• we can safely say that if it is an email to a friend, you can go for *tú*.
	• it might also be appropriate in adverts or leaflets, particularly in the imperative.
	• beware that some Latin American countries don't use *tú* at all.
vosotros	• This might be appropriate in a speech to a group of students, but if there are also adults present, you're better off going for *ustedes*.
	• *Vosotros* is only used in Spain, so if your audience is Latin American, it is irrelevant.
	• *Vosotros* conjugations cause students the most problems, so beware of choosing it if you're not totally confident.
usted/ ustedes	• In Spain, this is formal, used for formal letters, essays and articles, and to address adults or people you don't know.
	• In Latin America, it is much more common, and you can safely use it for adults and for groups of young people.

If you are learning Spanish *in the USA or elsewhere worldwide*, you may be more familiar with Latin American Spanish than peninsular Spanish and have noticed that they do not use *vosotros* at all. For example, in Mexico and most of Latin America, you would use:
- *tú* (singular) + *ustedes* (plural) for the informal
- *usted* (singular) + *ustedes* (plural) for the formal

In Argentina, Chile and Uruguay, they don't use *tú*, and instead use *vos*:
- *vos* (singular) + *ustedes* (plural) for the informal
- *usted* (singular) + *ustedes* (plural) for formal

vos	• This form is used in some Latin American countries, and is the equivalent of *tú* and *vosotros* in Spain. If you are in Europe you don't need to worry about using it in productive tasks (speaking and writing) but you do need to be aware of it for receptive tasks (reading and listening).

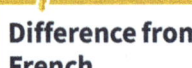

Difference from French

If you learnt French before Spanish, chances are you had it drummed into you that *vous* is the formal. In Spanish, the equivalent 2nd person plural verb form *vosotros* has nothing to do with formal register. It is informal plural. When you want the formal, it is always *usted* (3rd person singular form) or *ustedes* (3rd person plural form).

Don't make the mistake of mixing them up and saying *ustedes queréis* – it should be *ustedes quieren*!

Confusion between French *vous* and Spanish *vosotros*

A very common error in the use of the formal register in Spanish if you have ever learnt French, is the confusion between the French *vous*, which is informal plural, formal singular and formal plural, with the Spanish *vosotros*, which is informal plural only and **never** formal. Take, for example, the verb 'to talk' in French and Spanish in the present tense:

	French	Spanish	
	je parle	yo hablo	
informal singular →	tu parles	tú hablas	← *informal singular*
	il parle	él / usted habla	← *formal singular*
formal singular	nous parlons	nosotros hablamos	
+ informal plural →	vous parlez	vosotros habláis	← *informal plural*
+ formal plural	ils parlent	ellos / ustedes hablan	← *formal plural*

16

2. PAPER 1 – WRITING

'Fluctuating' register

Once you have chosen your register, the main point of difficulty is maintaining consistency throughout your text, and this is tricky because you need to think not only about **verb endings**, but also **pronouns**. If your register 'fluctuates' throughout your text, this affects Criteria C. Compare these two sentences:

Informal:

Hola Marcos: ¡Gracias por tu carta! Me gustaron las fotos de tus vacaciones. ¡Tienes mucha suerte! ¿El coche nuevo es tuyo? Te mando un abrazo, Elena x

Formal:

Estimado Señor García: Gracias por su respuesta. Me sirvieron muchos sus consejos. Es usted muy amable y generoso. Le mando mis cordiales saludos, Elena Sánchez.

 PRACTICE EXAMPLE: 'FLUCTUATING' REGISTER

This candidate has tried really hard to use imperatives in both the positive and negative, in a *Conjunto de instrucciones* but has got mixed up with her *tú* and *usted* forms.

> See the answers on page 230.

Can you correct all the blue endings and make sure that the whole text is in the *tú* form?

> **¡Disfruta sin contaminar!**
>
> Aquí tienes 10 consejos de www.eco-fiestas.com para reducir la cantidad de basura durante los días festivos de Carnaval:
>
> **1. Tira tu basura al contenedor**: es el paso más fácil para reducir su huella ecológica.
>
> **2. Recicle sus envases**: incluso las botellas de plástico y de vidrio, los botes y los frascos.
>
> **3. No desperdicies la comida**: ¡no compre comida que va a acabar tirando!
>
> **4. Intente usar decoraciones reciclables**: ¡guarda las decoraciones para el año próximo!
>
> **5. Reducir el embalaje**: compre productos con menos embalaje sobre todo de plástico.
>
> **6. Recicla los disfraces**: no compres disfraces baratos que luego va a tirar.
>
> **7. No use brillantina**: es muy contaminante para el medio ambiente.
>
> **8. Trae tu propia botella rellenable**: así evitará comprar botellas de plástico.
>
> **9. Recoja la basura**: donde vea basura en la calle, tírese al cubo más cercano.
>
> **10. Descarga nuestra app**: para ver más consejos sobre cómo disfrutar de las fiesta sin contaminar.
>
> Si sigue al menos 3 de estos consejos, harás una gran diferencia en reducir la cantidad de basura que queda después de las fiestas de Carnaval.

> *tírese* is a real muddle translating as 'throw yourself away'! Should be *tírala*.

Key:

tu	endings and pronouns highlighted in yellow are in the tú form
sus	endings and pronouns highlighted in blue are in the usted form
reducir	although it can be acceptable to give instructions in the infinitive, this is inconsistent with the other bullet points which are in the imperative form.

Expressing the English 'generic you' in Spanish

Another point of difficulty for English speakers is the desire to convey the 'generic you' so commonly expressed in English. There are several ways of doing this in Spanish, including the passive '*se*'. What do I mean by the 'generic you'? Compare these two sentences:

1. Marta, if **you want** to learn to dance salsa, we can go to classes on a Friday.

    *Marta, si **quieres** aprender a bailar salsa, podemos ir a clases los viernes.*

    I am addressing Marta in the informal singular tú form as she is a friend, and I am talking to her.

2. If **you want** to learn to dance salsa, you can look up classes online.

    I am not talking to anyone in particular, but referring to 'you', as in 'people in general'. This is what I mean by the 'generic you', which we use all the time in English.

    (a) If the context and register is appropriate, you can still use the *tú* form:
    → *Si **quieres** aprender a bailar salsa, **puedes** buscar clases en línea.*

    (b) You can use the passive '*se*':
    → *Si **se quiere** aprender a bailar salsa, **se puede** buscar clases en línea.*

    (c) You can use '*uno*' which is the same as 'one' but is usually unnecessarily formal in both languages:
    → *Si **uno** quisiera aprender a bailar salsa, **puede** buscar clases en línea.*
    If one wishes to learn to dance salsa, one can find classes online.

Spanish often conveys the 'generic you' using the expression '*hay que*' for when 'you have to' or 'you've got to' or 'you must' do something:

*¡**Hay que** verlo!*	**You must** see it!
***Hay que** estudiar la gramática.*	**You've got to** study grammar.
***Hay que** hacerse la prueba antes de entrar.*	**You have to** get tested before you go in.

2.3.4 Style and tone

Style is closely related to purpose, and means whether the text is descriptive, narrative, informative, explanatory, persuasive, etc. For example:

| A *diario personal* will be narrative, introspective, reflective and possibly evocative. The style will be descriptive and literary, with lots of adjectives and possibly rhetorical questions. | An *informe* will be informative and explanatory. The style will involve clear and concise sentences in neutral language, with no unnecessary description, and possibly a preference for the passive voice. | A *discurso* will be informative, engaging and possibly persuasive. The style will be appellative, meaning addressing the audience directly, with rhetorical devices such as questions, rousing statements, or repetition. | A *blog* could be informative, explanatory, or entertaining depending on the context and audience. It could be appellative and contain exclamations and colloquial expressions. |

Tone is to do with mood, emotion and feelings, and attitude. The question might make explicit what tone you should adopt, for example:

estás indignado/a – if you are indignant, your tone will be upset and angry
estás preocupado/a – if you are worried, your tone will convey concern and anxiety
estás ilusionado/a – if you are excited, your tone will be upbeat and happy

If it is not explicit, you will need to read closely for clues about what the right tone might be according to the context and situation.

informativo	informative	*amable*	friendly
explicativo	explanatory	*alegre*	cheerful
gracioso	funny, humorous	*(mal)educado*	(im)polite
lúdico	playful, lighthearted	*profesional*	professional
inspirador	inspiring	*irónico*	ironic
motivador	motivating	*preocupado*	worried/concerned
satírico	satirical	*enfadado*	outraged
sarcástico	sarcastic	*persuasivo*	persuasive
reflexivo	reflective	*condescendiente*	patronizing
arrepentido	regretful	*informado*	informed

2.3.5 Appellative and phatic language

The examiners are keen to see better use of '*lengua fática*' and '*vocativos*' in Paper 1. What does this mean? Phatic language is elements of natural speech that encourage social and/or emotional connection between people, rather than purely transmitting information. Vocatives, or '*lengua apelativa*', are words which address (appeal directly to) the audience (reader/listener/interlocutor). The use of phatic language in IB has a lot to do with demonstrating your understanding of the five concepts of **audience**, **context**, **purpose**, **meaning** and **variation**. It is the kind of language you ideally gain after a period of immersion in a Spanish-speaking culture, rather than something you can be expected to learn in books. Nevertheless, here are some ideas for the different text types where it would be relevant to include such elements of language.

KEY TERMINOLOGY

lengua fática = phatic language

lengua apelativa = appellative language

vocativos = vocatives

- **In an informal email – questions or comments addressing the recipient**

  "**¿Cómo estás? ¡Cuánto tiempo hace** que no te veo! **Imagino que has estado** muy ocupado con tu proyecto de investigación. **Oye, Ana,** el otro día estaba mirando la fotos del viaje que hicimos y, **¡fíjate** que se me había olvidado que fuimos a Chichen Itzá!"

- **In a speech or presentation – elements addressing the audience directly**

  "**Buenos días a todos** los presentes aquí hoy. **¿Me escuchan bien?**"

  "**¿Cuántos de ustedes** han tenido la oportunidad de viajar a otro país y experimentar otra cultura? **¡Levanten la mano, por favor!** … **¡Bien, bien!**"

- **In an interview – signs that show the person is listening carefully to the interlocutor**

  Entrevistador: Cuéntanos cómo fue el proceso de crear tu nuevo disco.

  Cantante: **Sí, pues,** fue un año de trabajo en que colaboré con varios otros artistas musicales, dediqué muchas horas y creo que es uno de los discos cuyo proceso he disfrutado más.

  Entrevistador: ¿Es verdad que esta canción es autobiográfica?

  Cantante: **Así es, efectivamente.** Se trata de un episodio de mi vida cuando…

  Entrevistador: ¿Cómo fue que empezaste a colaborar con…

  Cantante: **Ajá, pues, es curioso porque, claro,** si no fuera por…

- **On the phone – elements of speech that establish availability to speak**

  "**¿Dígame? ¿Hola?**" "**¿Me escuchas? ¿Sigues allí?** No te veo, **ponte** el vídeo."

> ▶ **In a conversation (or oral exam!) – the use of fillers to fill pauses when speaking**
>
> *"bueno... pues... eh... como decía... o sea... es decir... que... ya..."*
>
> ▶ **In a leaflet or advert – expressions directly addressed to the consumer to capture attention and persuade**
>
> *"¡Espera! ¡Actúa ahora para conseguir tu descuento!"*

2.3.6 Paragraphs and cohesive devices

A strong text will use **paragraphs** to effectively and logically organise and separate ideas. Within paragraphs, sentences should be linked using **cohesive devices** (*marcadores textuales*).

Basic organisation	*– En primer lugar... En segundo lugar... En tercer lugar...*
To add information	*– Además... También... No sólo eso, sino que...*
To express cause	*– Dado que... Ya que... Como... Puesto que... Debido a que...*
To express consequence	*– Por eso... de modo que... en consecuencia... así que...*
To contrast ideas	*– Pero... sin embargo... no obstante... al contrario...*
To conclude	*– En conclusión... Para concluir... Para terminar...*

> See section 6.7: Conectores, on page 170 for more guidance on cohesive devices.

2.4 Paper 1 questions

2.4.1 Breaking down the questions

During the 5 minutes reading time, read each question carefully and ask yourself these **five questions** in order to work out which is the right question for you. Underline or highlight the essential parts of the question:

1.	**Who am I as the author?**	*Can I use my own real experiences, or do I need to imagine myself in a particular role?*
2.	**Who is the audience?**	*Is my text for me? For a named person? A live audience? The general public? Which register do I need to use? Tú/vosotros/usted/ustedes?*
3.	**What is the context?**	*What is the situation? Have we studied this topic in class? Do I know enough vocabulary for this topic? Do I have any experiences I can draw on for this topic?*
4.	**What is the purpose?**	*What are the verbs in the question that tell me what I am trying to achieve? (e.g. describe, explain, propose solutions)*
5.	**Which text type is the most appropriate?**	*Of the 3 options, which is the most appropriate, generally appropriate, and least appropriate option? Do I know the format and conventions for the most appropriate text type?*

2.4.2 Annotate the questions

- Highlight in blue the context of the question.
- Highlight in green the audience/recipient of the text.
- Highlight in yellow what the purposes (objectives) of the task are.
- Identify the appropriate text type from the 3 options below the question.

2. PAPER 1 – WRITING

SL (nivel medio)

Elige entre las opciones dadas un tipo de texto apropiado. Escribe entre 250 y 400 palabras.

Context – causes of stress open to interpretation   *You are an IB student*

Últimamente los estudiantes en tu colegio sufren de mucho estrés y ansiedad. Escribe un texto en que describas cuáles son las principales causas del estrés y des consejos a tus compañeros/as para ayudarles a mejorar su bienestar.

audience (plural, informal)   *2 purposes at SL*

Discurso	Folleto	Carta formal

*This is a **generally appropriate** option, as you could hold an assembly in which you address the student body to describe the causes of stress and give recommendations.*

*This is the **most appropriate** option. A leaflet that describes the causes of stress and offers recommendations about how to improve well-being could be distributed to students and read at any time.*

*This is the **least appropriate** option as there is no one person to address your letter to and something more informal would be better suited to the audience and message.*

HL (nivel superior)

Elige entre las opciones dadas un tipo de texto apropiado. Escribe entre 450 y 600 palabras.

You are an IB student   *Context can be more detailed at HL*

Acabas de volver de un país extranjero cuyo idioma no hablas pero, de todas formas, tuviste que comunicar con la gente que conociste. Decides escribir un texto en que expliques tus experiencias, describas cómo te sentiste, y des consejos a otros jóvenes que pudieran encontrarse en la misma situación

3 purposes at HL   *audience (plural, informal)*

Blog	Artículo	Diario

*This is the **most appropriate** option. A blog is accessible to other young people, and the register and style of language can be informal and relaxed.*

*This is a **generally appropriate** option. You can fulfill all the purposes but where will you publish your article in order to reach your audience?*

*This is the **least appropriate** option as a diary is just for you to read but the question specifies that this text is for other young people.*

2.4.3 What is meant by 'appropriate' text type?

Of the 3 text types given, one will be the most **obviously appropriate**, one will be **generally appropriate**, and one will be the **least appropriate**. No option should be totally inappropriate. Even if you choose the generally appropriate or the least appropriate option, you can still score marks, but will need to be extra creative in order to convince the examiner.

2.4.4 What else do I need to know about choosing a question?

As you can see from the examples, there are many factors to consider when choosing your question. You might be attracted to the topic (health/stress, travelling) but put off by the text type (leaflet, blog) which is why you need to read all three questions very carefully. It is fair to say that many students try to choose the "easiest" option. You might choose an "easier" text type (usually considered those that require a degree of informality such as blogs, emails and diary entries), but come unstuck if you don't have enough ideas or vocabulary for the topic. Alternatively, you could choose an "easier" topic (usually considered one for which you can rely on opinions or personal experience rather than actual knowledge of the target country or culture) but fail to demonstrate the appropriate conventions for a more challenging text type. Overall, this choice process can lead to mediocre answers that fail to demonstrate the required level of methodical thinking and subject knowledge. In any case, there is unlikely to be a question that is significantly easier in terms of *both* topic *and* text type. Bear in mind that there are 12 marks available for fulfilling the task in an organised manner, 12 marks for Language, and only 6 for choosing the right text type and applying the right conventions, register and tone.

2.4.5 Referring to all aspects of the question

To score highly in Criteria B, you need to clearly reference *all aspects* of the context in the question and give *specific examples* throughout, preferably relating to Hispanic culture. In the SL example above, the leaflet should carry the name of the school and refer to the increase in stress and anxiety levels amongst students; at least 3 causes of this (e.g. exams, social media, lack of sleep, body image); and at least 5 recommendations for improving wellbeing. In the HL example above, you would need to explicitly mention the country you visited and the language that you couldn't speak; your experiences related to the specific situations in which you had to communicate with people in spite of not speaking the language (not just general experiences of being abroad), how you felt in those situations; and offer relevant advice to others who find themselves in those kinds of situations.

2.4.6 Word count

You need to write between **250-400 words at SL** and between **450-600 words at HL**. There is no penalty for *writing too little*, though you are unlikely to have developed each and every aspect of the question fully, affecting Criteria B; or have shown a wide enough range of language to score highly in Criteria A. Equally, there is no penalty for *writing more* than the maximum, though your text is likely to become more rambling and lose focus, affecting Criteria B; and contain more linguistic errors, affecting Criteria A. I would therefore advise you to aim for the upper end of the word count, without going over it.

It could be argued that having an artificial word count undermines the very objective of some text type conventions. For example, an effective **Carta al Director** should not in reality be more than 100 words (according to *El País*). A **Publicación en redes sociales** (such as Twitter) is usually brief and witty. Likewise, it is difficult to get up to 600 words with a **Folleto** or **Conjunto de instrucciones**. Nevertheless, there will always be 2-3 communicative purposes you will need to address in your answer, and if you tackle them methodically and fully, they should enable you to fill the word count.

2.4.7 Paper 1 exam rubrics

The rubrics are expressed in the *tú* form.

> **Completa una tarea. Elige, entre las opciones dadas, un tipo de texto apropiado para la tarea elegida.**
>
> *Complete one task. Choose, from the given options, an appropriate text type for the chosen task.*
>
> **SL: Escribe entre 250 y 400 palabras. HL: Escribe entre 450 y 600 palabras.**
>
> *SL: Write between 250 and 400 words. HL: Write between 450 and 600 words.*

2. PAPER 1 – WRITING

Rubrics referring to context (time and place):

Recientemente/Hace poco	Recently
Como parte de	As part of
En los últimos tiempos	In recent times/lately
Tu colegio acaba de	Your school has just
Acabas de volver de	You've just returned from
unas jornadas	days dedicated to a theme/cause
tu proyecto CAS	your CAS project
se ha celebrado en tu ciudad	your city has marked the occasion of
has conocido a	you've met
has visitado	you've visited
has asistido a	you've attended
has leído	you've read
has descubierto que	you've discovered that
has notado que	you've noticed that
has comprobado que	you've comfirmed that
te has dado cuenta de que	you've realised that
te han invitado a	you've been invited to
te han pedido que	they've asked you to
se ha convertido en un problema	has become a problem
no se ha representado bien	hasn't been well-represented
han habido casos de	there have been cases of

Note use of *perfect tense*.

Rubrics referring to who you are as author:

Como representante de tu clase	As the class representative
Como miembro del Consejo Estudiantil	As a member of the School Council
presenciaste	you witnessed
tú te has ofrecido voluntario	you have volunteered to
eres un gran admirador de	you are a great admirer of
has sido elegido portavoz	you have been elected spokesperson

Rubrics referring to who the audience/reader is:

un texto dirigido a	a text aimed at/addressed to
tu mejor amigo	your best friend
los jóvenes	young people
la clase de español	your Spanish class
la clase de ciencias ambientales	your Natural Sciences class
la clase de Teoría del Conocimiento	your TOK class
el grupo de debates de la escuela	the school debating group
los futuros alumnos del BI	future IB students
la revista del colegio	the school magazine
una revista juvenil	a magazine for young people
el director del instituto	the Headteacher
el público en general	the general public
un periódico local/nacional	local/national newspaper
tú mismo/a, a ti mismo	yourself/to yourself
una página web	a website

SPANISH B SL&HL

> **Verbs referring to the communicative purpose of the text:**

You should highlight the communicative purposes of the author or text. At SL there will be 2 purposes in each question (e.g. *describir y explicar*), and at HL there will be 3 (e.g. *describir, explicar y justificar*) with the 3rd requiring higher order thinking skills. Make sure you are familiar with the meanings of these key verbs. The most commonly used verbs are shown first.

describir	to describe
explicar	to explain
describir las ventajas y desventajas	to describe the pros and cons
comparar y contrastar	to compare and contrast
dar tu opinión	to give your opinion
justificar	to justify
persuadir/convencer	to persuade/convince
sugerir/proponer/ofrecer/dar soluciones	to suggest/propose/offer/give solutions
motivar/animar	to motivate/to encourage

advertir	to warn
analizar	to analyse
comentar los hechos	to comment on the facts/events
comunicar tu entusiasmo	to communicate your enthusiasm
criticar	to criticise
denunciar	to denounce to inform
dar a conocer	to make known
elaborar/diseñar	to design
enseñar	to show/to teach
entretener/divertir	to entertain/amuse
evaluar/hacer repaso de	to evaluate/review
informar	to inform
invitar a participar	to invite to participate
narrar/relatar	to narrate
opinar	to give your opinion
pedir información	to request information
poner al tanto	to update
presentar	to present
presentar/manifestar tu punto de vista	to present your point of view
presentar resultados	to present the results
recomendar	to recommend
reflexionar	to reflect
señalar	to point out/indicate

Note that the wording of the questions often means that the key verbs will be in the **subjunctive**:

Escribe (un texto) en que describ**as** / expli**ques** / anim**es** / sugier**as** / propon**gas**...

This is because '*un texto*' is an **indefinite antecedent**. Because you are being asked to write "a text" (as opposed to "the text") which doesn't exist yet, the qualities of this indefinite text are expressed in the subjunctive.

2. PAPER 1 – WRITING

> **False friends to beware of in the questions:**

director   Could be an editor of a newspaper, a Head/Principal of a school, a director/CEO of a company, or a director of a film

diario   *Diario* means *periódico* (newspaper), while *diario íntimo/personal* is a private diary/journal

asistir a   *Asistir* can mean to assist or to help, but it can also mean to attend (e.g. an event)

policía   Police, not to be confused with *política* (policy)

2.5 Paper 1 checklist

Lengua
Have I checked for basic errors?
☐ spelling   ☐ agreements
☐ accents   ☐ verb endings
Have I included complex language?
☐ at least 20 less common words   ☐ range of tenses
☐ idiomatic expressions   ☐ subjunctive structures
Mensaje
Is it clear who I am as an author? ☐
Have I identified and addressed all communicative purposes?
☐ 1. SL/HL ....
☐ 2. SL/HL ....
☐ 3. HL   ....
Have I made reference to all aspects of the context? ☐
Have I included specific examples, preferably related to Hispanic culture? ☐
Have I used paragraphs? ☐   And cohesive devices? ☐
Comprensión cultural
What text type have I written? ....
Does the text have the right heading? ☐
Does the text have the right ending? ☐
Have I used text type conventions in the body of the text? ☐
Is it clear who the text is for / who the audience is? ☐
Have I chosen the right register for the audience? *tú/usted/vosotros/ustedes* ☐
Have I applied the register consistently? (incl. verb endings, pronouns) ☐

SPANISH B SL&HL

2.6 Index of text types for Paper 1

There are **14* official text types** which could appear in Spanish P1 at both SL and HL. The official list is organised alphabetically in Spanish, and some text types are listed together, despite having quite different formats. It is certainly daunting to be expected to know the conventions for so many Text Types, but if you study the examples, you should feel confident about your ability to tackle any question on the paper. Tick them off as you revise them.

1.	*Artículo (diario, revista)*	Article (newspaper, magazine)	☐
2.	*Blog*	Blog	☐
3.	*Columna de opinión*	Opinion column	☐
	Editorial	Editorial	☐
	Carta del lector/Carta al director	Reader's letter/Letter to the editor	☐
4.	*Conjunto de instrucciones*	Set of instructions	☐
5.	*Correo electrónico*	Informal email	☐
		Formal email	☐
	Carta/Correspondencia	Informal letter	☐
		Formal letter	☐
6.	*Crónica de noticias*	News report	☐
7.	*Diario personal*	Diary entry	☐
8.	*Discurso*	Speech	☐
	Presentación	Presentation	☐
	Debate	Debate/conference	☐
9.	*Ensayo*	Essay	☐
10.	*Entrevista*	Interview	☐
11.	*Folleto/Panfleto*	Leaflet	☐
12.	*Informe*	Report (official)	☐
13.	*Publicación en medios sociales o foro en línea*	Social media or forum post	☐
14.	*Reseña*	Review	☐
(15.)	*Carta de motivación*	Covering letter (see Formal letter)	☐
(16.)	*Propuesta*	Proposal	☐

* Other Language B languages have an additional two text types on their lists: **Covering letter/Personal statement** and **Proposal**, and so these are also included in this chapter, just in case. The *Carta de motivación* is given as an example of a formal letter, as the content and register of a general formal letter would be similar to a formal email. A *Propuesta* should ***not*** appear as a text type option in its own right, however the idea of making proposals or proposing solutions could be incorporated into several other text types, so it is worth understanding the features of such a text type.

2. PAPER 1 – WRITING

2.6.1 Artículo (diario, revista)

An article is a mass-media text, for the general public, and could be an informative or feature article about any topic of general interest. It could be published in any kind of magazine or newspaper, from a school magazine to a scientific journal, in print or online. For other types of article, see *editorial, columna de opinión* and *crónica de noticias*.

> Note that *diario* is another word for *periódico* (newspaper). Not to be confused with *diario personal* (a personal diary) which is a personal and private text.

Sample question

Has leído sobre un avance médico en un país de habla hispana que ha provocado una polémica. Decides escribir un texto para publicar en la revista científica de tu instituto en que describas los hechos, expliques las consecuencias y analices el dilema ético que supone tal desarrollo científico para la sociedad.

(artículo)	informe	entrevista

Conventions of *un artículo*

- **Title, subtitle, date, name of publication, author** (invented name).
- **Introductory paragraph setting out the context and topic of the article**.
- **Clearly defined paragraphs**.
- **Conclusion**.
- **Register should be formal/semi-formal, depending on the question**.
- Style and tone should be informative, engaging, or entertaining, depending on the context.
- Vocabulary should be varied, in this case, scientific.
- Grammatical structures should be very varied; here the range of complex structures include the present subjunctive (*es posible que sea*) and the conditional perfect (*podría haberlo llevado*).
- The development of ideas is crucial, using concrete examples (preferably from the Hispanic world).
- You can also include "expert" opinions and informed analysis.
- Depending on the context, there could be room for evaluation of ethical or rhetorical questions.
- Genuine magazine articles often use subheadings, however you are advised to stick to traditional paragraphs, without subheadings, to make sure it doesn't end up looking like a *blog* or *folleto*.

> Your name should be *fictional* – you should *never* put your real name anywhere on your script.

WHERE TO FIND *ARTÍCULOS* ONLINE

- consumer.es – Alimentación | Medio ambiente y Sostenibilidad
- muyinteresante.es – Ciencia | Tecnología | Naturaleza | Curiosidades | Muy Gamer
- bbc.com/mundo – Ciencia | Salud | Cultura | Tecnología

Primer bebé con tres padres nace en México

El nacimiento del primer bebé con material genética de tres personas supone un dilema ético para la sociedad.

Ana Rodríguez, Ciencias Hoy, 21 de enero 2021

México, el martes pasado, se convirtió en el primer país en permitir una técnica de Fecundación In Vitro (FIV) "triparental" que ha sido calificada por unos críticos como "un paso irreversible hacia la creación de bebés de diseño" y por otros como "un avance importante para la medicina". Esta innovación ha hecho que muchos especulen sobre la ética de la biotecnología y hasta qué punto la ciencia ha ido demasiado lejos.

El milagro científico se produjo con un embrión creado con material genético de un hombre y dos mujeres, mediante el uso de tecnologías de reproducción asistida. Es posible que nombrarlo un bebé "con tres padres" sea inexacto. Aunque el embrión fue compuesto por genes de tres personas, los genes son mayoritariamente de la madre. La madre en este caso lleva genes recesivos para el síndrome de Leigh, un trastorno fatal que afecta al sistema nervioso en desarrollo. Aunque ella misma no está afectada por la enfermedad, sus hijos sí lo serán y, de hecho, murieron sus dos primeros hijos por este motivo. Por lo tanto, solo los genes con la mutación genética fueron sustituidos por genes de otras dos personas, una el padre y la otra un donante. De esta manera, arreglaron el ADN del niño que, de otro modo, podría haberlo llevado a la muerte fetal.

Las consecuencias de esta técnica pionera son muy positivas para los padres con mutaciones genéticas raras porque les permite tener bebés sanos. Según los médicos, esta técnica evitará algunas enfermedades hereditarias incurables. Además, se podría aplicar la técnica a otras investigaciones con células madre. El embriólogo José Chaves dice que ha sentado un precedente para el rápido progreso de la biotecnología en todo el mundo.

Sin embargo, existen cuestiones éticas para el avance de la biotecnología en lo que respecta a la reproducción. En primer lugar, existe la posibilidad de que los padres del futuro comiencen a seleccionar las características físicas de sus hijos y que eliminen aquellas menos deseables. ¿Y qué será de la diversidad física? En segundo lugar, dado el coste del tratamiento, podría ser accesible solo para los más ricos. Esto conllevaría a una brecha económica y sanitaria injustificable. En tercer lugar, hace falta una regulación rigurosa apoyada por leyes y muchos países carecen de los sistemas de control necesarios para proteger a los pacientes. De hecho, esta es una técnica tan controvertida que aún está prohibida en los Estados Unidos.

Se podría argumentar que el campo de la medicina es el más difícil. Los médicos y científicos no solo deben soportar horas arduas y una educación rigurosa, sino que también deben considerar las repercusiones éticas para las cuestiones científicas. Por eso, la ética de la biotecnología siempre estará bajo escrutinio.

486 palabras (HL) *Basado en un texto de Florence*

2.6.2 Blog

The *blog* falls into all three categories of text type: personal, professional and mass media, depending on context, message, audience and purpose. A blogger generally has a specific area of interest and regularly posts updates, inviting anyone to read and comment on their post, making it an interactive text type in the public domain. While blogging has evolved into vlogging, microblogging, streaming and other kinds of social media, the simple blog is the text type that fulfils the function of posting your ideas online to a public audience.

All blogs are mass-media texts. In addition, a **personal blog** shares *some* characteristics with a diary as it involves the personal thoughts and ideas of the writer in an unedited way, but is usually centred around an area of interest, whether that is baking, gaming or environmentalism. A **professional blog** may represent a company's interests and values, so the style and register would be more formal/neutral. It may present you as an 'expert', so sharing articles or updates of interest to your followers would be part of maintaining your online professional reputation. You might also offer a certain amount of free tips to generate interest among your clients.

Sample question

Estás participando en un intercambio con un colegio en un país hispano y lo que más te ha llamado la atención es que los hermanos mayores de tu corresponsal aún viven en la casa familiar. Decides escribir un texto en que reflexiones en por qué los jóvenes hispanos se emancipan tan tarde y des soluciones para mejorar las oportunidades de los jóvenes.

entrevista	blog	carta

Conventions of a *blog*

- **Date**, **time** and **username** (invented username).
- **Title** – a catchy title or question.
- **Use of the first person throughout**.
- **Awareness of the reader** – i.e. elements directly addressing readers/followers.
- **Register** should be informal or semi-informal, and the **style** and **tone** subjective, thoughtful and reflective, showing interest or intrigue, and inviting discussion and interaction.
- Other optional features that can make it look like a digital text include a **web address bar** at the top, and **icons** to share, like and subscribe.
- Sign off with a question inviting comments, although actual comments are optional.
- Exclamations and emojis are good (but don't go overboard).
- You are likely to start by saying what has prompted you to write today's post.
- A genuine blogpost wouldn't necessarily use paragraphs but, for the exam, you should.
- There is no need for a formal introduction or conclusion.

Useful vocabulary for a blog

subscríbete/suscríbete	subscribe	*mantenerse al tanto*	to stay up to date
haz clic en el enlace	click on the link	*te recomendamos*	we recommend
comparte	share	*bloguear*	to blog
las novedades	what's new	*un post/una entrada/un aporte*	
un blogger/bloguero/a	a blogger		a post
los contenidos	content	*un sitio/una página*	a website
los seguidores	followers	*contáctenos*	contact us
un testimonio	review		

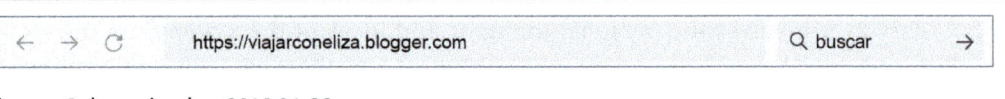

---

https://viajarconeliza.blogger.com   buscar

jueves 2 de noviembre 2019 21:38

¿Por qué no se van de casa?

¡Hola queridos seguidores! Como ya sabéis, estoy en Madrid de intercambio con mi corresponsal Carlota. Hoy quiero hablaros de algo que me ha llamado mucho la atención desde que llegué. Pues, los hermanos mayores de Carlota aún viven en casa. ¿Y qué? preguntaréis. Pues, el hecho es que tienen 25 y 27 años. ¿No os parece extraño?

Como es algo muy diferente a la cultura británica, decidí investigar más sobre el tema. Al principio, me pareció extraño que sus hermanos vivieran en casa dado que uno había estudiado empresariales y el otro ingeniería. ¿Por qué no encontraban trabajo? Resulta que no es tan raro aquí, ya que un 15% de jóvenes se consideran ni-nis – o sea que "ni estudian ni trabajan".

Hay muchas razones por esto. Es posible que los jóvenes hayan buscado empleo pero que no hayan tenido éxito debido a la situación económica. Muchas empresas piden más experiencia de la que tiene un recién egresado a pesar de sus cualificaciones y algunos jóvenes están sobrecualificados. Por encima de todo, los alquileres en Madrid están muy altos, por lo que no hay más remedio que depender de los padres.

Pregunté a los padres de Carlota cómo era tener a sus hijos adultos en casa y me dijeron que era un desafío porque deberían estar a punto de jubilarse pero no pueden. Quieren que sus hijos consigan trabajo y que se muden de casa. Es verdad que yo notaba tensión en la casa a veces, como cuando volvían los chicos tarde después de una fiesta o cuando no contribuían a los gastos de la comida. Pero ellos tampoco están contentos con la situación.

En mi opinión, el gobierno debería hacer más para ayudar a los ni-nis. Es esencial que los jóvenes tengan oportunidades de encontrar buenos empleos para poder independizarse. Podrían dar becas para que los jóvenes desarrollen un proyecto de emprendimiento o para que hagan un aprendizaje. El problema es que cuanto más están desocupados, más pierden la motivación y autoestima – es un círculo vicioso.

Y tú, ¿qué opinas? ¿Qué harías si tuvieras 25 años y estuvieras en paro? ¡Deja un comentario!

Subscríbete a: **viajarconeliza.blogger.com**

Comparte este blog en:

Comentarios: 1

@juancarlos dice: Es injusto que los jóvenes estudien tantos años y que luego estén en el paro. Es que hay demasiada competición.

399 palabras (SL)   *Basado en textos de Carolina & Gwen*

2.6.3 Columna de opinión

An opinion column is a mass media, journalistic text which can be about any kind of issue from parenting to politics. A columnist usually has a regular column in a newspaper and offers their analysis of an issue (recent or ongoing). The difference between an opinion column and an *artículo* or a *crónica* is that as well as informing or explaining an issue to the general public, the writer formulates a reasoned argument, based on personal opinion and analysis. The opinions, which can be controversial and of a clear political persuasion, are the individual views of the columnist, in contrast to an editorial, which is the view of the publication as a whole.

Sample question

Tu grupo de debates del colegio ha estado examinando la idea de dar acceso gratuito a las universidades de tu país a estudiantes extranjeros. Decides escribir un texto para la revista estudiantil en que expreses tu opinión sobre dicha idea y analices los argumentos a favor y en contra.

Blog	Columna de opinión	Carta formal

Conventions of a *columna de opinión*

- **Title summarizing the column/article**, **subtitle** (optional).
- **Name of publication**, **date**, **author** (invented name).
- Register is **formal** and the style and tone informative, subjective / partial, discursive, persuasive, argumentative, serious.
- The clear use of paragraphs is essential to organise ideas and build a reasoned argument, so **cohesive devices** and **discursive markers** should be used to good effect.
- Presentation in columns is optional.
- The choice of vocabulary should be precise and sophisticated.
- The grammatical structures should be very varied, with a high incidence of subjunctive to express **opinions and judgements**.
- The writer aims to **persuade** and so should give concrete examples that the reader can identify with, as well as solutions and consequences.
- The writer also aims to **make the reader think** and so could challenge the reader with rhetorical questions.

WHERE TO FIND *ARTÍCULOS DE OPINIÓN* **ONLINE**

You can find a great deal of content for free, but to access some of the more well-known columnists' work in high-quality newspapers you may need to register or subscribe:

- eldiario.es/opinion
- elperiodico.com/es/opinion
- lavanguardia.com/opinion
- elpais.com/opinion
- proceso.com.mx/opinion (Mexico)

Con la educación universitaria internacional gratuita ganaríamos todos

23 de octubre 2020 – eldiario.com – Rocío González

Un tema que se ha planteado recientemente es la idea de dar acceso gratuito a estudiantes extranjeros a las mejores universidades de este país. ¿Y cómo se financiaría tal iniciativa? ¿Y qué de nuestros propios estudiantes? La mera verdad es que una inversión en el talento global traería múltiples beneficios para nuestro país.

Siendo yo misma hija de dos personas que fueron a la universidad en diferentes países, he visto con mis propios ojos las ventajas. Mi madre es argentina y estudió en los EEUU. Hizo contactos profesionales que le han servido toda la vida. Mi padre es americano y estudió arquitectura en Alemania. Aprendió alemán, lo cual ha sido muy útil a la hora de buscar empleo. Ahora los dos son bilingües y siempre me dicen que no hay mejor experiencia que indagar en el contenido intelectual en un lugar diferente y en un idioma diferente. Es una experiencia que abre puertas a nuevas experiencias, te permite conocer a gente interesante, y te permite conocerte mejor a ti mismo. Por eso, tengo la intención de estudiar un año en Italia.

Según un estudio de la Universidad de Oviedo, cuantos más graduados universitarios haya, mayor riqueza tendrá el país. Por lo tanto, es nuestro deber a la juventud compartir la excelente educación de la que gozamos aquí en España. Me enorgullece que tengamos universidades de clase mundial en España y es nuestro deber permitir que los jóvenes de todo el mundo tengan acceso a ellas. Deberíamos hablar de los intercambios universitarios como si fueran algo normal, sea cual sea su nivel socio-económico.

Hay que recordar que muchos jóvenes deciden permanecer en el país donde estudiaron, aportando sus capacidades y cualificaciones. La integración de dichos estudiantes y recién graduados aumenta la voluntad de otros jóvenes de estudiar en el extranjero. Con una educación gratuita para los estudiantes extranjeros, España también podría atraer a los más talentosos y florecer su mano de obra.

Por otra parte, la universidad gratuita para estudiantes extranjeros podría provocar una ola de inmigración para la que no estamos preparados. ¿Dónde vivirían? ¿Podrían quedarse automáticamente después de finalizar sus estudios? ¿Qué pasaría si no consiguieran trabajo? También cabe preguntarse si vale la pena para nuestro país educar a jóvenes extranjeros que tengan intención de volver a su propio país.

Aunque es necesario aceptar que algunos piensen que los recursos deben utilizarse sólo para estudiantes españoles, estoy de la firme opinión de que compartir los recursos intelectuales es imprescindible en un mundo globalizado. Noruega, Finlandia, Suecia y Alemania son ejemplos de países donde la universidad es gratuita para los estudiantes extranjeros y deberíamos seguir su ejemplo.

No sólo hay que pensar en los beneficios intelectuales sino también en los sociales y culturales. La educación universitaria gratuita crearía una sociedad más multicultural y tolerante, acostumbrada a culturas y tradiciones diversas. Una población universitaria internacional enriquecería las experiencias, perspectivas y creencias de todos y fomentaría el debate y la discusión entre personas de toda clase.

Estoy segura de que queremos desarrollar el talento de la juventud en todos los modos posibles y con la universidad gratuita podríamos hacerlo. Es evidente que tener universidades gratuitas para estudiantes extranjeros no solo mejoraría la tolerancia en este país sino que también aumentaría los niveles de intelectualidad y riqueza, por lo que es evidente que ganaríamos todos.

569 palabras (HL)

Basado en un texto de Sophia

2.6.4 Editorial

Although similar in style and tone to a *columna de opinión* and aimed at the same audience, an *editorial* represents the views of a newspaper rather than an individual writer, and because it is usually written by the editor/director or the editorial team, usually **no name** is attributed to it. The editorial will be about the most salient issue of the day, usually political and/or controversial, and which the newspaper believes requires a change of policy. The newspaper, therefore, uses its public platform and social responsibility to urge the authorities to act.

Sample question

Últimamente se habla en los medios de comunicación de un posible conflicto internacional. Como director(a) del periódico escolar, decides escribir un texto en que adviertas de las consecuencias de un conflicto armado y promuevas la paz.

| Diario personal | Carta formal | Editorial |

Conventions of *un editorial*

- **Title**, subtitle (optional). Words like '*urgente*' '*frenar el problema*', '*preocupante*', '*serios riesgos*' and '*intervención*' might feature in the title.
- **Date**, **name of publication** but *no* name of author.
- **Concise opening and closing sentences**.
- **Register** is **formal**. The **style** and **tone** are informative, explanatory, subjective, persuasive, argumentative, serious.
- The clear use of **paragraphs** is essential to organise ideas and build a reasoned argument, so **cohesive devices** and **discursive markers** should be used to good effect. (Genuine editorials do not actually always use paragraphs, as they are often much shorter than the word count you are expected to write, but for the purposes of the exam, always use paragraphs.)
- The choice of vocabulary should be precise and sophisticated.
- The grammatical structures should be very varied, with a predominance of structures to express **opinions and judgements**. First person opinions should be avoided in favour of **impersonal structures** or the *nosotros* **form**, which implicates the publication, the readership and society as a whole.
- The editorial aims to **persuade** and to do so, should **warn of the consequences** of continuing with the current policy, and **offer solutions** to the problem that would be hard to refute.
- An editorial could have a concluding line that takes you neatly back to the original starting point.

> The examiners are *not* concerned with your political views; they are interested to see whether you can choose the appropriate register and tone to construct a persuasive argument.

WHERE TO FIND *EDITORIALES* ONLINE

- elpais.com/opinion/editoriales
- diariodecuyo.com.ar > menú > editorialdeldia
- elmundo.es > opinion > editorial

eltiempo.com – EDITORIAL

Es hora de combatir la espantosa violencia en Colombia

21 de septiembre del 2021

Actualmente estamos en 2021, cinco años después de la clausura de las negociaciones del Acuerdo de Paz que buscaban promover no solo la seguridad y la unidad, sino también resolver el gran problema de la desigualdad social en Colombia. Lamentablemente, se recortaron los fondos en 2018, la paz en Colombia sigue siendo un recuerdo lejano y los colombianos han tomado las calles para luchar por su derecho a sobrevivir. Las protestas que fueron desencadenadas por el sufrimiento causado por la pandemia de COVID-19, pasaron a tener como motivo el plan de reforma tributaria. Sin embargo, desde entonces, la situación solo ha empeorado y ha dejado al país en el caos, con numerosos informes de asesinatos, torturas y ataques contra mujeres y niños. No podemos ignorar estos abusos a los derechos humanos.

Por si esto fuera poco, el gobierno está tomando represalias contra los manifestantes y las muertes continúan aumentando. La Defensoría del Pueblo de Colombia ha informado de 19 muertes, aunque muchas ONG informan de más. La policía ha informado de 800 heridos a su propio personal y al menos una muerte. A pesar de que el presidente haya retirado el polémico proyecto de ley de impuestos y el ministro de Finanzas haya anunciado su renuncia, lamentablemente no se ha restablecido la paz. Extraordinariamente, se desplegaron fuerzas militares para ayudar a sofocar las manifestaciones sin tener en cuenta el bienestar del pueblo colombiano.

Si el gobierno realmente quisiera marcar la diferencia, debería mostrarle a la gente que la está escuchando. Si bien esta es una idea esperanzadora, la mejor manera de relajar las tensiones es reconocer las violaciones a los derechos humanos y no pretender que el enojo de los colombianos se deba solo a la factura tributaria. La frustración que siente el pueblo colombiano hacia sus gobernantes se ha ido acumulando a lo largo de los años sin resolución. La intervención de la ONU es esencial para garantizar el derecho a la libertad de reunión pacífica y para demostrar simbólicamente al mundo la gravedad de la situación en Colombia.

Debido a que el objetivo de la ONU es promover la paz, la mejor manera de hacerlo es instalando un gobierno seguro que trabaje con el pueblo colombiano y que no esté interesado en sí mismo. Esto indicaría que el gobierno respeta a su gente, ya que anteriormente la gente sentía que no se la escuchaba. Los problemas de la pandemia han amplificado las frustraciones, ya que se implementaron medidas peligrosas sin tener en cuenta ni la salud ni la seguridad, lo que enfureció a los colombianos y les demostró que no eran valorados ni podían confiar en su gobierno. Concienciar al mundo es lo mínimo que podemos hacer para ayudar al progreso de paz y fomentar la unidad en Colombia.

478 palabras (HL) *Basado en un texto de Kyra*

* *el Acuerdo de Paz* – *después de 50 años de conflicto armado con las FARC, el Acuerdo de Paz busca poner fin a la violencia y promover un plan de desarrollo agrario.*

* *la Reforma Tributaria* – *tiene como objetivo la generación de empleo y la reducción de la desigualdad mediante un sistema más justo de impuestos.*

2.6.5 Carta al director (a la directora)/Carta de los lectores

While the *carta al director* shares a similar style and tone to the *editorial*, the writer is a member of the public writing *to* the newspaper in order for their views to be published in the section of reader's letters. Someone would write to an editor of a newspaper to voice concerns about a local, national, or international issue, or to complain or express disagreement about the way an issue has been reported. They would offer wisdom or solutions for how the issue should be dealt with.

DIRECTOR

Note that ***director*** has several meanings. In this instance, the *director* of a newspaper or magazine is the **editor**. Furthermore, in Spanish, a *director* could also be a Headteacher/Principal, or a Director/CEO of a company. So you need to be careful when reading the question as to whether you are being asked to write una *Carta al director/Carta del lector* (Letter to Editor/Reader's letter) which would be to explain or persuade of your opinion, or a *Carta al director de...* (some other kind of organisation) which would require a formal letter, and which could be to request information, propose solutions, or apply for a job.

Sample question

Recientemente has visto un anuncio en una revista de habla hispana que ha llamado tu atención debido al mensaje ofensivo o insolidario que presentaba. Estás indignado/a y decides escribir un texto para publicarse en la sección de lectores de dicha revista en que describas el anuncio y expliques por qué debería retirarse en futuras ediciones.

Artículo	Carta al director	Diario

Conventions of a *carta al director*

- **Date** (e.g. jueves 25 de noviembre 2020 or 25/11/2020).
- **Formal salutation** e.g. Señor Director(a): (note the use of *dos puntos* instead of a comma).
- Sign off with **name and city** (e.g. Maria Luisa Gómez, Madrid). *No* need for full addresses.
- **Introduction** making clear the reason for writing and how the issue has made you feel.
- **Register** formal or semi-formal; **style** opinionated and persuasive; **tone** angry, possibly a little sarcastic, but avoid being too aggressive or patronizing.
- The point of view of the writer is paramount, and so expressions of opinion and judgement should dominate, along with emotional reaction (disappointment, anger, frustration, concern).
- The writer may include rhetorical questions or exclamations for impact and immediacy.
- The argument should be presented logically, with development of ideas using concrete examples, preferably from the Hispanic world.
- Evidence from 'experts' can be used to support your argument.
- The letter should **offer solutions** for the problem/situation and establish whose responsibility it is to implement them.
- The letter could warn of how the **consequences** of not acting will be felt on a particular sector of society, possibly a minority or discriminated group.

> In reality, a letter to an editor should be short and succinct, (*El Pais* specifies a maximum of 100 words) so you will need to fill out your answer to meet the required Paper 1 word count.

WHERE TO FIND *CARTAS AL DIRECTOR* ONLINE

- elpais.com/autor/cartas-director
- eluniverso.com/opinion/cartas-al-director (Ecuador)

EL PAÍS

Carta al director – El machismo en la publicidad

lunes 28 de mayo de 2021

Señora directora de Mujer Hoy:

Como fiel seguidora de su revista desde hace más de cinco años, me decepcionó ver entre sus páginas un anuncio sumamente ofensivo debido a su mensaje estereotipado de género.

El anuncio era de una conocida tienda de juguetes infantiles y mostraba a un niño jugando con un coche de radio control, bajo el lema "¡C de Campeón!" y una niña jugando con una cocina de juguete bajo el eslógan "¡C de cocinera!" No hay que ser un genio para ver el mensaje anticuado y dañino de este tipo de publicidad.

Pensaba que estábamos muy lejos de los días en que se esperaba que las chicas fueran madres y esposas y que se ocupaban solamente de las tareas domésticas. ¿Acaso los chicos no pueden ser cocineros? Está claro que está bien animar a los chicos a ser aventureros, valientes y espontáneos, pero ¿por qué no fomentar estos mismos valores en las chicas también? ¿O es que creen que las chicas son menos fuertes y ambiciosas que los chicos?

No solo eso sino que los colores usados en el anuncio también eran muy estereotipados. El niño llevaba ropa de color azul y el juguete era rojo – colores vivos y dinámicos. Mientras tanto, la chica estaba vestida de color rosa y la cocina de juguete también era de color rosa. Creo que es inadmisible que asociemos a las chicas solo con el color rosa porque da la impresión de que las niñas solo aspiran a ser princesas. ¿Es ése el mensaje que verdaderamente quiere comunicar?

Para colmo, ¡se colocó el anuncio en la página al lado de un artículo sobre la educación de los hijos! Creo que fue un gran error publicar este anuncio que contribuye a actitudes machistas y sexistas. Hoy en día, es esencial que luchemos contra ideas tóxicas de género y que fomentemos la igualdad y la diversidad. Si seguimos haciendo la vista gorda a este tipo de publicidad, nunca mejorará la sociedad.

Dado que su revista pretende promover la igualdad de género y los derechos de la mujer, sugiero que retire este anuncio de inmediato y espero ver una actitud más responsable y ético en el futuro.

Atentamente,

Simone Ortega y Gil, Bilbao

385 palabras (SL)

This text was inspired by a real advertising campaign in Carrefour Supermarkets in Argentina, which was withdrawn following a public backlash. You can find images if you search online for "C de Campeón C de cocinera".

2.6.6 Conjunto de instrucciones/directrices

A set of instructions, recommendations or guidelines is an informative text that is aimed at the general public in order to inform, educate or advise. It can also be a "How to…" guide.

Sample question

Últimamente, ha aumentado la cantidad de turistas en una región hispanohablante y estos no siempre demuestran una actitud respetuosa ni con el lugar ni con los habitantes. Como parte de un grupo comunitario, decides publicar un texto para educar a los turistas y darles consejos sobre cómo interactuar de manera más positiva con el medio ambiente.

Artículo	Presentación	Conjunto de instrucciones

(Conjunto de instrucciones is circled)

Conventions of a *conjunto de instrucciones/directrices*

- **Title/heading.**
- Introductory paragraph/subheading.
- **Methodical organisation of ideas using subheadings** (*subtítulos*) **or bullet points** (*lista de puntos, bullets, flechas, símbolos*) which could be numbered.
- A series of up to 10 instructions or recommendations would be good.
- A good strategy is to use brief bullet points (using the **imperative** or **infinitive**), followed by detailed explanations with concrete examples, and using a range of grammatical structures.
- In addition to imperatives, use a **variety of structures to give advice and make recommendations:** *hay que, debes, tienes que, es importante que.*
- Illustrations are optional but won't add marks!
- **Register usually neutral** but can depend on context and intended audience.
- **Concluding sentence** with link to a website to find out more, if relevant.

Types of instructions

Cómo sobrevivir un tsunami – Guidelines for the general public on an issue of health & safety would display a neutral register and a serious tone.

Exámenes finales: ¡5 consejos para sobrevivir! – A 'How to…' guide aimed at high-school students could be informal and humorous.

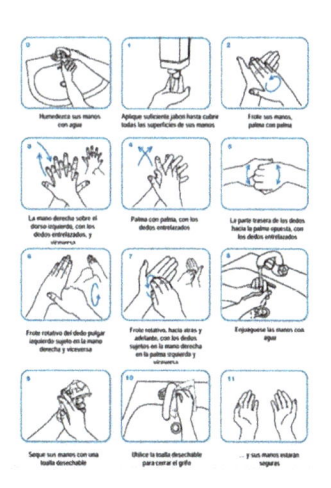

Cómo ser un turista más responsable en 6 pasos

¿Quieres ser un turista más consciente? ¿Quieres disfrutar aún más de la visita a un lugar? Aquí ofrecemos 6 pasos para ayudarte a ser un turista más integrado en la vida diaria y en la cultura del lugar que visitas.

1. Sé respetuoso con la cultura y la gente local

Los habitantes no son atracciones y deberían ser tratados con respeto. No saques fotos de la gente local y de eventos culturales o religiosos sin permiso. ¡Aprecia tu viaje con tus propios ojos! Es comprensible que quieras algún recuerdo permanente así que por supuesto, saca fotos pero hazlo de una manera respetuosa.

2. Aprende el idioma

No esperes que todo el mundo hable tu idioma o ni siquiera el idioma oficial del país. Muchos pueblos y lugares hablan una lengua regional o un dialecto, así que deberías hacer el esfuerzo de aprender algunas frases en la lengua local para ayudarte a integrarte y demostrar respeto.

3. Ten cuidado cuando visites monumentos históricos

Sigue las reglas establecidas para preservar los monumentos. Quédate atrás de las barreras, no traigas objetos prohibidos y no dejes a tus hijos pequeños escalar el monumento. Desde luego, no te lleves partes del monumento, por ejemplo, partes de ruinas, símbolos religiosos o cristales. Con los móviles, asegúrate de que el flash de la cámara no se encienda automáticamente si las fotos con flash están prohibidas.

4. Invierte en la economía local

Come en restaurantes locales para apoyar a la gente local en lugar de las cadenas grandes que se encuentran en cualquier ciudad. No solo estarás aumentando el sueldo de los trabajadores locales sino también podrás probar comida nueva, auténtica y típica de la región. Además, podrías buscar a alguien que pudiera ser tu guía o darte recomendaciones para tu viaje. De esta manera, vivirás experiencias más auténticas, únicas y memorables.

5. Cuida el medio ambiente

El agua es un recurso valioso así que no lo malgastes en los hoteles. El uso excesivo y el desperdicio de agua es perjudicial para el medio ambiente sobre todo en países con un clima cálido donde el agua ya es limitada. Además, no dejes tu basura y desperdicios por las calles o en las playas ya que arruinarás el paisaje y será perjudicial para los niños y los animales. Evita dejar colillas de cigarrillo en el suelo – alguien tendrá que recogerlas.

6. Infórmate de las leyes y las reglas

Cada país y cada estado dentro de un país tiene leyes diferentes así que investiga lo que se puede o no se puede hacer. Las leyes también se aplican a los turistas, entonces, no creas que no te vayan a multar o encarcelar, solo por ser turista. ¡La ignorancia no es una defensa! Recuerda que el tráfico de drogas es un delito grave, nunca debes aceptar llevar objetos desconocidos en la maleta. ¡Ten mucho cuidado con las leyes!

¡Con estos 6 pasos sencillos y fáciles, serás un turista más consciente y disfrutarás más tu viaje! Para más infomación visite www.respetacordoba.es

509 palabras (HL)

Basado en un texto de Arielle

2.6.7 Correo electrónico (informal)

An informal email is a personal text that you send to a friend (or several friends) or people that you know well. This is a very popular text as it is relatively easy, relying mainly on the *yo* and *tú* forms of verbs and an informal style. However, you still need to pay attention to the conventions and make an extra effort with the development of ideas. An email will share many characteristics with an informal letter, but you must include the appropriate digital heading instead of traditional postal addresses.

Sample question

Recientemente pasaste una temporada en un país de habla hispana donde tuviste la oportunidad de presenciar una celebración muy típica de esa comunidad. Escribe un texto a un(a) amigo/a comentándole los detalles de la celebración, reflexionando en lo que aprendiste de la cultura a través del evento y comparando esa tradición con tu propia cultura.

Correo electrónico	Blog	Diario

Conventions of a *correo electrónico* **(informal)**

- **To**   A: paco@gmail.es
- **From**   De: isabelle@gmail.es
- **Date + time**   Fecha: 3 noviembre 2018 19:04
- **Subject**   Asunto: ¡Día de muertos en México!

- **Informal greeting** (*¡Hola Federico!*).
- **Informal sign-off and your name** (*¡Hasta luego! Un abrazo*, Sandra) (invented names).
- No full postal addresses – this is an email.
- **Register** is informal (use the *tú* form) and **style** and **tone** are friendly and spontaneous.
- An email has more immediacy than a letter as it arrives instantly, rather than through snail-mail.
- Use **phatic** and **appellative** language and colloquial expressions.
- Avoid slang or vulgar language.
- As an email is a digital, informal text, the occasional emoji is fine.

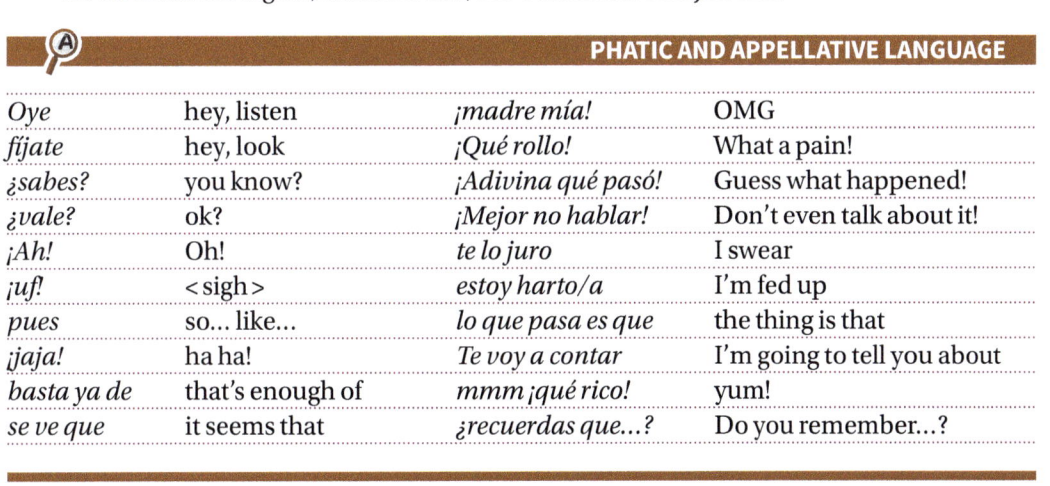

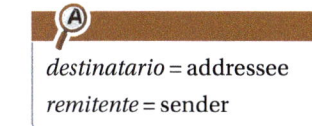

destinatario = addressee
remitente = sender

See section 2.3.5: Appellative and phatic language, on page 19

PHATIC AND APPELLATIVE LANGUAGE

Oye	hey, listen	*¡madre mía!*	OMG
fíjate	hey, look	*¡Qué rollo!*	What a pain!
¿sabes?	you know?	*¡Adivina qué pasó!*	Guess what happened!
¿vale?	ok?	*¡Mejor no hablar!*	Don't even talk about it!
¡Ah!	Oh!	*te lo juro*	I swear
¡uf!	<sigh>	*estoy harto/a*	I'm fed up
pues	so… like…	*lo que pasa es que*	the thing is that
¡jaja!	ha ha!	*Te voy a contar*	I'm going to tell you about
basta ya de	that's enough of	*mmm ¡qué rico!*	yum!
se ve que	it seems that	*¿recuerdas que…?*	Do you remember…?

	Nuevo mensaje
De:	isabelle@gmail.es
A:	paco@gmail.es
Fecha:	3 noviembre 2018 19:04
Asunto:	¡Día de muertos en México!

¡Hola Paco!

¿Qué tal todo en Madrid? ¿Has visto mis últimas fotos en Instagram? Como ya sabes, estoy en México de intercambio y me quedo con una familia en Oaxaca, en el sur del país. Pues acabo de participar en la fiesta del Día de muertos y te voy a contar todo lo que vi. Bueno, llegué un par de días antes de comenzar el festín y ya se veía que las calles, las casas y el cementerio estaban decorados con papel picado y flores de cempasúchil, una flor con un color naranja muy vivo – ¡qué bonito!

Bueno, lo que más me llamó la atención fue el altar que crearon en la casa. Típicamente, un altar tiene varios niveles para representar la brecha entre el mundo donde vivimos y el más allá. Por ejemplo, el nivel inferior representa la tierra y los cultivos. Además, se pone la comida y bebida preferida de los difuntos, velas, calaveras de azúcar y objetos, como por ejemplo una guitarra, si al difunto le gustaba la música. Mi familia anfitriona recordaba a su abuelo muerto, por lo que pusieron una botella de tequila, ¡jaja! Finalmente, se esparce flor de cempasúchil por el suelo para crear un camino para guiar a los espíritus.

Pues, Paco, sabes que aprendí mucho sobre la cultura mexicana a través de esta fiesta. Se ve que Día de Muertos es una mezcla de tradiciones de los pueblos prehispánicos, incluso los mayas y totonacas. Para esas personas, la muerte era solo una parte del proceso de la vida. Por eso, esta celebración permite a la gente reunirse con los muertos cuando transitan por la tierra, por lo que es una celebración alegre. Hoy en día es habitual disfrazarse o maquillarse y hacer un gran desfile, pero, ¿sabes? El desfile no es de hecho una tradición auténtica sino algo que se hizo en una película de James Bond, que ha cobrado ritmo en México debido a su valor turístico. Bueno, te cuento que mi parte favorita de la fiesta fue la comida – calabaza, pan de muertos, mole, tamales, pozole, frijoles y guajolote son algunos ejemplos de los alimentos deliciosos que prepararon la madre y la abuela de mi familia – mmm ¡qué rico!

¿Recuerdas que te conté que nos disfrazábamos en Halloween cuando éramos peques? Pues, hay muchas diferencias entre Día de muertos y Halloween. En mi opinión, Halloween es una noche llena de terror – fantasmas y brujas – y se puede disfrazarse de cualquier cosa, ¡incluso piratas o monstruos! ¡Y los dulces! La verdad es que creo que es más comercializado y menos espiritual. Mientras tanto, tu me has contado que en Todos los Santos tu familia va al cementerio pero estáis todos tristes recordando a tus abuelos. En cambio, aquí, Día de Muertos es una fiesta alegre y los esqueletos no dan miedo. Si no lo hubiera visto con mis propios ojos no habría apreciado la manera en que los mexicanos ven a la muerte. Bueno, ¡basta ya del análisis!

Espero que un día puedas ir a México para ver esta fiesta con tus propios ojos, te va a encantar. ¡Ah! Te recomiendo la canción Día de muertos de Alfredo Olivas – ¡es genial! Bueno, Paco, te dejo que ahora vamos a ir de excursión al campo. Dentro de unos meses voy a hacer otra excursión escolar a Madrid, espero que podamos vernos.

Oye, te llamo más tarde en Facetime y hablamos un rato, ¿vale? ¡Hasta luego!

Isabelle ☺

596 palabras (HL) *Basado en textos de Arielle & Sophia*

2. PAPER 1 – WRITING

2.6.8 Correo electrónico (formal)

A formal email is an essential text type to master in the modern world and you need to be able to adapt your language to a more formal register than if you were sending an email to a friend. You may already write emails to teachers or school staff about academic matters, and this is good training for the workplace. Reasons for writing a formal email might include asking for or providing information, asking for or offering advice, feeding back on student surveys, making proposals, or applying for work experience opportunities.

Sample question

Las redes sociales están prohibidas en tu colegio. Después de organizar una encuesta, el comité estudiantil ha concluido que la mayoriá de estudiantes no está de acuerdo con esta regla. Como portavoz del comité, debes escribir un texto a los directores del colegio en que les informes de los resultados de la encuesta y propongas soluciones.

Blog	Artículo	Correo electrónico

(Correo electrónico is circled)

> If it doesn't specify **formal** or **informal**, read the question carefully to work out the appropriate register to use.

Conventions of a *correo electrónico* **(formal)**

- **To** — A: — jrodríguez@bancosantander.es
- **From** — De: — ezapata@grupochiapas.mx
- **Date + time** — Fecha: — 5 marzo 2021 09:30
- **Subject** — Asunto: — Información sobre viaje
- **Attachment** — Archivo adjunto: — Guía de viajes (optional)

- The body of the email should follow the same conventions as a formal letter.
- **Formal greeting followed by colon** (not comma).
    - If you know the person: *Estimado Señor(a) Vásquez*: (= Dear Mr/Mrs Vásquez,)
    - If you don't know the person: *Muy Señor mío*:/*Muy Señora mía*: (= Dear Sir/Madam,)
    - Do **not** translate the English "Dear Sir" as "*Querido Señor*" – *Querido* is a term of affection and is only for informal letters to people close to you.
- **Formal concluding sentence and sign-off with full name** (invented name).
    - *Quedo a la espera de su respuesta* (= I look forward to hearing from you)
    - *Saludos cordiales* (= Best wishes)
- **Register** is formal (use of *usted/ustedes* throughout), **style** and **tone** are polite and serious.
- Organisation in a formal email is as important as in a formal letter. Use separate paragraphs for each point.
- Avoid colloquial expressions and do not use emojis in a formal email.

USEFUL PHRASES: FORMAL EMAILS

Muchas gracias por su respuesta	Thank you for your reply
Me gustaría informarle de…	I would like to inform you about…
Quisiera pedir sus consejos sobre…	I would like to ask your advice on…
¿Me podría amablemente facilitar la siguiente información?	Please could you kindly send me the following information?
Le adjunto un documento con los detalles	I've attached a document with the details
En relación a la idea de…	With regards the idea of…
Si desea más información, puede consultar mi página web	If you need more information, you can consult my website

	mensaje nuevo	
de:	benitojuarez@gmail.com	
a:	jrodriguez@sanjeronimo.edu	
asunto:	las redes sociales en nuestro colegio	
fecha:	25 de mayo 2018 15:23	

[responder] [reenviar] [borrar]

Estimado Señor Rodríguez:

Le escribo para comunicarle los resultados de nuestra encuesta sobre las redes sociales. El 85% de los estudiantes dice que quiere un cambio en las reglas para que podamos usar las redes sociales durante las horas escolares. Dos de cada tres estudiantes dicen que las redes sociales son el modo más popular para la comunicación, pero en el colegio están prohibidas. Creemos que no refleja la realidad del mundo moderno.

Creemos que usar las redes sociales complementa las relaciones en la vida real real y podría mejorar la experiencia educativa. Por ejemplo, si las clases formaran grupos, podrían hacer preguntas o compartir ideas fuera de clase, lo que ayudaría con los deberes. Además, la capacidad de hacer videollamadas a través de las redes sociales es una preparación ideal para las videoconferencias en el mundo laboral. No solo eso sino que las redes sociales podrían ayudar a los estudiantes tímidos, ya que podrían encontrar a gente con los mismos gustos y formar "grupos sociales".

Finalmente, nueve de cada diez estudiantes ya tiene cuenta en Instagram o TikTok. En nuestra opinión, es importante que los jóvenes se acostumbren a crear perfiles en plataformas digitales porque en el mundo laboral vamos a tener que crear un buen currículum en línea. De hecho, sería una buena idea crear una cuenta en Twitter para el colegio San Jerónimo para que los alumnos y los padres puedan seguir las noticias del colegio y compartir fotos de los eventos extraescolares.

Las redes sociales se han vuelto imprescindibles para nuestra vida y el colegio tiene que modernizarse para preparar a los jóvenes para el mundo laboral del futuro. Está claro que ya no hay que ir a la oficina para ser productivo. Hay que preguntarse: ¿cómo será en cinco o diez años? Por eso, queremos usar las redes sociales en el colegio.

Gracias por considerar nuestra petición.

Saludos cordiales,

Benito Juarez
Clase 12D

344 palabras (SL)

Avoid these anglicisms in formal emails/letters:

Dear Sir,	✗ *Querido Señor ...,*	✓ *Estimado Señor ... :*
I'm writing to	✗ *Estoy escribiendo para*	✓ *Le escribo para...*
Sincerely	✗ *Sinceramente*	✓ *Atentamente*
All the best	✗ *Todo lo mejor*	✓ *Saludos cordiales*

2.6.9 Carta (informal)

Few people still write letters to each other when email or social media are more convenient. Nevertheless, there may still be moments when a letter is appropriate. The recipient of an informal letter would be someone you know well – family or friends – and so the register would be informal and the style friendly. The informal letter, along with the diary entry, is one of the more popular types of text, probably because it is considered easier. That may be true, but the examiner will still want to see attention paid to conventions and good organisation.

Sample question

Llevas unas semana en un país de habla hispana haciendo voluntariado y quieres ponerte en contacto con amigos en tu ciudad pero no hay acceso al Internet. Decides escribir un texto a un(a) amigo/a en que describas las experiencias positivas que estás viviendo y reflexiones en las diferencias con tu propia cultura.

| Carta | Blog | Diario |

Conventions of a *carta informal*

- **Date & city** (*Barcelona, 18 de febrero de 2020*). No need for full addresses.
- An informal **greeting followed by colon**, not comma (*Hola Ana: / Querido Paco:*).
- An informal **sign**-off (*escríbeme pronto/un abrazo*) and your **name** (invented).
- The **register** is informal, so you can use colloquial expressions and exclamations.
- The **style** is appellative, which means you talk directly to the reader (*ojalá estuvieras aquí* = wish you were here), and the **tone** is friendly.
- An informal letter is likely to narrate recent experiences, so good control of **past tenses** will be essential as well as lots of descriptions (adjectives).
- The content is personal and subjective, so include thoughts and feelings. Use the subjunctive to react emotionally to what you see around you (*me da pena que haya tanta pobreza*).
- Include anecdotes (*¿Sabes lo que me pasó ayer?*).
- There may be discussion of future plans, so remember to use the subjunctive after conjunctions of futurity (***cuando regrese***, *te llamaré*).
- You might make reference to the fact that you are writing a traditional letter as opposed to an email (*he perdido mi móvil... no tengo acceso a Internet... hace mucho tiempo que no escribo una carta...*).
- It is tempting to write an informal letter without planning, so make sure you remember to use paragraphs and linking words, or your text can become rambling and repetitive – a sure way to lose marks.

> Your name should be *fictional* – you should *never* put your real name anywhere on your script.

Which past tense to use when narrating?

▶ **Imperfect**: for descriptions, thoughts and feelings in the past

    tenía un poco de miedo, no sabía, no quería llamar la atención, estaba nerviosa

▶ **Preterite**: for actions and things that happened

    conocí a, llegamos, me ayudó

▶ **Perfect**: for experiences in the past still related to the present

    me he dado cuenta de que tengo suerte

▶ **Pluperfect**: for things that had already happened or happened earlier in the past

    nunca había visitado un país en vías de desarrollo

Lima, 16 de septiembre de 2018

Querida Isabel:

¡Gracias por tu carta! No puedo creer que hayan pasado ya cinco semanas desde que te vi. ¡Ojalá estuvieras aquí! Bueno, te cuento cómo me va mi trabajo voluntario en Lima.

Todo es muy diferente de lo que esperaba. Antes de venir, tenía un poco de miedo porque Perú está muy lejos de Londres, y no sabía cómo serían los peruanos. Sobre todo no quería llamar la atención, ya sabes que soy alta y pelirroja mientras que aquí, muchos son chaparritos y morenos. También estaba nerviosa ¿qué haría si tuviera problemas y no tuviera señal en mi teléfono?

Tuve suerte porque en el avión conocí a una señora que se llama Enriqueta y cuando llegamos al aeropuerto me ayudó a encontrar al hombre de mi organización, Soluciones Interculturales, y nos fuimos directamente al albergue. Tenía miedo de conocer a los demás voluntarios, ya que yo iba a ser la más joven. Pero estaba equivocada, todos son muy amables y ¡me llaman su hermana pequeña!

Bueno, como nunca había visitado un país en vías de desarrollo, no tenía ni idea de cómo sería el trabajo. Nunca hubiera imaginado que la pobreza en los 'Pueblos Jóvenes' – que son los barrios situados en las afueras de Lima – fuera tan terrible. Las calles están muy sucias y la mayoría de los edificios están inacabados o dañados. Las casitas están hechas de pedazos de metal y hay perros abandonados en todas las calles… Me dio mucha pena pero luego aprendí que, aunque parezca raro, ¡la gente es feliz! Tienen menos pero son más felices que mucha gente que conozco en Londres.

Estoy trabajando en un colegio en un barrio pobre y cada mañana los niños de mi clase me reciben con grandes sonrisas, me llaman "¡¡¡Camila!!!", me abrazan y ¡no me sueltan! Las señoras de la cocina hablan con nosotros, nos cuentan historias y chistes; son muy graciosas. Enseño inglés, bueno, la mayor parte del tiempo cantamos y jugamos.

Sabes, Isabel, estar aquí ha cambiado totalmente mi opinión de Perú, y también de mi vida. Me he dado cuenta de que tengo mucha suerte y de que no debería quejarme de las cosas pequeñas cuando estos niños son tan felices y no tienen nada.

Oye, te llamaré cuando vuelva y vamos a tomar un café ¿vale?

Escríbeme pronto.

Un abrazo,

Camila xx

395 palabras (SL) *Basado en un texto de Camila*

2.6.10 Carta/Correspondencia formal/Carta de motivación

A formal letter is an essential text type to master if you ever end up using Spanish in the workplace. It is a professional text and must convey the appropriately formal register, style and tone. There may be many reasons and purposes for your letter, for example, to request information, to propose ideas for a project, to request funding, or to complain about a service or product. You may or may not know the person you are writing to. *Una Carta Abierta* is an open letter penned by a group of experts and printed in a newspaper.

> A *Carta de motivación* (or *Carta de solicitud*) is specifically an application letter for a job or volunteering opportunity, also called a covering letter, when it accompanies a CV. For university applications, it can be called a *Declaración personal* (Personal Statement). To write a successful Application letter, you need to follow all the conventions of a Formal Letter. The point is to present yourself as a suitable candidate, to elaborate on points in your CV, and to convince the recipient that you have the right qualities, skills and experience for the job or opportunity.

Sample question

En tu colegio, se ha publicado una oportunidad de hacer prácticas laborales con una ONG (Organización no gubernamental) en un país de habla hispana durante las vacaciones. Te interesa el puesto así que decides escribir un texto al director de dicha organización en que expliques tu experiencia relevante y le convenzas de que eres el candidato ideal.

(Correspondencia formal)	Artículo	Blog

Conventions of a *carta formal/correspondencia formal*

- **Addresses** of sender and addressee at the top left-hand side.
- **Date** in full Spanish form (*Madrid, 24 de febrero de 2020*).
- **Formal greeting followed by colon** (not comma).
    - If you know the person: *Estimado Señor(a)* Vásquez: (= Dear Mr/Mrs Vásquez,)
    - If you don't know the person: *Muy Señor mío:/Muy Señora mía*: (= Dear Sir/Madam,)
    - Do not translate the English "Dear Sir" as "*Querido Señor*" – *Querido* is a term of affection and is only for informal letters to people close to you.
- **Formal concluding sentence and sign-off with full name** (invented name).
    - *Quedo a la espera de sus noticias* (= I look forward to hearing from you)
    - *Reciban un cordial saludo* (= Kind regards)
    - *Atentamente* (= Yours sincerely)
- **Register** is formal (use of *usted/ustedes* throughout), **style** and **tone** are polite and serious.
- Vocabulary should be **precise**, and grammar and spelling **impeccably accurate.**
- Avoid informal language. Exclamations and emojis are ***not*** appropriate.
- Spanish formal letters tend to be more deferential and long-winded compared to English formal letters which are very concise and to the point.
- Clear paragraphs and good use of cohesive devices are essential to organise the letter.

Using formal register

- Pay attention to verb endings and pronouns that all relate to the recipient: *usted, le, su, sus*.
- The imperfect subjunctive is more polite when making requests: *Quisiera pedirle que considere mi petición* (I would like to ask you to consider my request).
- Use more polite ways of referring to "you" (*Sería muy generoso por su parte* = it would be very generous of *you*).

> More on conceptual understanding in section 2.3.3: Register, on page 15.

SPANISH B SL&HL

> *destinatario* = addressee
> *remitente* = sender
> *correspondencia* = another term for *carta*

C/Sol, no.6
28065 Madrid
España

Departamento de voluntariado
Médicos del Mundo Argentina
C/Alberti, 36
Buenos Aires
Argentina

Madrid, 24 de febrero de 2020

Muy Señores Míos:

Me dirijo a ustedes para solicitar un puesto de voluntariado en Médicos del Mundo Argentina en el área de administración y logística. Me apasiona el trabajo que realizan en más de 70 países del mundo para luchar por el acceso a la salud pública de los pueblos.

Creo que es imprescindible brindar atención sanitaria a las poblaciones en situaciones de exclusión y víctimas de la desigualdad social. Hay que denunciar las violaciones a los derechos sociales, económicos y culturales y promover sobre todo la salud pública para hacer frente a las desigualdades sistémicas provocadas por el desigual acceso a la salud pública.

Tengo 17 años y estoy cursando el segundo curso del Bachillerato Internacional en el Colegio Internacional San Juan de Madrid. Tengo intención de estudiar medicina en la universidad y luego dedicarme a la salud social para una organización internacional. En cuanto a mis cualidades personales, soy trabajador, honesto y flexible y trabajo bien en un equipo. Hablo inglés, español y francés con fluidez.

Dado que soy estudiante, creo que mi mayor aportación sería en comunicación social, publicidad y recaudación de fondos. Podría diseñar pósters y folletos y difundir mensajes a través de redes sociales. Además, me ofrezco a escribir cartas y correos electrónicos a diferentes organizaciones y autoridades para pedir dinero para financiar los varios proyectos locales.

Creo que tengo mucha experiencia relevante. Durante los últimos dos años, he sido voluntario en mi biblioteca local trabajando con un grupo de refugiados de Etiopía, tanto adultos como ancianos y niños. Estas personas han emigrado de la pobreza a un país desarrollado con la esperanza de comenzar una vida próspera, pero en muchos casos, carecen de las habilidades necesarias para sustentarse independientemente. Entonces, como parte de mi trabajo, les enseñaba español, les ayudaba a rellenar formularios, les preparaba para entrevistas de trabajo y les ayudaba a buscar vivienda.

Estoy dispuesto durante dos meses desde julio hasta principios de septiembre 2022. Si les interesa mi solicitud, adjunto mi Currículum Vitae y dos cartas de apoyo de mis tutores.

Quedo a la espera de sus noticias.

Atentamente,

Pedro Rodríguez

373 palabras (SL)

2.6.11 Crónica de noticias

A *crónica* is a peculiarly Hispanic (more Latin American) type of investigative journalism that falls somewhere between a news article and a literary narrative, having both informative and interpretative qualities and often tending towards the sensationalist. In a sense, it uses literary devices to tell a true story, and so it is a hybrid text type, not quite the same as a pure *noticia*, which must be neutral, objective and impersonal.

Sample question

Últimamente ha habido un aumento de violencia en tu comunidad local y después de presenciar un incidente, estás preocupado/a. Decides escribir un texto para el periódico local en que relates los hechos, expliques los antecedentes y reflexiones en los problemas de seguridad pública local.

blog	crónica de noticias	informe

> It must be remembered that the conventions of text types may vary between languages, so in the case of Spanish, you should read the question carefully to decide whether the emphasis should be on objective reporting of a *noticia* or a more subjective *crónica de noticias*.

Conventions of a *crónica de noticias*

- Engaging **title**, **subtitle**, **name of publication**, **date**, **author** (invented name).
- The first paragraph summarises **what** happened, as well as **when**, **where**, and **who** was involved.
- **Register** is formal. Simple language is used, as the audience is the general public.
- Clear use of the **preterite** tense (to say what happened), the **pluperfect** (to say what had happened before) and the **passive voice** (which suits journalistic texts).
- Witness statements give you an opportunity to vary your structures (including subjunctive).
- The events are narrated in chronological order and *in detail*, so as well as reporting on the facts as they happened, the author can add narrative detail, such as descriptions about place and atmosphere, and possibly subjective interpretations about motives and impacts of crimes.
- The style could be sombre or evocative, depending on the event, with deliberate increase in tension and emotional impact.
- Narrative journalism tries to uncover the human story behind the facts.

Typical sources of stories for a *crónica de noticias*

- Shocking incidents involving crime, delinquency, violence, accidents, disasters
- Political events such as the inauguration of a new president or the visit of a dignitary
- Society, cultural and sporting events such as a royal wedding, scandal or tournament

See cronica.com.ar for examples of genuine, sensationalist *crónicas*

> En los años 90 y 2000 la crónica se afianza como un género híbrido entre el periodismo y la literatura, a partir de su capacidad para relatar un hecho verídico con una visible participación del yo narrativo... la crónica [es] considerada una de las mejores expresiones de la literatura latinoamericana actual.
>
> Matías Camenforte

> Se podría afirmar que una crónica es una forma más libre de contar una noticia, ya que, al igual que ella, se está informando al lector de algo, solo que no tiene la estructura formal de la noticia, sino que tiene un estilo casi literario por la forma en que puede estar narrado el suceso del cual trata la crónica.
>
> Orlando Cáceres Ramírez

> ### CHOQUE ENTRE TIMOS Y MOZOS: DOS HERIDOS
>
> PERIÓDICO DE LA SAL | 21/08/21 | Elena Rodríguez
>
> **Un grave enfrentamiento entre dos bandas rivales, los Timos y los Mozos, deja a dos jóvenes heridos, uno en estado crítico. Es el último incidente entre estas dos bandas que llevan seis años aterrorizando el barrio de La Sal, Medellín.**
>
> El incidente tuvo lugar el viernes pasado en la salida de la discoteca Pacha en La Sal. Los testigos afirman que el incidente fue provocado por dos muchachas de 17 años que insultaron a dos muchachos del barrio. Al reaccionar con insultos, los compañeros de las chicas agredieron a los dos muchachos con un palo de metal.
>
> Debido a que la discoteca estaba muy concurrida, había muchos testigos. "Todo ocurrió muy rápido" dijo Marisa, de 18 años, "de repente había unos 10 ó 15 chicos peleándose y golpeándose. Las chicas que lo habían empezado solo miraban y se reían".
>
> Un vecino que había escuchado el ruido llamó a la policía. Todos se dispersaron, dejando en el suelo a los dos jóvenes de los Timos. Raúl Méndez, de 19 años, fue llevado al hospital San Pablo, donde está recuperándose de una lesión de cuchillo. El otro joven, que no puede ser nombrado por ser menor de edad, está en la UCI (Unidad de Cuidados Intensivos) en estado crítico debido a los golpes que recibió en la cabeza. Por el momento, no han detenido a nadie.
>
> Los Mozos, que se caracterizan por sus cabezas rapadas, llevan varios años intentando incursionar en el territorio de los Timos. Marisa, que es reconocible como Timo por sus tatuajes de serpientes, nos explicó que el conflicto está demasiado arraigado, "nuestro compañero El Macho está en la cárcel debido a los Mozos y no va a haber una reconciliación hasta que salga porque era inocente."
>
> La comunidad ha criticado al Ayuntamiento por no hacer suficiente para controlar las pandillas. "Me da miedo andar por la calle," dijo la Señora López, de 64 años, vecina de la Calle San Fermín, "hace veinte años era un barrio muy seguro, ahora, hasta la policía tiene miedo. Debería haber más policías patrullando."
>
> Pero no todos culpan a los jóvenes. "Son víctimas de la situación económica y social en que viven," asegura Cristina Gómez, psicóloga, "en ese barrio no hay nada para los jóvenes, no tienen nada que hacer, no tienen cualificaciones, sus padres están en paro, en fin, se juntan con las bandas para sentirse respetados en la comunidad."
>
> Todo indica que esta rivalidad empeorará si no se pone más policía en la calle. "Van a enfrentarse en el Parque Jerónimo el sábado próximo" dijo Marisa, "todo el mundo sabe que la policía no hará nada".
>
> 451 palabras (HL)

2.6.12 Diario personal

A diary is a type of journal in which you write your personal thoughts, feelings, experiences, hopes and dreams. Your diary is a space in which you can reflect on life, and on what you have seen and experienced during the day. You can 'confide in' your diary with your worries and fears and be totally honest, as no one else should ever read it. A *diario de viajes* (travel journal) might have several entries, clearly indicated with dates and times.

Sample question

A veces los recuerdos llegan de manera inesperada, a través de una canción, una foto, un olor. Hoy ha pasado algo que te ha hecho recordar un viaje memorable a un país hispano. Escribe un texto en que describas dicha experiencia, expliques cómo te sientes y reflexiones en la vida.

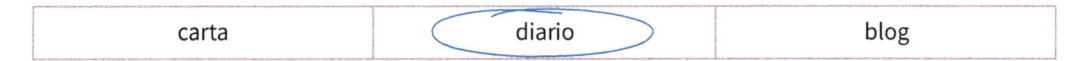

carta	diario	blog

Conventions of a *diario personal*

- **Typical introduction** (*Querido diario:*) and **time** (e.g. 23:35) with a comment about how you can't sleep (*no puedo dormir*) or couldn't wait to write (*no podía esperar contarte lo que pasó*).
- **Register** will be informal. **Style** will be narrative, evocative, introspective and intimate. **Tone** is emotional e.g. nostalgic, hopeful, remorseful, embarrassed, excited, resentful, jealous.
- **Use of first person narrative throughout**. You can also talk *to* the diary, as if it were a close friend: *ya sabes* (you already know), *solo tú me entiendes* (only you understand me).
- Rhetorical questions are good for showing a reflective, philosophical state of mind: *¿Conoces esos momentos en que…?* (You know those moments when…?)
- Remember, as **you are the writer and the reader** of a diary, there are things you don't need to say about yourself and your life, because, obviously, you already know them.
- You can use ellipses (…) or leave some sentences unfinished, as the idea is that you write whatever comes into your head, which may not necessarily be complete whole sentences.
- Because of the stream of consciousness nature of this text type, it is tempting to not plan, however, there should be a **clear beginning, middle and end** to your text. Keep track of the question and make sure you cover every aspect of it.
- **Conclusion or ending:** *ya tengo sueño* (I'm tired now)
- It's ok to put the odd smiley or doodle to make it more convincing. It's also fine to include the odd slang word you might know, but don't overdo it, and avoid swear words.

EXPRESSIONS: MOOD, MEMORY AND NOSTALGIA

you know how much I like	*ya sabes cuánto me gusta*
I remember	*recuerdo/me acuerdo de*
it reminds me	*me recuerda*
it puts me in a good mood	*me pone de buen humor*
it makes me think about	*me hace pensar en*
it makes me miss	*me hace echar de menos/me hace extrañar*
I feel	*siento/me siento*
it all feels like a dream already	*todo parece un sueño ya*
to stop thinking about nonsense	*dejar de pensar en tonterías*
to make the most of	*aprovechar*
I'm sure that	*estoy seguro/a que*
as if I were there	*como si estuviera allí*
I was just about to … when …	*estaba a punto de … cuando …*
I was going to go to bed	*iba a acostarme*

30 de diciembre del 2019   23:35

Querido diario,

Son las once y media y no tengo ganas de dormir.

Estaba a punto de apagar la radio para acostarme cuando empezó una canción: *Smooth*, de Carlos Santana. Ya sabes cuánto me gusta esta canción porque lo escribí en tus páginas el verano pasado ;-) Me recuerda muchas cosas y me pone de buen humor. Me recuerda todos los momentos especiales (¡y relajantes!) que pasamos mientras estuvimos de vacaciones en México. Como siempre la escuchábamos en el coche, ahora puedo ver el paisaje como si estuviera allí...

Escucharla me pone feliz y triste al mismo tiempo. Me hace echar de menos a todos los amigos que conocí allí, la comida, el color de las flores... pero a pesar de eso, me siento más contenta que antes.

Esta canción es tan especial porque me hace pensar en lo afortunada que soy. *Smooth* significa algo como 'suave'...me hace pensar que la vida puede ser tranquila, que no siempre es necesario correr y hacer todo con prisas. También es importante parar y pensar en cómo sacar lo máximo de la vida y aprovechar los momentos.

Me recuerda un momento en particular. Estaba sola, sentada en la terraza del apartamento, disfrutando de la vista y reflexionando sobre la vida (era la última noche antes de volver a Inglaterra). ¿Conoces esos momentos en que miles de preguntas empiezan a llegarte de todos lados? ¿Los momentos cuando ya no puedes hacer frente a la vida? ¿Cuando estás tan confusa que nada tiene sentido? Bueno, me acuerdo de que en ese momento cuando tenía todos estos pensamientos, podía oír la canción que venía del pequeño bar de la playa, y entonces recuerdo que me di cuenta de que era importante dejar de pensar en tonterías y aprovechar lo máximo de la vida.

Y fue cuando cogí mi bolso y salí del apartamento, sin hacer ningún ruido, y bajé al bar y...todo parece un sueño ya...se me acercó Pedro, el chico que había estado observando toda la semana... me preguntó si quería bailar con él...le dije que el día siguiente iba a volver a mi país pero dijo "sólo importa ahora"...y bailamos...

Mis padres estaban furiosos cuando regresé... ¡a las tres de la mañana! Seguro que nunca volveré a ver a Pedro, pero esta canción me recuerda que a veces es divertido arriesgarse porque ésos son los momentos que recordaré para siempre.

Bueno, ya tengo sueño,

Chiara

406 palabras (SL)   *Basado en un texto original de Chiara*

2.6.13 Discurso

A speech is a text that has been prepared in advance in order to be delivered orally in front of a live audience. The orator speaks eloquently about important questions of our time, to make people think, to persuade, and to inspire. A speech should be engaging, passionate, optimistic, rousing. Topics might include equality, discrimination, the environment, peace, injustice, human rights. Alternative contexts for a speech might include a graduation speech or an awards ceremony, and these would be more emotional, describing sacrifices made along the personal journey and giving thanks to those who supported along the way.

Sample question

Debido a un aumento de conflictos alrededor del mundo, tu colegio está celebrando unas Jornadas por la Paz. Para inaugurar dichas Jornadas, te han pedido escribir un texto en que describas la situación y animes a los jóvenes a luchar por la paz.

Panfleto	Blog	Discurso

Conventions of *un discurso*

- A clear beginning which **addresses the audience**.
- **Register** is usually formal, though the context may allow for a more informal speech. If there are adults present, then use *ustedes*. The **tone** is rousing and motivational, with a sense of urgency.
- State why you are all gathered and the purpose of your speech, or begin with a personal anecdote that the audience can relate to, before moving onto the point of your speech.
- Persuade the audience to unite by speaking not just for yourself but use *nosotros* to implicate all young people (and everyone in the audience): *seremos nosotros* (it will be us), *nos hallamos en tiempos difíciles* (we find ourselves in difficult times).
- Use imperatives as these are words of action: *busquen (*find*), apoyen (*support*)*
- Use the subjunctive to express judgement: *es urgente que hagamos algo*
- Use *si* clauses to express what will or could happen if we don't act now.
- Use concrete examples, offer solutions, and generate optimism for the future.
- Use humour, if appropriate to the topic, to engage with the audience.
- Use distinct paragraphs and powerful statements.
- Leave lines between sentences to create dramatic pauses.
- Use a series of motivating declarations that get increasingly dramatic.
- Use 'repetition of 3' for rhetorical impact e.g. three infinitives: *hacer…provocar…causar…*
- Finish with a rhetorical flourish and "Gracias".

USEFUL VOCABULARY: A SPEECH

los ciudadanos del mundo	los políticos	las minorías
la esperanza	el poder	resolver problemas
la hipocresía	el daño	el sufrimiento
la discriminación	discriminatorio	la injusticia
la desigualdad	luchar por	defender
la responsabilidad	urgente	imperante
una campaña		

CHARLAS TED EN ESPAÑOL

Watch on youtube or download the podcasts

- TEDxValladolid – **Las palabras de la discriminación** | Carmen Jiménez Borja
- TEDx – **A civil response to violence** | Emiliano Salinas
- TEDxCórdoba – **Cómo usar la cultura para incluir a la gente con discapacidad** | Inés Enciso

Amigos, compañeros, profesores, gracias a todos por estar aquí hoy.

Gracias por su apoyo durante estas Jornadas para la Paz. Me da mucha esperanza ver a tanta gente aquí.

La lucha contra los conflictos internacionales y la lucha por la paz es un tema que me apasiona. Como persona joven con opiniones fuertes, pienso que puedo representar y apelar a los jóvenes para que ayudemos a poner fin a los conflictos en el mundo ya que ¡seremos nosotros los que tendremos que solucionar mañana los problemas que nos dejan los líderes de hoy!

El conflicto internacional no es nada nuevo, pero con la tecnología que sigue mejorando día a día, es posible hacer más daño, provocar más sufrimiento y causar más muertes inocentes. ¿Qué podemos hacer? Es una pregunta que los políticos discuten todos los días. He aquí la respuesta: nosotros también podemos usar la tecnología para lograr la paz. Hemos crecido con Internet y hemos experimentado su poder e influencia. ¿Por qué no lo utilizamos como catalizador de la paz? Hagan peticiones al gobierno, recojan firmas, apoyen campañas de paz, escriban a los ministros, trabajen para las ONG.

Los ataques terroristas ocurren con más frecuencia y cada vez tienen más impacto en la vida humana, sobre todo en la vida de los civiles. Muchos países están bajo el riesgo continuo de atentados suicidas y coches bomba. Hombres, mujeres, niños. Todos están en peligro. De hecho, en lugares por todo el Oriente Medio niños menores de diez años llevan armas. Como joven, lo encuentro chocante. Es difícil imaginar el sufrimiento y el miedo que los jóvenes en países como Siria o Afganistán pasan todos los días.

Como jóvenes, nos hallamos en una posición muy afortunada, una posición que debemos utilizar bien. En mi opinión, no podemos terminar los conflictos con una guerra. Esto es sencillamente hipócrita.

Es imperioso que hagamos algo para terminar con el odio que causa el terrorismo.

Si pudiéramos terminar con el odio, podríamos conseguir un poco de control sobre los terroristas.

Si todos aportamos nuestro granito de arena seremos más poderosos que un millón de ejércitos.

Todo el mundo está fijando los ojos en las acciones de nuestra generación.

¡No hay límites de lo que podemos hacer para que nuestros hijos y nietos crezcan en un mundo de paz!

Gracias.

384 palabras (SL) *Basado en textos de Tessa y Lilli*

2.6.14 Presentación

A presentation is a professional (academic) text prepared to be delivered orally in front of an audience, such as your class or school. Less formal, rhetorical and theatrical than a speech, a presentation can be about a topic, a product or an idea, and can aim to inform, explain, educate, or persuade. As far as Spanish B is concerned, it does not mean a presentation based on slides. Rather, an *exposición oral*, so the transcript of an oral presentation, that shows awareness of the conventions of public speaking.

Sample question

Acabas de volver de un país hispánico donde colaboraste con un proyecto ecológico. Quieres compartir tus observaciones con tu clase de español por lo que decides redactar un texto en que describas la experiencia, expliques la importancia del proyecto y animes a tus compañeros a tomar medidas para proteger el medio ambiente.

presentación	blog	folleto

Conventions of *una presentación*

- **Greet and address the audience.**
- Introduce the general topic of your presentation or you could start with a personal story or anecdote which the audience can relate to.
- **Register** could be informal, semi formal or formal, depending on the context and audience (age; familiar or unknown) and purpose. If it is for your class, *vosotros* would be fine; if there are adults present, you should use *ustedes*.
- Use **appellative devices** and **phatic language** to connect and engage with the audience throughout.
- Use **rhetorical devices** to engage and maintain the interest of the audience, such as rhetorical questions (*¿Acaso no hemos visto todos imágenes de...?*), humour, repetition, use of *nosotros* form (*todos podemos hacer algo*), and anecdotes.
- Remember that this is a **verbal presentation** so do not draw slides with bullet points. You could, however, as a rhetorical device, make reference to a visual that you are 'showing' in your presentation. See below.
- Consider carefully the communicative purposes in order to determine the **tone** of your presentation – are you explaining, encouraging, persuading, informing? Are you describing a personal experience or are you explaining the positives and negatives of a question? Is it a general or a specialist subject matter?
- As your audience will be 'listening' to your presentation, consider using **short, easy to understand sentences**. Overly detailed sentences and long paragraphs might make the audience lose interest or get distracted.
- Use of **connecting words and cohesive devices** will be essential for coherence.
- **Concluding comments and appropriate closure.**
- You could invite questions from the audience.

> See section 2.3.5: Appellative and phatic language, on page 19

	USEFUL EXPRESSIONS: PRESENTATIONS
¿Me podéis escuchar desde el fondo?	Can you hear me at the back?
Como podemos ver aquí en esta imagen	As we can see from this image
Como podéis ver en esta diapositiva	As you can all see from this slide
Si os fijáis en este gráfico	If you look closely at this graph
Las cifras hablan por sí solas	The numbers speak for themselves
Aquí en la pantalla os dejo la página web	I'll leave the website here on the screen
Ahora intentaré contestar a vuestras preguntas	Now I will do my best to answer your questions

¡Hola a todos! Hoy voy a hablar de un tema que me interesa profundamente: la protección de las tortugas marinas.

Creo que la mayoría de vosotros sabéis que pasé el verano en México ¡ya que no paro de hablar de mi viaje! Pero ahora voy a centrarme en el trabajo voluntario que realicé con una organización de conservación de tortugas marinas. Luego quiero daros algunas ideas sobre lo que podéis hacer para ayudar a proteger esta especie tan increíble.

Bueno, ¿qué hice? Pues trabajé en una playa en la costa pacífica de México, en el estado de Michoacán, con una ONG organizada por un grupo de pescadores. Era la época de anidación de las tortugas. No sé si sabéis, pero en 2 ó 3 días llegan miles de tortugas negras para poner sus huevos en la playa y lo más importante es protegerlos en seguida. ¿Por qué? Pues porque dejarlos allí sería peligroso para los huevos. Primero, los podrían comer los depredadores como los cangrejos o los mapaches. Segundo, la marea podría subir y dañar los nidos. Y tercero, los humanos podrían robarlos. Sí, es verdad. Yo antes no lo sabía pero hay personas que valoran la carne y los huevos de las tortugas y los venden en el mercado negro. Me da pena que el saqueo ilegal casi haya provocado la extinción de la tortuga negra. Por eso, la conservación es tan importante y es bueno que muchos pescadores se dediquen hoy a la conservación de este animal tan precioso en lugar de su destrucción.

Entonces, lo que tuvimos que hacer era quedarnos despiertos toda la noche para vigilar el proceso. Era mágico, llegaban miles de tortugas, una tras otra. Fue increíble verlo con mis propios ojos. Luego, sacamos los huevos de los nidos y los pusimos en corrales especiales en playas más altas. Os cuento una anécdota: la tercera noche, estaba tan cansado que tropecé y ¡casi dejé caer un huevo! Eso habría sido un desastre.

Bueno, aparte de la protección de las tortugas, la ONG promueve la educación. ¿Sabéis que los seres humanos crean muchos problemas para las tortugas? No solo por el saqueo ilegal sino también por el plástico y la basura en el mar. ¿Y qué podemos hacer? estaréis preguntando. Pues hay mucho. Tenéis, bueno, **tenemos** que reducir mucho la cantidad de plástico que utilizamos porque demasiado acaba en el mar. Las tortugas comen el plástico o se quedan atrapadas en ello. Fue terrible cuando vi una tortuga saliendo del agua comiendo una bolsa de plástico. Hoy en día hay más de 14 millones de toneladas de plástico en el océano. Entonces la solución es sencilla: ¡reciclar, reciclar, reciclar!

Otra cosa que podéis hacer es donar dinero a la ONG y aquí en la pantalla os dejo la página web. ¿Y si os interesa hacer un trabajo voluntario similar? Pues lo que tenéis que hacer es escribir un correo electrónico a la ONG con vuestros detalles y las fechas en que estáis disponibles. ¡Lo recomendaría un montón!

Desafortunadamente, yo no pude estar allí para liberar los tortuguitos porque el período de incubación es de unos 80 días. Ojalá pueda volver el año próximo para esa parte.

Ahora si queréis hacerme alguna pregunta, estaría encantado de daros más información.

¡Gracias!

545 palabras (HL)

2.6.15 Introducción a conferencia o debate

An **introduction to a conference or debate** is an oral text that serves to introduce the topic and guest speakers. It can be similar in style and message to a speech, but serves to set the tone for the discussion to follow, rather than being the main event. In a school setting, imagine that instead of standing at a podium addressing a crowd, you are seated at a table, like at a press conference. A conference or debate is an event that celebrates open-mindedness, international-mindedness, tolerance and diversity of opinions.

Sample question

Recientemente ha habido un aumento en tensiones en su ciudad debido a la inmigración. Decides organizar un evento en el colegio para discutir el tema. Escribe un texto para introducir el evento en que expliques la situación, presentes tu opinión y animes a los estudiantes a ser más tolerantes.

Blog	Conferencia	Entrevista

Conventions of *una introducción a una conferencia o debate*

- **Address the audience directly** using *ustedes*.
- Set out the context and state clearly why everyone is gathered here.
- The **register** and **tone** are formal and respectful.
- This type of oral text should be explanatory and persuasive, but less grandiose than a *discurso*.
- Each paragraph should deal with a distinct idea, moving from the local to the global.
- Use concrete examples that the audience can relate to.
- Use the *nosotros* form to implicate the audience and create a sense of unity in tackling the problem e.g. *nos afecta a todos, todos hemos visto*
- You can invite some audience participation, e.g. asking for a show of hands in response to a question: *¿Cuántos de ustedes han…? ¡Levanten la mano por favor!*
- Use rhetorical questions: *¿Por qué tratamos a la gente así? Porque tenemos miedo.*
- It is likely you will need to propose solutions that are realistic within the context.
- **Conclude by thanking** the audience for listening and open up the discussion to questions.

What are *Jornadas*?

Jornadas are a series of days dedicated to raising awareness of an issue, e.g. Anti-bullying Week. If the question mentions that you are "*celebrando unas jornadas en tu instituto*" then imagine a week of events such as exhibitions, film screenings, fundraising events and guest speakers. Do make reference to this context in your answer, if relevant. Examples of themes for *jornadas* might include:

- Jornadas Mundiales de la Paz
- Jornadas de Justicia e Igualdad
- Jornadas por la Tolerancia
- Jornadas para un uso seguro y responsable de la Red
- Jornadas contra el acoso escolar

Buenos días a todos, compañeros y profesores.

Gracias por asistir a esta conferencia que hemos convocado aquí en el instituto para apoyar a las Jornadas contra la Intolerancia que se están celebrando en nuestra ciudad.

Tenemos el placer de contar con la participación de Ayesha, que trabaja como voluntaria para la ONG Todos somos iguales; Mateo, que llegó al instituto hace un año desde Marruecos; y Vicente, que es el editor de la revista escolar *No más intolerancia*. Si me permiten, voy a introducir el tema brevemente y luego habrá la oportunidad de abrir la discusión a sus preguntas.

Bueno, como ya saben, la intolerancia racial es uno de los temas más polémicos de nuestros días. Pero también es algo que nos afecta de cerca y entonces es importante que hablemos de ello. Creo que todos hemos visto las noticias recientes de la actitud de algunos ciudadanos frente a los inmigrantes que llegan a nuestra ciudad, pero tengo la firme convicción de que se trata sólo de la voz de una minoría.

Cada día, cientos de personas vienen a España – legalmente o no – en busca de una nueva vida. Sus razones son varias y múltiples: problemas políticos, económicos, o personales en sus países de origen – o quizás ninguna de éstas. Pero todos tienen el mismo objetivo: rehacer su vida y mejorarla. En fin, no importa por qué vienen; somos anfitriones y debemos actuar como tales.

En nuestro colegio es una suerte que tengamos tal diversidad étnica de estudiantes y profesores. En cada clase hay por lo menos doce nacionalidades, ya sea marroquí, italiano, americano, francés o coreano, sólo por mencionar algunos. Yo creo que todos se sienten integrados y, que yo sepa, no sufren racismo o discriminación ni dentro ni fuera del instituto.

Pero no es lo mismo para otros, para los que llegan a nuestra ciudad sin nada y sin nadie. Y no todos hablan español. Para los hispanoamericanos la barrera de lengua no es tan fuerte, además la cultura es parecida. Si puedes comunicarte en el mismo idioma, la experiencia demuestra que la gente tiene más confianza como para relacionarse contigo. Pero para los otros…

No hay ninguna razón para la intolerancia que hemos visto recientemente hacia los inmigrantes. ¡Es un mito que los extranjeros nos quitan nuestros trabajos! De hecho, o hacen los trabajos que los españoles no quieren hacer o ya tienen estudios superiores y aportan muchísimo a la ciudad. Esta gente tiene la valentía de enfrentarse a la discriminación racial. Nosotros deberíamos tener la valentía de luchar contra el racismo.

Espero que estas jornadas que estamos celebrando en nuestro colegio se repitan cada año, para fomentar la tolerancia y la integración, y concienciarnos de los beneficios del multiculturalismo en nuestro colegio y en nuestra ciudad.

Bueno, gracias por su atención. Antes de abrir la discusión a sus preguntas y comentarios, les recuerdo que esta tarde vamos a proyectar la película *Adú* en la sala de actos.

491 palabras (HL)   *Basado en un texto original de Alice*

2.6.16 Ensayo

An essay is a professional (academic) piece of writing, often set as an assignment in school or university. Its purpose is to demonstrate the skills of critical thinking and analysis and the ability to structure an argument. You need to present a personal point of view and justify it using concrete, relevant examples. A one-sided essay will develop several points defending the same posture. A balanced essay will present opposing arguments and reach a balanced conclusion.

Sample question

En el mundo hispano existen miles de lenguas originarias pero cada año mueren algunas. Escribe un texto para tu clase de español en que presentes tu punto de vista sobre este tema, lo justifiques y expliques por qué es importante actuar para preservar las lenguas.

(Ensayo)	Blog	Informe

Conventions of an *ensayo*

- **Title** – can be in the form of a question.
- **Introduction** – present your stance.
- **Development** – 3-4 paragraphs, each developing a separate point, using concrete examples, and referring back to the original question. Your arguments don't need to be ground-breakingly original, just organised and reasoned.
- **Conclusion** – summarise your argument (without repeating all your points) and confirm your stance. Although you are not meant to raise new points in a conclusion, at HL, it can be effective to ask more rhetorical questions that look beyond the remit of the question.
- **Register** is formal and the **style** is discursive.
- Use formal, precise vocabulary and complex structures.
- The examiners will be looking for **structural elements** and **discursive markers**. Look carefully at the beginning formulae of each paragraph, as this demonstrates structure.
- The examiner will also be looking for **cohesive devices**, which help the argument flow more coherently. Cohesive devices come at the beginning or in the middle of sentences, e.g. *Como consecuencia/A pesar de todo/pero en realidad/tanto… como…*
- More sophisticated essays might show evidence of doubt, irony, wisdom or the challenging of accepted truths, with examples from history, politics or philosophy.

> See section 6.7: Conectores, on page 170

ensayo equilibrado	ensayo argumentativo
- Introducción - Argumento(s) a favor (Tesis) - Argumento(s) en contra (Antítesis) - Conclusión (Síntesis)	- Introducción - Argumento a favor - Otro(s) argumento(s) a favor - Conclusión

WHERE TO FIND EXAMPLES OF AUTHENTIC ESSAYS?

The Hispanic world has an illustrious tradition of essayists, who are (or were) also novelists, poets, philosophers, journalists, diplomats or politicians. See: Jorge Luis Borges (Argentina), Octavio Paz (Mexico), Roberto Bolaño (Chile), Rosa Montero (España), Eduardo Galeano (Uruguay).

¿Qué perdemos cuando mueren las lenguas y cómo podemos preservarlas?

Cuando salió la película *Roma* de Alfonso Cuarón, se alabó la inclusión de una actriz que hablaba en mixteco, una lengua originaria de México. **Pero la verdad es que** el mixteco está en peligro de extinción, igual que muchos de los 62 idiomas que se hablan en territorio mexicano. **Hay que preguntarnos**, ¿por qué desaparecen las lenguas? ¿Qué perdemos cuando muere una lengua? ¿Cómo podemos evitar que esto suceda?

Hay muchas razones por las que los idiomas minoritarios están en riesgo. **En primer lugar**, los que hablan lenguas originarias sufren discriminación y desigualdad en ámbitos como la salud, la justicia, la educación y la economía. **Según un estudio del** Banco Mundial, la pobreza afecta dos veces más a los pueblos originarios. **En segundo lugar**, los idiomas no se representan de manera igualitaria en el sistema educativo. A la generación anterior se les inculcó que hablar en mixteco era malo e incluso se les castigaba si lo hacían. **No es de extrañar que** si los idiomas no se valoran y no se transmiten de generación en generación eventualmente se extinguirán. **Además**, el espacio digital promueve el dominio de las *lenguas francas* globales. **Por ejemplo**, más del 50% de los contenidos en Internet están en inglés. ¿Cómo va a ver la utilidad de su lengua un niño mixteco si no la ve representada a su alrededor?

Entonces, ¿qué podemos hacer para frenar esta erradicación? **Primero**, creo que hay que mejorar el estatus de las lenguas originarias tanto a nivel local como global y luchar contra los estereotipos negativos que asocian a los pueblos originarios con la marginalización y la pobreza. En las escuelas, deberíamos promover las lenguas y culturas indígenas **a través de** libros de cuentos, libros de texto y la enseñanza bilingüe formal. **Segundo**, es esencial que las empresas adopten políticas para la inclusión y la diversidad, **para que** las lenguas indígenas se vean como una ventaja, y no una desventaja. **No solo esto, sino que** deberíamos aprovechar las redes sociales para celebrar la herencia indígena. **Tomemos por ejemplo** a la influencer Superholly, que celebra el náhuatl en sus vídeos, demostrando que se siente orgullosa de sus raíces, **en lugar de** sentirse avergonzada. **Finalmente**, el Día Internacional de las Lenguas Indígenas de las Naciones Unidas da visibilidad y reconocimiento a las lenguas a nivel global, lo cual es un paso adelante.

Desde mi punto de vista, las consecuencias de permitir la desaparición de los idiomas originarios son graves y numerosas. Cuando un idioma muere perdemos una forma de ver el mundo, un sistema de pensamiento, una cultura única y una memoria colectiva. **Al mismo tiempo**, perdemos una conexión con el mundo natural que podría beneficiar a la ciencia y la medicina, algo que será clave para el futuro. **Por ejemplo, si no fuera por** los conocimientos indígenas, **no tendríamos** la quinina, el primer tratamiento eficaz contra la malaria. **Por lo tanto**, es imprescindible preservar **tanto** los idiomas **como** las culturas originarias.

Para concluir, creo que es esencial tomar medidas para preservar la diversidad de idiomas y culturas y evitar que desaparezcan. **No cabe duda de que** hace falta luchar contra los estereotipos negativos y fomentar la conciencia sobre el valor y la riqueza de las diversas culturas. **Está claro que** preservar los idiomas y culturas indígenas **no** sería un gasto **sino** una inversión para la humanidad.

565 palabras (HL)

Basado en un texto de Gwen

2. PAPER 1 – WRITING

2.6.17 Entrevista

An interview can be transcribed (Q+A format) or embedded (quotes embedded within an article). For Spanish B, the transcribed interview with introduction is expected. This is an oral text with questions and answers, reflecting the speech of two people. This is a fun text type to write, and you can use your imagination to invent the content of the answers, even if you have a real person in mind.

Sample question

Recientemente se ha celebrado en tu ciudad un congreso contra la explotación infantil y has tenido la oportunidad de conocer y hablar con un conocido personaje del mundo hispánico sobre el tema. Escribe un texto para publicarse en la revista de tu colegio en que explores las experiencias de esa persona y presentes sus opiniones.

Blog	Artículo	Entrevista

(Entrevista is circled)

Conventions of *una entrevista*

- **Title** (e.g. *Una mujer inspiradora: entrevista con Shakira*).
- **Name of publication, date, and name of interviewer** (invented name).
- **Introductory paragraph** setting the scene and explaining the purpose of the interview.
- **Thank the interviewee** for agreeing to the interview.
- **Q&A format** reflecting 2 distinct voices. (On the exam paper, you could underline the questions.)
- Questions should be thoughtfully formulated and stimulating (not an interrogation). You want to draw out the person's experiences and opinions, so avoid yes/no questions. You also want to reflect on the past, present and future, and avoid repetition of ideas.
- Answers should be natural and developed. Plan to use different tenses and complex structures in each answer.
- **Register** should be semi-formal, depending on the person being interviewed, yet friendly. Use the *usted* form, (unless the interviewee is a peer) and pay attention to pronouns and verb endings in the formulation of questions: *¿Puede hablarnos de sus experiencias?*
- **Oral language** should be reflected as far as possible, so **phatic language**, **fillers** and **exclamations** are all possible.
- **Conclude the interview** properly with thanks and, if relevant, wish the interviewee luck with their next project.

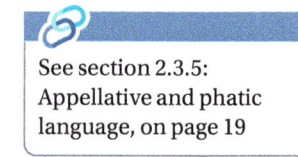

> See section 2.3.5: Appellative and phatic language, on page 19

Formulating questions

- Use the upside-down question mark and remember accents on interrogatives: *¿Qué? ¿Cómo? ¿Quién? ¿Por qué? ¿Dónde? ¿Cuándo?*
- Try other ways of expressing a question: *¿Puede explicar por qué… ? ¿Puede contarnos cómo…? ¿Puede recordar cuando …? ¿Está usted de acuerdo con …? ¿Qué opina de …? ¿Desde hace cuánto tiempo …?*
- Remember that the literal start of the question can come in the middle of a sentence: *Y para una niña tan pequeña, ¿no era difícil trabajar día tras día?*

REVISTA DEL COLEGIO SANTA MARÍA

Una mujer inspiradora: entrevista con Shakira

Olivia Leighton – martes, 22 de abril 2015

La semana pasada estuvo aquí en Santiago Shakira, la famosa cantante colombiana, para participar en la Conferencia Internacional sobre el Trabajo Infantil. Es probable que no sepas que ella trabajaba de niña y por eso entiende las presiones vinculadas a esta situación. Yo tuve la increíble oportunidad de entrevistarla para esta revista.

Buenos días Shakira y muchas gracias por concertarme esta entrevista. Yo sé que ha sido una semana muy ocupada para usted.

De nada, de hecho me gusta hablar de este asunto porque es algo que me toca muy de cerca. Mis experiencias me han marcado profundamente y creo que es mi deber concienciar a la gente siempre que pueda.

¿Puede explicar para nuestros lectores sus experiencias de trabajo infantil?

Desde que tenía cinco o seis años, trabajaba de cantante, primero en la calle, y luego en conciertos y concursos infantiles. Ahora esto parece cruel, pero en esa época era la única opción para las familias humildes como la mía y en nuestro barrio era más o menos normal. Los niños trabajaban para que las familias tuvieran plata y comida. Pero hay que decir que no era lo que querían mis padres.

Y para una niña tan pequeña, ¿no era difícil trabajar día tras día?

Claro que sí, a veces era muy difícil. Había días que recuerdo muy bien cuando no quería salir a cantar y mi madre tenía que rogarme. No entendía lo raro que era lo que hacía. Aunque supongo que he sido más afortunada que la mayoría de niños trabajadores porque hasta cuando era duro, por lo menos no era peligroso. La época más difícil fue cuando crecí un poco, tenía unos doce años, y esa es la edad en que las pandillas buscan a chicas para trabajar de prostitutas o con drogas, y había que defenderse de eso.

¿Piensa que sus padres la explotaron?

Esta es una pregunta muy complicada. No quiero hablar de mi relación con mis padres, pero lo único que diría es que dudo que lo hubieran hecho si hubiera habido otra opción. Yo sé que no fue facil para ellos tampoco pero nuestro instinto como seres humanos es sobrevivir y nadie sabe lo que estaría dispuesto a hacer en las peores circunstancias.

Finalmente, ¿el trabajo infantil sigue siendo un problema en Colombia?

Lamento decir que sí, todavía es un problema muy grave, pero no sólo en Colombia sino en América Latina y en el mundo entero. Por eso fundé Pies Descalzos, mi ONG, en el barrio donde crecí, para ayudar a las víctimas del trabajo infantil, para que fueran al colegio y tuvieran un futuro mejor. Me parece que el gobierno es cada vez más consciente del problema; espero que un día podamos acabar con ello. Mientras tanto, voy a seguir hablando y fomentando una actitud más comprometida en la comunidad internacional. Yo creo que es posible cambiar las cosas si uno lo quiere lo suficiente.

Si quieres leer más sobre Shakira, se acaba de publicar su libro "Una niñez colombiana" y está disponible en www.amazon.com.

524 palabras *Basado en un texto original de Olivia*

2.6.18 Folleto/panfleto

For the purposes of Spanish B P1, *folleto*, *panfleto*, and *hoja informativa* (leaflet, pamphlet, brochure, handout, flyer) are all the same kind of text type. The purpose is to inform or advertise, and the information should be easy to read and visually appealing. This type of text does not generally extend to 600 words, so you need to plan carefully in order to fill the word count, paying close attention to the 2-3 purposes expressed in the question.

Sample question

La brecha digital es un problema que afecta la igualdad en la sociedad. Para combatir este problema a nivel local, decides organizar un proyecto educativo. Debes escribir un texto para distribuir en la comunidad local en que describas los objetivos de dicho proyecto y animes a la gente a participar.

Folleto / Panfleto	Blog	Artículo

Conventions of a *folleto*

- **Title, heading or slogan.**
- **Different sections organised under subtitles or in text boxes** – use capital letters, bold or underlining to emphasise your presentation. You can even divide the exam paper into two columns and draw boxes around sections of text.
- **Appellative features to engage the attention of the audience,** such as exclamations, questions, invitations.
- Use of imperatives as well as structures of recommendation.
- Mock graphics, plausible statistics, and testimonials or reviews are all **persuasive devices**.
- To indicate where a picture would go, you can draw a box and write a note inside saying *'imagen'* – the examiner will get the idea.
- **Contact details at the end such as** website, phone number, email address, social media. These act as the equivalent of a conclusion or ending.
- **Register** should be formal, informal or neutral, depending on the context, purpose and audience.
- This type of text is characterised by short sentences, so you need to think carefully about how to include the full range of grammatical structures.

¡Aprenda a programar gratis!

Para nuestro programa Creatividad Acción Servicio ofrecemos clases gratuitas de informática y programación.

¿Quién dará las clases?

Hola, somos Nicole, Nick y Laura. Somos estudiantes del Colegio San Vicente y seremos sus profesores. Quisiéramos apoyar a los que viven cerca del colegio a sacar provecho de las nuevas tecnologías aprendiendo a programar y codificar – ¡destrezas esenciales hoy en día!

¿Quién podrá asistir a los cursos?

¡Nuestro curso es para todos! Recomendamos que los niños asistan a nuestros cursos para aprender a diseñar juegos educativos. Es esencial que los jóvenes desarrollen sus competencias computacionales antes de que salgan del colegio para buscar trabajo o ir a la universidad. En el mercado laboral, ¡los empleados que sepan programar valen más que los que no puedan! Por eso sugerimos que los mayores también vengan con sus hijos.

¿Cuánto costarán los cursos?

¡Nuestras clases son gratuitas!

Para los niños y los jóvenes	Para los adultos
¡Vente a nuestros cursos! Te divertirás mucho y si asistes, tendrás más éxito en el futuro. En lugar de quedarte en casa, vente a pasar tiempo con nosotros. Deseamos que adquieras conocimientos y destrezas para mejorar tus oportunidades en el futuro, y ¡que disfrutes al mismo tiempo!	El saber no ocupa lugar. Cuando esté buscando trabajo, el saber programar será útil. Habrá una diferencia apreciable entre los ingresos mensuales de los que puedan codificar y los que no, como ilustra este gráfico:
Algunas ventajas de saber programar:	**Testimonio**
✓ Creatividad y pensamiento computacional ✓ Diseño de sus propios proyectos ✓ Habilidades y competencias valoradas en el mercado laboral ✓ Mejor salario en el futuro	*"Cuando asistí al curso del Colegio San Vicente estaba desempleada. No solo aprendí a programar en tan solo 4 semanas sino que diseñé mi propia aplicación y encontré un nuevo empleo. ¡Gracias!"* — Antonia García Prieto, 38 años

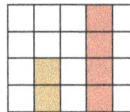

¿Requiere más información? Llame al Colegio San Vicente al (956) 967-1000 o visite nuestra página web en www.ProgramarParaTodos.com

Las clases comenzarán el 12 de abril a las 19:30 en la Sala 2

¡LUCHEMOS CONTRA LA BRECHA DIGITAL!

Colegio San Vicente – una escuela IB

Síganos en:

352 palabras (SL) *Basado en un texto original de Nicole*

2. PAPER 1 – WRITING

2.6.19 Informe

An official report is a professional document that presents and evaluates the results of an investigation or survey. It demonstrates analytical skills and the ability to draw conclusions. There can be more than one interpretation of a report in addition to the statistical report, including an evaluation of an event or experience, which would not necessarily involve data, or even *un informe policial*, which would be a witness statement.

Sample question

A pesar de las últimas campañas para concienciar a la población de los riesgos para la salud, el fumar sigue siendo un hábito extendido en algunos países hispánicos. Como parte de una organización de salud, debes escribir un texto para presentar los últimos datos, explicar las tendencias y proponer soluciones.

Carta	Artículo	Informe

(*Informe* is circled)

Conventions of an *informe*

- **Title** and **subheading** summarising the findings or most salient data.
- Brief introduction summarising the source of the data (ie. the survey carried out).
- **Register** is neutral and the **style** objective, informative and explanatory.
- **Organisation of ideas is methodical**, going from the most salient data to secondary details.
- The text is mainly factual (you can invent plausible facts).
- You can include the opinions of 'experts' in the analysis of the results.
- Paragraphs are short and sentences are tightly constructed with no superfluous words and very few adjectives. Bullet points may be appropriate.
- The **conclusion** might contain recommendations or proposals.
- Use of the **passive voice** (*una encuesta realizada por* = a survey carried out by).
- Use of **comparatives** (*más que, menos que, igual que*).
- Use of **relatives** (*los jóvenes quienes fuman…; lo cual sería imposible controlar*)
- **Cohesive devices** are important to help the reader follow the content: *además* (furthermore), *contrariamente a la opinión pública* (contrary to public opinion), *o sea* (in other words), *en cuanto a* (regarding), *ya que* (as/given that).

> See section 6.7: Conectores, on page 170

USEFUL VOCABULARY: REPORTS

un estudio	study	*según*	according to
una encuesta	survey	*las cifras*	data, figures
realizado por	carried out by	*las estadísticas*	statistics
la mayoría	majority	*la minoría*	minority
un porcentaje	percentage	*concienciar*	raise awareness
con respecto a	regarding	*pone de manifiesto*	makes clear that
lo cual indica que	which indicates that	*promover*	to promote

SPANISH B SL&HL

This is one of the least popular text types because it is perceived to be quite difficult, not only in terms of the conventions of such a formal text type, but also because of the potential need to invent data-based content on the spot. A good way to practise *informe*-type language is to search online for a pie chart or graph (e.g. *"gráfico sobre tendencias de ocio de los españoles"* or *"cifras de deporte en España"*) and write a few sentences about the data you find, using comparatives, offering explanations, and drawing conclusions.

El País | 12/03/19

El 25% de la población española fuma a diario

Un estudio revela los hábitos de los hombres y mujeres fumadores de entre 16 y 75 años.

Una encuesta realizada por el CIS (Centro de Investigaciones Sociológicas) revela que una cuarta parte de los españoles fuma cada día. Además, según la encuesta, más hombres que mujeres consumen tabaco y fuman más los jóvenes que los mayores.

El estudio se realizó entre 17.249 varones y 18.111 mujeres con edades comprendidas entre los 16 y los 75 años. La encuesta "*¿Fumas?*" se llevó a cabo para dar a conocer como ha cambiado el consumo de tabaco por sexo y grupo de edad desde la última encuesta realizada en el 2004, o sea, antes de la prohibición del fumar en lugares públicos.

Contrariamente a la opinión pública, las estadísticas revelan que más hombres (34%) que mujeres fuman (22%) a diario. "*No se sabe realmente por qué es así,*" dice Pedro García, médico de Madrid, "*pero tal vez sea porque no se debe fumar cuando estás embarazada.*" Una cifra curiosa es que la mayoría de hombres fumadores tienen entre 35 y 40 años mientras que las mujeres tienen entre 25 y 35 años.

El estudio pone de manifiesto un cambio generacional preocupante para el gobierno. Según las estadísticas, el 32% de los jóvenes entre 16 y 24 años fuma, comparado con el 10% de los mayores entre 55 y 75 años. Esto muestra que las recientes campañas publicitarias para la concienciación de los peligros del tabaco en la salud han tenido poco efecto en los jóvenes quienes fuman en la misma cantidad que en el 2004. No es del todo deprimente ya que el 20% de los hombres y mujeres entre 25 y 45 años ha dejado de fumar en los últimos 5 años.

En cuanto a la prohibición de fumar en lugares públicos, un 65% opina que no ha tenido el efecto deseado ya que el propietario puede optar por permitir fumar, y la mayoría lo ha hecho así para no perder clientes. Jesús Lopez, especialista en adicciones del hospital de Madrid, dice: "*las presiones sociales siguen vigentes entre los jóvenes españoles. El gobierno debe hacer mucho más para concienciar a la población en general sobre los riesgos de fumar, desde posibles cánceres pulmonares al envejecimiento de la piel. La prohibición de fumar en lugares públicos no es suficiente, tienen que prohibir la venta del tabaco.*"

Pilar Bonet, de la Universidad de Valencia, no está de acuerdo: "*prohibir la venta del tabaco sólo provocaría su venta en el mercado negro, lo cual sería imposible controlar si consideramos la situación de las drogas ilegales. Hay que insistir en la educación y promover nuevas campañas publicitarias en las redes sociales.*"

457 palabras (HL)   *Basado en un texto original de Lauren*

2.6.20 Publicación en medios sociales/foro en línea

The text type *publicación en medios sociales* or *publicación en salas de chat* or *foro en línea* involves joining in an online chat, sharing experiences, and offering advice on a topic of shared interest with other Internet users. Although engaging with certain types of social media usually involves very brief comments, acronyms and hashtags, the examiners are not looking for the equivalent of a twitter feed, with short comments from multiple users; they still expect a lengthy text in the form of one main post, though an additional comment would be welcome.

What's the difference between a blog post and a post on social media/forum?

A blogger hosts the blog and writes about their own topics of interest or expertise. A social media post or post in a forum/chat group assumes you are part of an online community that shares an interest, be it travel, music, products or lifestyle. You may be **starting a new thread** on a particular topic, or **joining a thread** by posting a comment in response to another user who is asking a question or seeking advice.

Sample question

Últimamente los padres se preocupan por el tiempo que pasan sus hijos en los teléfonos móviles y el impacto negativo en su rendimiento escolar. Decides escribir un texto en que respondas a una pregunta publicada en una comunidad virtual de padres, des consejos sobre cómo limitar el acceso al móvil y adviertas de las consecuencias de poner reglas demasiado estrictas en casa.

Artículo	Foro en línea	Correo electrónico

Conventions of *una publicación en medios sociales o foro en línea*

- **Topic of post** – possibly as a question or exclamation.
- **Username, date and time of post.** Web address bar is optional.
- There are no solid rules for what a social media post or comment should look like or the level of formality.
- The **register** is likely to be informal, but depending on the topic, purpose and audience, a semi-informal or even semi-formal register might be more appropriate. The **style** and **tone** should be conversational and appellative in order to engage with the other users on the forum.
- As the writer, you could be the OP (original poster) and write a lengthy post explaining your issue and seeking advice. Or someone else may have posted a question, and so your post/comment would be in response to the OP, and you could start by explaining your point of view and then offer some suggestions, if appropriate, in bullet point format.
- If appropriate, you could reformulate the context of the question into a brief OP.
- You could add a brief comment from a different user at the end, to supplement or offer an alternative point of view, and to demonstrate your understanding that social media is a dynamic and open conversation.
- A comment on an online forum runs the risk of becoming rambling and unstructured, so take time to plan the content of your answer carefully. Structure your answer around fulfilling the 2-3 communicative purposes of the question (*describir, explicar, dar soluciones*, etc).

Types of online forum or chat

Travel (losviajeros.com/foros), expat life (expat.com/forum), gaming (3djuegos.com/foros), language learning (forum.wordreference.com), parenting (bebesymas/categoria/ser-padres)

https://www.padrespreocupados.com/foros

Asunto: ¡Mi hijo está atrapado en la Red!
Usuario: ricardo345
Publicado: domingo 20-02-2019 17:05

Mi hijo está todo el día enganchado a su móvil y sus notas han bajado. ¿Qué puedo hacer? ¿Debo confiscar su móvil? ¿Qué pasaría si pusiera reglas más estrictas en casa? Muchas gracias a todos.

Usuario: sabrina1007
Publicado: domingo 20-02-19 20:23

Hola @ricardo345: Creo que tu pregunta refleja lo que piensan muchos padres hoy en día y no hay respuestas ni soluciones fáciles. Primero, hay que entender por qué pasa tu hijo tanto tiempo enganchado a su móvil. Hoy en día los jóvenes utilizan su móvil tanto para estar en contacto con los amigos como para hacer una multitud de cosas útiles. Escuchan música, toman fotos, compran entradas al cine, averiguan el horario de los autobuses, reservan libros en la biblioteca, miran los mapas... ¡todo se hace en línea! Pero creo que no estás quejándote de estas cosas, sino del hecho de que ha bajado su rendimiento escolar y crees que es por culpa del móvil.

Es posible que tu hijo pase demasiado tiempo en las redes sociales y esto no es sano. Lo dicen los médicos, lo dicen los profes y lo dicen en las noticias. La adicción a las redes sociales es algo real y puede afectar sus estudios, su sueño y sus relaciones con amigos y familia. No solo esto sino que es fácil que vea contenidos inapropiados o que sufra del ciberacoso, lo que podría afectar gravemente su salud mental y su autoestima. ¿Estás seguro que este es el problema? ¿Has hablado con su tutor en el cole?

En el caso de mi hija, pasó algo similar y le confisqué el móvil. Fue un desastre por lo que no recomiendo que hagas lo mismo. Después de meses de negociaciones en casa, hemos acordado unas normas que voy a compartir contigo por si acaso sean útiles.

Habla con él. Averigua exactamente por qué usa el móvil y cómo se siente con respecto a las redes sociales o si tiene problemas con sus amigos.

No prohíbas el móvil pero **establece** un horario razonable. Tu hijo puede mirar redes sociales o jugar videojuegos pero solo después de terminar sus deberes y tareas de casa.

Asegúrate de que no use su móvil durante una hora antes de acostarse y **cárgalo** en el salón.

Anima a tu hijo a retomar un deporte, no importa cual sea. Puede juntarse a un club de tenis o artes marciales o simplemente salir a jugar al fútbol con sus amigos. Lo importante es que esté al aire libre haciendo alguna actividad física.

Sugiere actividades educativas. El móvil es una herramienta increíble para el autoaprendizaje – podría aprender a tocar el piano, o practicar el inglés con un intercambio en otro país a través de video llamadas.

No hables de sus notas. Si insistes en hablar de sus notas, vas a distanciarle. Simplemente con fomentar una actitud más sana con respecto a su móvil, sus notas mejorarán otra vez.

En fin, creo que los padres tienen que reconocer que el mundo ha cambiado y que nuestro papel es ayudar a nuestros hijos a marcar límites sanos. Poner reglas muy estrictas sería contraproducente. ¡Espero que mis consejos hayan sido útiles y que tengas mucha suerte con tu hijo!

Usuario: Pablo786
Publicado: domingo 20-02-19 23:10

Hola @Ricardo345: Estoy de acuerdo con @Sabrina1007 con algunas cosas – yo confisqué el celular de mi hijo y ahora ni me habla. ¡Siempre hay que mantener la comunicación abierta con los hijos! Pero también creo que debes insistir en que pague su propia factura para que aprenda a ser más responsable. ¡Suerte!

613 palabras (HL)

2. PAPER 1 – WRITING

2.6.21 Reseña

A review (*reseña* or *crítica*) is a mass media text that subjectively evaluates a cultural event, for example, a film, a documentary, a book, a theatre production, an art/photography exhibition, a restaurant, or a concert. A review can be published in print (in a magazine/newspaper) or online (on a film website e.g. rotten tomatoes). You can present it either way, as long as you include the essential features of a review. Here is a full film review and, on the following pages, excerpts from other types of review.

Sample question

Has visto una película en lengua española que te ha hecho entender mejor algún aspecto de la cultura hispánica. Quieres compartir tus observaciones con otros cinéfilos. Escribe un texto en que evalúes los puntos fuertes y débiles de la película y expreses tus opiniones personales.

Carta	Ensayo	Reseña

(Reseña is circled)

Conventions of a *reseña*

- **Title of film/event.**
- **Details about the film** (e.g. director, actors, genre).
- **Star rating.**
- The introduction should establish who the writer is and what publication they are reviewing the film for.
- Engage directly with the audience/loyal followers (*Como mis lectores saben* – would imply that the reviewer has followers, which establishes trust in new readers).
- Contrast between **expectations** before seeing the movie and **impressions** afterwards.
- A review would cover aspects of storyline, characters, themes, scenes, wardrobe and soundtrack, and may give some background social, cultural or historical context.
- **Register** is formal, **style** is professional, subjective, narrative, explanatory and evaluative. **Tone** can be serious or sometimes humorous, depending on the genre of the movie.
- Occasional exclamations might be appropriate.
- The text is predominantly opinion, so sentences are thoughtfully constructed to use a wide range of structures to express opinion and judgement.
- **Conclude** by recommending the film explicitly or implicitly, but avoid spoilers!

Use of cohesive devices and relative clauses

These are essential to make longer, more interesting sentences, and to link ideas and help the text flow coherently:

debido a	due to	*sin embargo*	however
dado que	given that	*además*	furthermore
desafortunadamente	unfortunately	*a pesar de*	despite
quien	who	*lo cual*	which
donde	where	*que*	that, who, which
de ahí que	from this point	*ante*	before, in front of
sino	rather	*en fin*	at the end of the day
aun así	in spite of this	*ya que*	given that

Reseña

Título: La chispa de la vida
Dirección: Alex de la Iglesia
Género: Drama
Reparto: Salma Hayek, José Mota, Blanca Portillo
Calificación: * * * 3/5

Antes de ver esta película supuse que sería una película edificante y entretenida **debido a** su título 'La chispa de la vida'. **Sin embargo**, a los 20 minutos, toma un giro serio que da a pensar. **Además** tenía expectativas muy altas **dado que** salía Salma Hayek, una de las estrellas del cine latinoamericano. **Desafortunadamente** la actuación de Salma Hayek no logró superar la perturbadora trama.

La trama casi me hizo perder la fé en la sociedad. Roberto está desempleado. Tiene una hipoteca que pagar y una familia que alimentar, y le quedan dos meses hasta la bancarrota. Visita a un amigo, el presidente de una importante agencia de publicidad, y le pide trabajo **pero** es rechazado **debido a** su edad, **a pesar de** su experiencia. Al salir de la sede de la empresa, es acosado por un vagabundo **quien** le llama 'rico', **lo cual** es muy irónico **dada** su situación.

Desesperado y sin esperanza, Roberto conduce al hotel **donde** pasó la luna de miel con su esposa **pero** está molesto al descubrir que se ha convertido en un yacimiento arqueológico – han descubierto allí un antiguo teatro romano. Este espacio dramático se convierte en el 'escenario' del drama que empieza a desencadenar. Roberto, al entrar en una parte prohibida y peligrosa del teatro, sufre un terrible accidente **que** resulta en una barra de metal incrustada en su cráneo. Si se mueve, morirá.

El accidente rápidamente se vuelve noticia y sale en la tele, provocando un bombardeo de atención mediática. **De ahí que** Roberto ve una oportunidad de ganar dinero y salir de sus apuros. Decide contratar a un publicista **que** resulta ser corrupto y codicioso y **que** intenta aprovecharse de Roberto. **Pero** tiene que lidiar con la determinada esposa (Hayek), su hijo gótico e hija geek, **además** de varios guardias de seguridad y paramédicos que luchan por salvarle la vida.

La película critica varios aspectos de la cultura contemporánea española. **En primer lugar**, el impacto del paro **tanto** en el individuo **como** en su familia. Roberto se siente discriminado por su edad y pierde su autoestima – se siente inútil y avergonzado **ante** su esposa. Creo que refleja muy bien un problema social provocado por la crisis del 2008.

En segundo lugar, critica la industria de los medios de comunicación. Los reporteros y los paparazzi son como buitres, **porque** son despiadados y provocan caos y tensión. Solo les importa conseguir 'una exclusiva' para un público morboso. **En tercer lugar**, la historiadora del yacimiento no se preocupa por la vida de Roberto **sino** por la conservación del teatro romano, **lo cual** refleja la importancia del patrimonio cultural en España para el turismo y la economía del país.

En fin, la actuación es convincente, la música crea mucha tensión y el escenario es impresionante. Hay momentos de humor negro que contrastan con el drama. Pero, si pudiera cambiar algo sería el final. Sin regalar spoilers, diré que la impresión general de la película habría sido mejor si hubiera tomado un giro diferente al final. ¡Y si no te gusta la sangre, esta película no es para ti! **Aun así**, la recomiendo enfáticamente.

546 palabras (HL)   *Basado en un texto de Florence*

Reseña de concierto musical "Paz sin Fronteras"

★★★★★

Se celebró anoche un histórico concierto por la paz, delante del puente fronterizo entre Colombia y Venezuela. Los artistas que más destacaron fueron Juanes, junto con Alejandro Sanz y Miguel Bosé. Asistieron unos 70.000 colombianos y venezolanos bajo un calor sofocante para cantar juntos la icónica canción "¡Ojalá que llueva café!" El ambiente llegó a un verdadero éxtasis cuando Bosé cantó "Amante bandido" de su último disco.

El concierto convocado por el mismo Juanes fue nada menos que una hazaña al haberse organizado después de la crisis diplomática entre Colombia, Ecuador y Venezuela, tras la operación militar colombiana en territorio ecuatoriano en la que resultó muerto un jefe de la guerilla de las Fuerzas Armadas Revolucionarias de Colombia (FARC). "Hoy se acabaron las fronteras", gritó Juanes, "¡ustedes son las voces que piden la paz!".

El concierto, visto por millones en la tele, fue calificado como "un verdadero éxito" y demostró una vez más el poder de la música para unir a la gente, sin importar diferencias políticas, raza, y religión. Una grabación del concierto estará disponible en Spotify.

Texto adaptado de https://www.elmundo.es/elmundo/2008/03/17/cultura/1205716694.html

Reseña de nuevo restaurante fusión "Mikuna"

★★★★★

La nueva propuesta de comida fusión peruana-asturiana ha abierto sus puertas en el barrio central de Oviedo. El restaurante, Mikuna, cuyo nombre significa 'comida' en quechua, pretende dar a conocer la riqueza de la gastronomía peruana utilizando ingredientes regionales de Asturias.

Uno de los elementos más lúdicos es que los platos se sirven en pequeñas raciones, como las tapas, para facilitar probar y compartir un mayor número de platos diferentes. Nos gustó especialmente el "Ceviche a la crema rocoto y aguacate" (sabor buenísimo y con el toque justo de picante, adaptado al paladar mediterráneo), la "Navaja templada con leche de tigre y ají limo" (buena combinación) y el "Bizcocho en leche con helado de hierbabuena".

El espacio cuenta con una larga barra más informal en la parte de arriba, y una terraza atmosférica con música peruana en el fondo. Los manteles eran, como es de esperar, de tela incaica hechos a mano. Si no sabes por dónde empezar, no te preocupes porque los camareros te aconsejarán y guiarán por este recorrido de cocina viajera.

Muy buenas sensaciones y sabores en este nuevo restaurante, al cual acompañan además unos precios moderados. Completamente recomendable.

Texto adaptado de https://www.tripadvisor.com.ve/ShowUserReviews-g187514-d13477528-r586835505-Cilindro-Madrid.html

Reseña de serie de televisión "Narcos"

★★★★★

A pesar de ser una serie americana, Narcos cuenta con un reparto de actores latinos y tres cuartas partes de los episodios están habladas en español. La serie es una de las más vistas en Netflix y ha logrado romper el prejuicio del inglés como idioma estándar en las producciones con impacto internacional. Está rodada en Colombia por lo que se puede apreciar tanto los paisajes de la selva como de las grandes ciudades donde destaca la diferencia entre los ricos y los pobres.

La serie trata del mundo del narcotráfico en Colombia durante los años 80 y sobre todo el Cartel de Medellín, liderado por Pablo Escobar, uno de los narcotraficantes más conocidos del mundo. Uno de los puntos a favor de la serie es que educa al público en la historia de un conflicto violento y complejo que lleva décadas sin resolver. Refleja una sociedad en que el poder se lograba mediante el dinero y las armas.

En cuanto a sus puntos negativos, la verdad es que la violencia y la brutalidad no son aptos para todos los públicos pero, por otra parte, era una realidad del conflicto en que se encontraban muchas víctimas inocentes. Finalmente, creo que la serie habría tenido más veracidad si el agente policial hubiera sido colombiano pero supongo que un agente americano apela más al público estadounidense.

Reseña de exposición de fotografía "El arte callejero y la crítica social"

★★★★★

Esta exposición cuenta con 200 fotografías que captan diversas expresiones de arte callejero en Buenos Aires. El graffiti o stencil son las expresiones más reconocibles de este tipo de arte urbano que ya se toma en serio por las academias de arte en gran parte por la influencia ideológica del artista británico Banksy.

El arte urbano surge de la necesidad de expresar las frustraciones de una generación desilusionada con sus gobiernos y que critica a la sociedad con ironía. Las fotografías en la exposición, algunas en blanco y negro y otras en espléndido color, revelan llamativos mensajes subversivos que invitan a la lucha social, la crítica política o a la reflexión.

Recomiendo la exposición si quieres saber más sobre este tipo de arte porque hay explicaciones útiles de la historia del arte urbano además de información sobre algunos de los artistas más prolíficos hoy en día. Pero la ironía es que el arte urbano no se hace para poner en la pared de una galería de arte sino para verse en la calle. Por lo que sería mejor salir y andar por la calle y ver la ciudad como es: un museo al aire libre.

2.6.22 Propuesta

A proposal is a professional text addressed to an authority, that sets out a new idea for a project, or a series of initiatives to improve a situation, improve efficiency or reduce costs. A pure proposal could take the format of a 'memo', with numbered recommendations. This type of text appeals to many aspects of the IB Learner Profile, like being community spirited, taking the initiative and taking responsibility.

The *Propuesta* is not one of the Paper 1 text types on the Spanish B list, however, it is for other languages. It is worth bearing in mind that *proponer* or *sugerir soluciones* is a common communicative purpose in the questions, and so the principles of a proposal could be incorporated into a formal letter or email, a report, or even a spoken presentation or speech.

Sample question

El comité estudiantil está cada vez más preocupado por el derroche general que se percibe en el colegio (por ejemplo: energía, comida, recursos, plástico). Como presidente/a del comité, decides escribir un texto destinado a los directores del colegio en que expliques la situación, propongas soluciones y adviertas de las consecuencias de no actuar.

Ensayo	Propuesta	Conjunto de instrucciones

Conventions of a *propuesta*

- **Appropriate heading** making clear *who* or *which authority* the proposal is addressed to e.g. a simple title, or a 'memo' format with **To: From: Date: Subject:** or appropriate formulae for a formal letter.
- **Register** should be formal. **Style** and **tone** explanatory, persuasive, yet collaborative.
- **Introduction**, setting out the situation or problem and the consensus for action.
- **A series of proposals**, numbered or in bullet points.
- Each bullet point should explain the **reasoning** behind the suggestion and the **benefit** it would bring. The ideas don't have to be amazingly original, just realistic and well expressed.
- Estimated costs or savings would be a convincing feature but not essential.
- Consistency in the formation of bullet points (e.g. the use of infinitives)
- A paragraph explaining the wider context of the problem might be relevant to heighten the sense of collective responsibility.
- A **concluding sentence** and **respectful sign-off**.

USEFUL EXPRESSIONS: PROPOSING SOLUTIONS

Debemos / se debe / deberíamos   *Podemos / se puede / podríamos*
Hay que / tenemos que   *Sería una buena idea / Otra iniciativa sería*
Propongo / Proponemos introducir una idea / una medida / una iniciativa
Quiero / queremos establecer / implementar / poner en marcha un nuevo sistema
Para concienciar / sensibilizar / motivar / animar a la gente / a los estudiantes
El objetivo es mejorar / aumentar / reducir / disminuir / fomentar
Si hiciéramos esto, ahorraríamos mucha energía / dinero
Si no hacemos nada, el resultado será peor / las consecuencias serán devastadoras

De:	El comité estudiantil
A:	Los directores del colegio
Fecha:	14 de octubre del 2020
Asunto:	Propuesta para un colegio más ecológico

Me dirijo a ustedes en nombre del comité estudiantil. Recientemente en las reuniones hemos estado discutiendo el tema del derroche de recursos en el colegio, sobre todo de comida, energía, agua, papel y plástico. Esta tendencia es preocupante y quisiéramos proponer algunas iniciativas para mejorar la sostenibilidad de nuestro colegio.

1. Reducir el malgasto de comida. Cada día se tiran toneladas de comida porque hay demasiadas opciones al entrar en la cantina. Proponemos introducir una aplicación en las tabletas o móviles para elegir la comida con antelación y así la cocina podrá manejar mejor las cantidades que prepara.

2. Introducir un sistema de etiquetado. Para concienciar a los estudiantes de la huella de carbono de lo que comen, podríamos etiquetar los platos con las toneladas de dióxido de carbono que su producción emitió. Eso motivaría a los estudiantes a ser más conscientes.

3. Crear un huerto. Sería fácil y educativo cultivar verduras en el colegio. Además, podríamos comprar un contenedor para echar los restos de la comida y crear un abono que podríamos utilizar como fertilizante.

4. Aprovechar las energías renovables y limpias. Dejamos muchas luces encendidas todo el día y malgastamos mucha agua regando las plantas de los jardines. Proponemos poner paneles solares en el techo del gimnasio e instalar un tanque para recaudar agua de lluvia. Además debemos cambiar las bombillas anticuadas para bombillas eficientes, lo cual ahorraría dinero y energía.

5. Lanzar una campaña de 3 'R': reducir, reutilizar, reciclar. Esto es algo muy sencillo que puede tener un gran efecto. Deberíamos reducir la cantidad de papel que usamos, y utilizar solo papel reciclado para imprimir. Cada estudiante (y profesor) debería traer su propia botella reutilizable. Deberíamos poner más puntos de reciclaje en los diferentes departamentos.

Con las tasas de derroche actuales, estamos contribuyendo al efecto invernadero y al cambio climático. Las investigaciones de las últimas décadas han mostrado que si no cambiamos nuestro modo de vida en los próximos diez años, el impacto en el clima será irrevocable. Con estas iniciativas, no solo estaríamos asegurando nuestro futuro en un planeta sano, sino que estimamos que el colegio podría ahorrar €10.000 al año.

Esperamos que estén de acuerdo con nuestras propuestas. Nos gustaría discutirlas con ustedes lo antes posible para poder ponerlas en marcha cuanto antes.

Atentamente,
Rosalía Pérez
Presidenta del comité estudiantil

407 palabras (SL) *Basado en textos de Katya, Arielle y Vittoria*

Chapter 3: Paper 2 – Listening comprehension

Paper 2 Listening lasts **45 mins (SL)/1 hour (HL)**, carries **25 marks** and is **worth 25%** of your final grade. It comprises **3 audio texts** with comprehension questions. Each text will relate to one of the **Themes**. The texts increase in length and difficulty, with SL Text C being the same as HL Text A, with different questions.

SL Text A	SL Text B	SL Text C		
approx 2 mins	approx 2 mins 30	approx 3 mins		
		HL Text A	HL Text B	HL Text C
		approx 3 mins	approx 3 mins 30	approx 4 mins

The audio texts will be played from the front of the room (unless you have special access arrangements). You will hear each extract twice. The length of the paper as a whole is more to do with the length of the pauses than the amount of audio material – see the table below for a guide to timings.

SL	Timings	HL	Timings	Usual marks available
\multicolumn{5}{|c|}{Introduction and instructions in 3 working languages of the IB (English, French, Spanish)}				
Text A	4 mins to read questions Text A – 2 mins 2 mins pause Text A – 2 mins 2 mins to finish writing	Text A	4 mins to read questions Text A – 3 mins 2 mins pause Text A – 3 mins 2 mins 30 to finish writing	[5 marks] 1 question type
Text B	4 mins to read questions Text B – 2 mins 30 2 mins pause Text B – 2 mins 30 2 mins to finish writing	Text B	4 mins to read questions Text B – 3 mins 30 2 mins pause Text B – 3 mins 30 2 mins 30 to finish writing	[10 marks] 2 question types
Text C	4 mins to read questions Text C – 3 mins 2 mins pause Text C – 3 mins Remaining time to finish writing	Text C	4 mins to read questions Text C – 4 mins 2 mins pause Text C – 4 mins Remaining time to finish writing	[10 marks] 2 question types

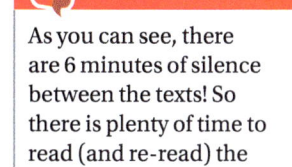

> As you can see, there are 6 minutes of silence between the texts! So there is plenty of time to read (and re-read) the questions and refine your answers.

In this chapter, you will find advice about how to improve your listening skills, where to find audio material, and guidance about regional variations of spoken Spanish. Then you will find 6 audio texts of increasing difficulty, with questions reflecting the range of IB listening comprehension questions.

3.1 Text types and conceptual understanding

The audio texts in the examination are scripted to reflect a variety of 'authentic' **contexts** and scenarios of spoken language, in which the **meaning** and **purpose** will be identifiable, for example, radio shows, interviews, news bulletins. This means that if you study the transcripts, you will find many features, or conventions, that examiners would expect to see in P1 Text Types, for example, accurate use of register (formal/informal) and appellative language (e.g. addressing the audience in a speech). There may be 1 speaker, 2 speakers or up to 3 speakers per text. They will also reflect the range and variety of regional accents from the Spanish-speaking world. Possible contexts and audio 'text types' include:

- voicemail
- school assembly
- conference
- debate
- job interview
- radio report
- news bulletin
- radio programme
- interview with expert
- formal dialogue
- informal conversation
- vlogger
- telephone call
- court case
- presentation

3.2 Rubrics and question types

There are 5 question types in P2 Listening. Text A will have one question type, while Texts B and C will have two question types. Most texts will have a natural break about halfway through the audio (e.g. applause, a jingle, a pause), marking the transition to a different type of question. Use exact words from the audio text in your answers, although unlike in P2 Reading, paraphrasing can sometimes be acceptable. The questions usually come in order. Note the use of the **imperative** (*tú*) form of the verb in the rubrics:

Action verb	Infinitive	Imperative (*tú*) form	Command
To choose	*Elegir*	***Elige***	*Choose*
To answer	*Contestar*	***Contesta***	*Answer*
To indicate	*Marcar*	***Marca***	*Indicate*
To complete/fill in	*Completar*	***Completa***	*Complete/Fill in*
To mention	*Mencionar*	***Menciona***	*Mention*

Q type 1   *Preguntas de opción múltiple* (Multiple choice questions)

Rubric: *Elige la respuesta correcta.* (Choose the correct answer.)

There will be 3 options and only one will be correct.

Q type 2   *Identificación de oraciones verdaderas* (Identifying true sentences)

Rubric: *Elige las X frases verdaderas.* (Choose the X true sentences.)

There are usually twice the number of options needed. This question tests your overall understanding of the gist and meaning of the text. You can write your answers in any order.

Q type 3   *Emparejar oraciones con su origen* (Matching statement with origin)

Rubric: *Marca ☑ una opción correcta para cada una de las siguientes frases.* (Indicate with ☑ the correct sentences for each person/thing.)

Although usually testing who said what, you could be asked to match statements to different places, events, or objects instead.

Q type 4   *Preguntas de respuesta corta* (Short answer questions)

Rubric: *Contesta a la(s) siguiente(s) pregunta(s).* (Answer the following questions.)

You can and are advised to use words exactly as your hear them. However, alternative words with the same meaning will be accepted. Although you should always try to be as accurate in your spelling as possible, minor spelling errors will not be penalised, if they don't affect meaning. You do not need to write full sentences, so be selective in your answer and do not write too much - the space given should be enough.

Q type 5   *Ejercicios de completar espacios* (Fill the gaps)

Rubric: *Completa los espacios en blanco. Usa como máximo tres palabras por espacio.* (Fill in the blanks. Use a maximum of three words per space).

You will get a fragment of text related to the audio extract and you need to select the relevant details to fill in the gaps. This type of question can be focused on practical details (dates, times, numbers, costs, etc.) but could also be key words. You can and are advised to use words exactly as your hear them but, as before, alternatives may be accepted. Minor spelling errors may be tolerated but your answers must fit grammatically where relevant.

3.3 Accents and regional variations

Spoken Spanish varies greatly between geographical regions and even social classes, in terms of accent, pronunciation, vocabulary, idiomatic expressions, slang, and register. You are not expected to be an expert in all the differences, but you should, over the two-year course, be exposed to different linguistic variations and be prepared to listen to less familiar accents. The audio texts in Paper 2 will showcase a range of accents of spoken Spanish, for example, we find variations in:

Mainland Spain: Castilian, Basque, Catalan, Andalusian, Galician, Valencian, etc.

Central America and the Caribbean: Mexican, Guatemalan, Puerto Rican, Cuban, etc.

South America: Colombian, Venezuelan, Peruvian, Ecuadorian, etc.

Southern Cone: Argentinean, Chilean, Uruguayan, Paraguayan.

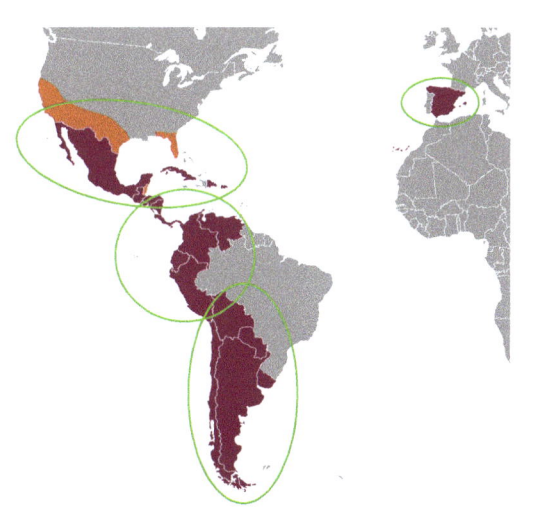

3.3.1 Characteristics of Latin American Spanish, and Spanish spoken in Andalusia and the Canary Islands

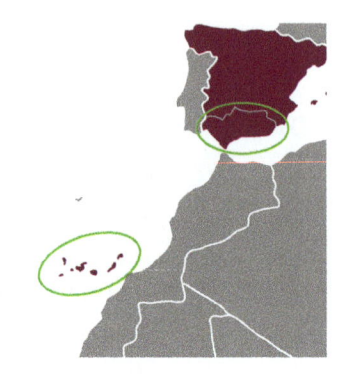

- **aspirated 's'**: (sounds like an 'h' with a little exhalation) before a consonant in the middle of a word (*compuesto* sounds like 'compueh-to') or at the end of a word (*los ojos* sounds like 'lo hohoh'). This means tú verb forms in the present can get a bit lost (*estás* sounds like 'está-h', so easily confused with *está*).

- ***seseo***: this is when 'za/zo/zu' or 'ci/ce' are all pronounced as 's' rather than 'th' like in mainland Spain (*cerveza* sounds like 'servesa').

- ***yeísmo***: the 'y' or 'll' sounds more like the English 'j' in 'jam' or 'g' in 'giant' (*lluvia* sounds like 'juvia'; *castellano* sounds like 'caste*gi*ano').

- **'h'**: the silent 'h' at the start of words in Spain (*harto* being pronounced 'arto') is actually pronounced, so you do say *harto*).

- **nasal 'n'**: at the end of the word, –n sounds more like the English 'ing' (*comieron* sounds like 'comiero*ng*').

- **use of *ustedes* for informal as well as formal plural, and no *vosotros***: this also affects imperatives, as the *vosotros* form again is not used.

- **preference for preterite instead of perfect**: even for recent past.

¡Qué guay!
¡Qué padre!
¡Qué chévere!

colega   amigo
tío   carnal
güey   'mano

> Search for videos to find out more about "características del español chileno" o "cómo se habla en México"

español de España	español de Latinoamérica/Canarias
tú/ustedes	usted/ustedes
salid por la izquierda	*salgan* por la izquierda
Hoy he comido paella	*Hoy comí* paella
¿Qué *ha pasado*?	¿Qué *pasó*?

3.3.2 Characteristics of Spanish spoken in the Southern Cone

- **el voseo**: the use of *vos* instead of *tú* with its own verb endings:

pronouns	
tú	vos
ti	vos
present tense verb forms	
eres	sos
tienes	tenés
quieres	querés
puedes	podés
dices	decís
entiendes	entendés
juegas	jugás

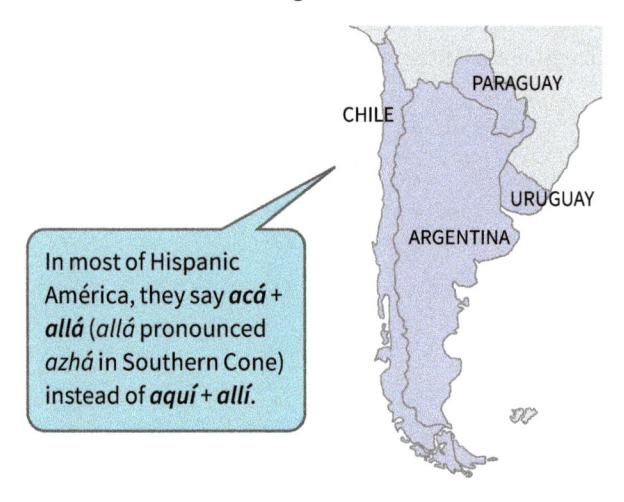

In most of Hispanic América, they say *acá* + *allá* (*allá* pronounced *azhá* in Southern Cone) instead of *aquí* + *allí*.

3. PAPER 2 – LISTENING COMPREHENSION

imperative forms	
dime	decime
ten	tené
ven	vení

3.3.3 Characteristics of Mexican Spanish

▸ **no voseo**: like in other parts of Latin American, though *vos* can be used as a subject pronoun as something in between *tú* and *usted*, to show respect e.g. to an elderly person.

▸ **diminutives**: adding *-ito* (*chico* → *chiquito*) or even *-itito* for extra emphasis (*chico* → *chiquitito*). Also, the **suppression of syllables when using diminutives** (*coche* → *cochecito* → *cochito*; *pueblo* → *pueblecito* → *pueblito*).

▸ **influence of Náhuatl (Aztec language)**: *metate, aguacate*

▸ **influence of English**: due to proximity to the USA, Mexican Spanish has adopted many more anglicisms or americanisms than other varieties of Spanish:

to rent a car	rentar un carro
are you ready?	¿estás ready?
to send an email	mandar un inbox
let's hang out	vamos a janguear

> Mexicans use *güey* (wey) for 'guy/dude/mate/man/bro' but also as a filler word, as English speakers use 'like'.

3.4 Differences in register and pronouns

España	Most of Hispanic America	Cono Sur
yo como	yo como	yo como
tú comes	tú comes	vos comés
él come | usted come	él come | usted come	él come | usted come
nosotros comemos	nosotros comemos	nosotros comemos
vosotros coméis	—	—
ellos comen | ustedes comen	ellos comen | ustedes comen	ellos comen | ustedes comen

expresiones mexicanas	expresiones cubanas	expresiones de lunfardo
no más = solo **ya mero** = casi **ándale** = go on **órale** = ok **güey** = man, bro' **chingadera** = general swear word **pinche** = general swear word	**Qué bola** = ¿Qué pasa? **estar pasmado** = no tener dinero (estar sin un duro) **estar vacilando** = estar pasándolo bien **frijoles** = alubias **guajiro/a** = persona del campo/campesino **guagua** = autobús	A form of slang developed in the Río de la Plata region **morfar** = comer **chorros** = ladrones **bondi** = autobús **garpar** = pagar **cana** = policía **ché** = amigo **boludo** = ché (for a friend, but an insult if not a friend!)

3.5 Idioms

Idioms are particularly present in the audio texts, especially at HL. You can find plenty of lists online but here are some examples:

idiom	literal meaning	equivalent idiom in English
aburrirse como una ostra	to be as bored as an oyster	to be really bored
hacerse la boca agua	to turn your mouth into water	to make your mouth water
estar hasta las narices	to be up to the nostrils	to be fed up/to have it up to here!
tomar el pelo	to pull your hair	to pull your leg
ser pan comido	to be eaten bread	to be a piece of cake

3.6 How can I improve my listening and become familiar with different accents?

Finding listening resources used to be tricky but now there are so many easy and exciting ways to listen to authentic Spanish from around the world! Here are my recommendations:

Podcasts: Hoy Hablamos, Charlas Hispanas, Radio Ambulante, TED en español

TV and film: Netflix series or movies with subtitles on or off

Music: listen to Hispanic music and sites/apps like lyricstraining or lirica to fill in the gaps to the lyrics as you listen

Radio: use Radio Garden to zone in on radio channels in Spanish speaking countries or the Radio España app: RNE En Directo.

News: news bulletins are notoriously fast and can demoralise you, so don't make these your only source of listening. The RTVE 'telediario en 4 minutos' is a good place to start.

Learning websites: Lengalia, Thisislanguage, Yabla all specialise in audio and video resources (these are generally subscription services). ver-taal.com offers free listening comprehension activities.

Textbooks: most textbooks now use a variety of speakers in their audio recordings. Try *Spanish Voices 1* and *Spanish Voices 2* by Matthew Aldrich.

Audio magazines: subscribe to a high-quality audio magazine such as *Punto y coma* or *Muchachos* (ELI Language magazines).

YouTube: search for videos about regional accents and differences.

Make vocabulary learning a multi-sensory experience: don't just read and write vocabulary, use the audio function on Quizlet and SpanishDict, listen and say it out loud.

Online pronunciation guides: Forvo.com offers different pronunciations of words uploaded by native speakers in different regions.

> Listening to Spanish podcasts 3 times a week will improve not only your listening but also your speaking!

3.7 General listening tips for the exam

- ✓ **Use contextual clues** – look at the title, the topic, and the instruction (is it a formal or informal situation?); look at the picture accompanying the text (what situation does it show?)
- ✓ **Take rough notes** – jot down key words and abbreviations as you listen; you will have time to write your answers in neat during the pauses.
- ✓ **Listen for overall gist and meaning** – it's not important to understand every word.
- ✓ **Listen for detail** – you will need to pick out key words or phrases and gloss over the rest.
- ✓ **Concentrate and be patient** – you need to listen carefully for 2-4 mins, then sit through long pauses; try not to let your mind wander or you'll zone out and miss it.

3.8 Practice Listening comprehension texts

The audio resources for the practice questions in this section can be found on the Peak Study Resources website.

Scan the QR code or type in the following shortlink URL to take you to the index page:

https://peakib.com/link/55af

Texto A: Video presentación de unos vloggers – el etiquetado de la comida

(2 min)

Vas a escuchar a unos vloggers presentando una nueva iniciativa de etiquetado de advertencia en los productos alimentarios en México.

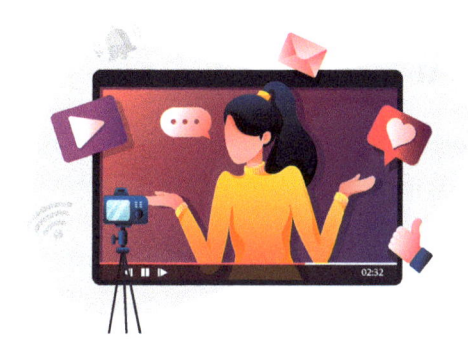

> The illustration will give you a clue about the text type, context or formality (register) of the situation.

1. Elige las **cinco** frases verdaderas [5]

   A. El etiquetado de la comida tiene como objetivo informar a los consumidores.
   B. El nuevo sistema de etiquetado está en vigor desde hace poco.
   C. Más de la mitad de la gente encuestada tiene dificultades a la hora de entender la información nutricional en los envases.
   D. Las nuevas etiquetas serán obligatorias en todo producto alimentario preenvasado.
   E. Un producto con cantidades dañinas de sal se destacaría con este nuevo sistema.
   F. En el futuro, el consumidor no tendrá que hacer cálculos mentales para decidir si un producto es sano o malsano.
   G. Lo malo de las etiquetas nuevas es que no presentan cantidades específicas.
   H. Los interlocutores no se ponen de acuerdo sobre si las nuevas medidas ayudarán a contrarrestar el impacto de la obesidad en México.
   I. El nuevo sistema de etiquetar los productos alimentarios es la mejor solución para combatir los índices de sobrepeso.
   J. Los vloggers no valoran la interacción de sus seguidores.

> Stay calm! The term '*etiquetado*' may be unfamiliar but if you listen carefully, the text does explain what it is.
> *etiqueta* = label
> *etiquetar* = to label
> *etiquetado* = labelling

Texto B: Noticias en directo – un desastre natural

(3 min)

Vas a escuchar una noticia sobre un desastre natural en Centroamérica.

Elige la respuesta correcta.

1. ¿Cuántos huracanes han pasado por la región en las últimas dos semanas?
   - A. uno
   - B. dos
   - C. tres

2. ¿En qué estado se encuentran miles de personas en Tegucigalpa?
   - A. desplazadas
   - B. heridas
   - C. incomunicadas

3. La reportera no puede hablar con certeza sobre…
   - A. el número de víctimas mortales
   - B. la totalidad de los daños materiales
   - C. la zona en que se encuentra

4. ¿Qué está complicando las tareas de rescate?
   - A. el huracán está en su punto más activo
   - B. la falta de electricidad
   - C. las lluvias persistentes

5. ¿Qué autoridades están ayudando con las evacuaciones?
   - A. el ejército y las fuerzas de seguridad
   - B. las organizaciones no gubernamentales
   - C. los médicos y bomberos

¿SABÍAS QUE…?

Los huracanes Eta e Iota provocaron destrucción en Centroamérica en octubre y noviembre del 2020.

3. PAPER 2 – LISTENING COMPREHENSION

Completa los espacios en blanco. Usa como máximo tres palabras por espacio.

En el norte de Nicaragua, la tasa de víctimas mortales es [– 6 –].
La caída de un edificio podría haber causado [– 7 –] de muertes.
La isla de Providencia tiene unos [– 8 –] habitantes.
[– 9 –] hondureños han tenido que dejar su residencia.
Es probable que los daños materiales lleguen a [– 10 –] $3.000 millones.

¡Ojo! Your answer must fit grammatically. Which numerical terms are followed by '*de*'?

What form of verb will you need after '*llegar a ...*'?

6. [– 6 –]

7. [– 7 –]

8. [– 8 –]

9. [– 9 –]

10. [– 10 –]

Notes/Notas:

You may be given a space to make notes – use it to jot down what you hear and write your neat answers during the 2 minutes pause.

Texto C: Entrevista en la radio – la educación durante el confinamiento

(4 min)

Vas a escuchar una entrevista con Nuria Valdés, Directora del Departamento de Educación de Barcelona, sobre el cierre de los centros educativos por el Coronavirus.

1. Elige **las cuatro** frases verdaderas. [4]

   A. La entrevistada trabaja como profesora en un centro educativo de Barcelona.
   B. El cierre de los centros educativos cogió por sorpresa a los españoles.
   C. Fue imprescindible dar dispositivos electrónicos a muchos alumnos para que pudieran asistir a las clases en línea.
   D. Lo bueno era que todos los jóvenes en Barcelona tenían Internet en casa.
   E. Había ciertos criterios establecidos para decidir quiénes recibirían los dispositivos del Departamento de Educación.
   F. Muchos alumnos tuvieron que esperar varios meses hasta recibir sus tabletas.
   G. La entrevistada impulsó medidas para asegurar no solo la educación sino también la alimentación de los jóvenes.
   H. El Departamento de Educación repartía comida directamente a las familias vulnerables.

You can write your letters in any order.

> **¿SABÍAS QUE…?**
>
> En España, hay 17 comunidades y 2 ciudades autónomas. Cada comunidad autónoma gestiona sus propios departamentos de educación, salud y seguridad pública. Barcelona es la capital de Cataluña y el gobierno de Cataluña se llama la Generalitat.

Contesta a las siguientes preguntas.

Remember, no need for full sentences.

2. ¿Por qué estaban preocupados los profesores por sus alumnos durante el confinamiento?

3. ¿Cómo conseguía el departamento de la Señora Valdés información de las familias sobre sus situaciones y necesidades?

3. PAPER 2 – LISTENING COMPREHENSION

4. ¿Cómo se apoyaban entre sí los estudiantes mayores de edad durante las sesiones en línea?

....

5. ¿Qué recibieron los docentes para proporcionar mejor apoyo emocional a los estudiantes?

....

6. Según la Señora Valdés, ¿cuál fue el mayor reto para algunos profesores?

....

7. ¿Qué partes de los cursos educativos se siguen impartiendo con éxito de manera virtual?

....

> If you don't catch the exact word(s), give your answer in other words.
>
> Remember spelling errors are not penalised, as long as the meaning is clear.
>
> Don't leave any answers blank – a guess is better than nothing!

Texto D: Podcast – la igualdad de género

(3 min)

Vas a escuchar una entrevista en un podcast sobre los desafíos en la igualdad de género en Argentina.

Elige la respuesta correcta.

1. ¿Qué dice la abogada Daniela Morales sobre la brecha salarial en Argentina?
   - A. No ha habido ningún avance en los últimos 20 años.
   - B. Las mujeres siguen ganando 27% menos que los hombres.
   - C. El objetivo es eliminar la diferencia salarial en el 2086.

2. ¿Por qué perduran las desigualdades a pesar de haber una ley de igualdad salarial?
   - A. Muchos trabajos que hacen las mujeres pagan menos.
   - B. La ley promueve trabajos femeninos y masculinos.
   - C. Los hombres no quieren hacer trabajos típicamente femeninos.

3. ¿Cuál es la consecuencia del 'techo de cristal'?
   - A. Ahora hay menos obstáculos para la mujer en el mundo laboral.
   - B. Hay cada vez menos mujeres en todos los peldaños del mundo laboral.
   - C. Hay relativamente pocas mujeres en los puestos directivos más altos.

4. ¿Qué soluciones propone la abogada Morales para mejorar la igualdad?
   - A. El 30% de los puestos deberían ser ocupados por las mujeres.
   - B. Las mejores mujeres deberían ganar premios nacionales.
   - C. Las empresas que contratan a más mujeres deberían gozar de beneficios económicos.

5. ¿Qué dice la abogada con respecto al poder de la ley para conseguir la igualdad?
   - A. Aprobar nuevas leyes es la mejor manera de cambiar la sociedad.
   - B. El progreso legislativo debe ir de mano en mano con un cambio de actitudes.
   - C. Las leyes no pueden impedir la violencia de género ni la trata de personas.

Texto E: Introducción a conferencia – las redes sociales

(3 min 30)

Vas a escuchar la introducción a una conferencia sobre la moda de los selfies en las redes sociales.

Contesta a las siguientes preguntas.

1. ¿De qué manera pueden estar conectados los jóvenes gracias a las redes sociales? Menciona **dos** detalles.

2. Según el ponente, ¿cómo se caracterizan las relaciones en las redes sociales?

3. ¿Por qué puede provocar estrés la responsabilidad de mantener la vida social en línea?

4. ¿Qué **palabra** utiliza el ponente para describir el proceso de convertir a una persona en una cosa u objeto?

5. Además de hacer fotos fácilmente y de manera gratuita, ¿qué permiten hacer los teléfonos móviles?

Remember that there may be a brief pause in the middle of the text (a pause, or a sound effect) to indicate the move to a different question type.

SPANISH B SL&HL

Completa los espacios en blanco. Usa como máximo tres palabras por espacio.

> Igual que el lenguaje hablado y escrito, el selfie se ha vuelto [– 6 –].
>
> De alguna manera, el selfie [– 7 –] nuestros gustos y nuestras opiniones.
>
> En nuestra cultura, estamos rodeados por [– 8 –].
>
> Algunas personas desarrollan [– 9 –] de los 'selfies'.
>
> Los likes reemplazan de modo [– 10 –] la aceptación social que alguien desea.

¡Ojo! Your answer must fit grammatically with the preposition:
'*adicción a*'
but '*dependencia de*'

6. [– 6 –]

7. [– 7 –]

8. [– 8 –]

9. [– 9 –]

10. [– 10 –]

3. PAPER 2 – LISTENING COMPREHENSION

Texto F: Debate – la política migratoria de Chile

(4 min)

Vas a escuchar un debate político en la televisión sobre la inmigración en Chile.

Marca [✓] *una* opción correcta para cada una de las siguientes frases.

¿Quién dice lo siguiente?	Diputada Carmen Martínez	Diputado Rodrigo López	Presentadora
1. La actual ley de migración se ha aplicado correcta y eficazmente en los últimos años.			
2. El gobierno anterior falló al no haber modernizado las leyes sobre la migración.			
3. Hay que preguntarse si hace falta un sistema de visado para controlar la migración.			
4. Implementar un sistema de visado mejoraría la regularización de los inmigrantes.			
5. Se ha demostrado en el pasado que los visados son ineficaces para controlar el flujo migratorio.			
6. Chile puede acoger a muchos migrantes debido a su situación económica favorable.			

Notes/Notas:

> You may be given a space to make notes - use it to jot down what you hear and write your neat answers during the two-minute pause.

Elige la respuesta correcta.

7. ¿Qué dice la Diputada Martínez sobre el concepto de la migración?

    A. La migración responde al mercado laboral.
    B. La migración es un problema en sí.
    C. Todo el mundo tiene derecho a migrar.

8. ¿De qué critica la Diputada Martínez a las autoridades?

   ☐
   - A. Que dejan entrar a demasiados turistas al país.
   - B. Que hacen la vista gorda cuando los inmigrantes no entran con la documentación adecuada.
   - C. Que no miran los visados atentamente en la frontera.

9. ¿Qué dice la Diputada Martínez con respecto a algunos migrantes ilegales?

   ☐
   - A. Tienen como objetivo evadir los trámites legales.
   - B. Muchos mueren en el desierto.
   - C. Son víctimas de quienes les han mentido.

10. ¿Qué soluciones ofrece el Diputado López a la situación de la migración ilegal?

    ☐
    - A. Introducir documentos de identidad.
    - B. Fomentar medidas que incluyan e integren a los migrantes.
    - C. Dar marcha atrás en las iniciativas que la antigua presidenta implementó.

> There are relatively few questions for such long texts. Use your reading time productively to read the questions very carefully so that you can anticipate the relevant parts of the audio without being overwhelmed by the quantity of text.

You will find all the answers and transcripts in Chapter 8 of the book starting on page 230.

Chapter 4: Paper 2 Reading comprehension

Paper 2 Reading lasts **1 hour**, carries **40 marks** and is **worth 25%** of your final grade. You will have a **Text Booklet** and a **Question & Answer Booklet**. All answers must be written in the Question & Answer Booklet. There will be three texts and each one will be a different Text Type, (for instance, an article, a report, an interview, a blog). The texts will be from a variety of Spanish speaking countries and will be based on the **Themes**.

The texts increase in difficulty and, as with Listening, there is a cross-over text from SL to HL. You could use the following rough guide for timing which allows for 5 minutes checking at the end. At HL, one of the texts will be literary (an extract, short story, poem/song). You will not have to analyse it, but will be tested on your comprehension in exactly the same way as the other texts.

SL Text A	SL Text B	SL Text C		
15 mins	20 mins	20 mins		
		HL Text A	HL Text B	HL Text C
		15 mins	20 mins	20 mins

In this chapter, you will find 12 texts accompanied by comprehension questions: four at SL, four at HL and four Literary Texts. All the texts are authentic, written by a wide variety of authors, and the questions reflect the range of IB reading comprehension questions, so that you get used to the format and expectations of the paper. These texts are at the higher end of difficulty (and some are a bit longer than exam texts), so it would be a good idea to attempt them closer to the exam.

4.1 Question types and rubrics

There are **13 question types** in P2 Reading. The questions usually come in order and may guide you to the line numbers or paragraphs. *Always copy the exact words from the text*, never use your own words and never paraphrase. Note the use of the imperative (*tú*) form of the verb in the rubrics:

Action verb	Infinitive	Imperative (*tú*) form	Command
To choose	*Elegir*	*Elige*	Choose
To answer	*Contestar*	*Contesta*	Answer
To justify it	*Justificarla*	*Justifícala*	Justify it
To find	*Encontrar*	*Encuentra*	Find

Q type 1 — *Preguntas de opción múltiple* (Multiple choice questions)
Rubric: *Elige la respuesta correcta.* (Choose the correct answer).

There will be four options. There is also a specific type of multiple choice question that often comes last – the **Conceptual understanding question**, which specifically tests your ability to recognise concepts of *Receptor, Contexto, Propósito, Significado, Variante*, e.g.:

– *El **estilo** del autor es:* The author's **style** is:

– *El **propósito** del texto es:* The **purpose** of the text is:

Q type 2 — *Identificación de oraciones verdaderas* (Identifying true sentences)
Rubric: *Elige las X frases verdaderas.* (Choose the X true sentences).

There are usually twice the number of options needed. This question tests your overall understanding of the gist and meaning of the text.

Q type 3 — *Emparejar preguntas con respuestas* (Matching questions with answers in the text)
Rubric: *Elige de la lista la pregunta apropiada para completar cada espacio en el texto.* (Choose the correct question from the list to fill the blanks in the text).

This type of question is usually used for Interview texts.

Q type 4 — *Emparejar párrafos con títulos* (Matching headings with paragraphs)
Rubric: *Elige de la lista el subtítulo apropiado para completar cada espacio en el texto.* (Choose the correct subtitle from the list to fill the blanks in the text).

Similar to type 3; read the options very carefully as there will be deliberate distractors.

Q type 5 — *Ejercicios de vocabulario emparejar palabras* (Matching vocabulary exercise)
Rubric: *¿Qué significan las siguientes palabras del texto? Elige las palabras apropiadas de la lista.* (What do the following words mean? Choose the correct words from the list).

This is an exercise in identifying synonyms. You can often work them out without even looking at the text!

Q type 6 — *Emparejar oraciones con personas* (Matching person with statement)
Rubric: *Elige de la lista la frase apropiada para cada persona.* (Choose the correct sentences for each person).

This is quite a rare question type in P2 Reading, more common in P2 Listening.

Q type 7 — *Unir dos mitades de una misma oración* (Matching two halves of a sentence)
Rubric: *Elige de la lista el final apropiado para completar cada oración.* (Choose the correct ending from the list to finish each sentence).

The sentences are quite closely paraphrased from the text.

Q type 8 — *Ejercicios de completar espacio* (Gap-filling exercise)
Rubric: *Elige de la lista la palabra apropiada para completar cada espacio en el siguiente texto.* (Choose the appropriate word from the list to fill the blanks in the text).

You will be given a short summary of the text or part of the text and you will need to fill gaps with connecting words/cohesive devices (adverbs)

4. PAPER 2 READING COMPREHENSION

or sometimes other types of words, e.g. nouns. Pay particular attention to subjunctive triggers.

Q type 9 *Pregunta de respuesta corta* (Short answer questions)
Rubric: *Contesta a la(s) siguiente(s) pregunta(s).* (Answer the following questions).

Use exact words from the text. Whole sentences are not required; use the minimum number of words necessary. If you put more than a couple of extra words either side, you could lose the mark. If it asks for *una palabra*, literally just use *one* word!

Q type 10 *Preguntas de verdadero o falso con justificación* (True or false questions with justification)
Rubric: *Las siguientes frases son verdaderas o falsas. Marca ☑ la opción correcta y luego justifícala usando las palabras tal como aparecen en el texto. Las dos partes son necesarias para obtener* [1 punto].

☐ *Verdadero*   ☐ *Falso*   *Justificación*

(The following sentences are true or false. Indicate with ☑ the correct option and justify your answer using words exactly as they appear in the text. Both parts are necessary to gain [1 mark].

☐ True   ☐ False   Justification

Just tick the correct box and leave the other blank (i.e. don't put a cross in it).

Q type 11 *Completar oraciones utilizando frases extraídas del texto* (Complete sentences using phrases from the text)
Rubric: *Encuentra las palabras que completen las siguientes oraciones. Utiliza las palabras tal como aparecen en las líneas/los párrafos X-Y.* (Find the words that complete the following sentences. Use the words exactly as they appear in the text between lines/paragraphs X-Y).

The first part of the sentence given in the question will be a close paraphrasing of a sentence in the text – the words you choose to complete the sentence should be **lifted exactly** from the text and **fit grammatically** into the new sentence.

Q type 12 *Encontrar palabras en el texto* (Finding words in the text)
Rubric: *Encuentra la palabra o expresión en las líneas/los párrafos X-Y que signifique lo siguiente:* (Find the word or expression in lines/paragraphs X-Y that means the following:)

The clue you are given is **usually** in the same form as the word you need to find, e.g. an adjective in the masculine plural form/a verb in the *ellos* form.

Q type 13 *Identificar a quién o a qué se refiere una palabra* (Identifying to whom or to what words refer)
Rubric: *¿A quién o a qué se refieren las palabras subrayadas? Contesta usando las palabras tal como aparecen en el texto.* (To whom or what do the underlined words refer? Answer using words exactly as they appear in the text).

This can be one of the trickier question types. The underlined words are usually **pronouns**, e.g. **direct** or **indirect** object pronouns (*lo, le*, etc), **relative** pronouns (*quien, cuyo*, etc) or **demonstrative** pronouns (*éste, aquellos*, etc) and there can often be distractors nearby.

4.2 Practice Reading comprehension texts SL/HL

¿SUFRES DE PROCRASTINACIÓN AMBIENTAL?
¡No dejes para mañana lo que puedes hacer hoy!

Procrastinación: difícil de decir pero muy fácil de entender. Parece que todos sufrimos de procrastinación, tú, yo, el vecino de enfrente, nuestra
5 familia, etc. Pero si hablamos de procrastinación ambiental, parece que el efecto se multiplica. Supongo que tendréis ganas de saber en qué consiste, pues ¡ahí va!
10 Procrastinación: el hábito de aplazar las cosas que deberíamos hacer hoy.

Conocemos diariamente cuáles son las tareas más importantes, y
15 conocemos también la necesidad casi imperante de hacer algo por nuestro entorno más cercano. Nos bombardean continuamente con información sobre cómo reciclar, que
20 hay que ahorrar agua y energía, pero aunque sabemos que nos tenemos que poner manos a la obra, parece que no llega el momento adecuado.

25 Las distracciones son tan poderosas que nos permiten evadirnos de lo que no tenemos ganas reales de hacer, aunque nuestras razones sean firmes e incluso necesarias: "Hoy no puedo…
30 No me he acordado… etc."

El problema es que estamos dejando apartado algo tan importante como mejorar nuestra calidad de vida, y lo
35 que puede parecer un acto desinteresado incluso gracioso puede ocasionar una epidemia de comportamiento ambiental incapaz de ser controlada.

40 Si quieres, puedo ayudarte, pero tienes que ser tú el que dé el primer paso. Empieza con estas cuatro simples reglas:
- Puedes empezar poco a poco,
45   pero empieza.
- Infórmate en Internet de los pequeños gestos que puedes hacer en casa, en el trabajo o de compras por el medio ambiente.
50 - Piensa en ti y en los demás también, la procrastinación ambiental también afecta a las generaciones venideras.
- Busca los beneficios personales
55   de colaborar en la mejora del medio ambiente.

El esfuerzo de nuestros mayores consiguió que nuestra Sierra se muestre
60 como hoy la vemos. ¿Qué queremos dejar nosotros a nuestros hijos? Ellos probablemente no sabían el significado de procrastinación, pero sí el de sentido común y naturalidad. Ahora parece que
65 esas palabras se han perdido.

¡No te dejes vencer por la procrastinación y ponte en acción!

Concepción Macías Sánchez (2011), Área de Medio Ambiente, www.almanatura.es
Reproducido con permiso

4. PAPER 2 READING COMPREHENSION

¿Qué significan las siguientes palabras del texto? Elige las palabras apropiadas de la lista.

Ejemplo: **entender** (línea 2) [A]

1. se multiplica (línea 7) ☐
2. aplazar (línea 10) ☐
3. imperante (línea 16) ☐
4. bombardean (línea 18) ☐

A. **comprender**
B. disminuir
C. retrasar
D. ayudar
E. dominante
F. aumentar
G. innecesario
H. rechazar
I. enseñar
J. acosar

Encuentra la expresión en las líneas 17–24 que signifique lo siguiente:

5. hacer un esfuerzo inmediato

....

....

Elige de la lista el final apropiado para completar cada oración.

Ejemplo: **Aunque quisiéramos hacer algo…** [A]

6. Las tareas cotidianas a veces sirven… ☐
7. Lo que empieza como un gesto generoso… ☐
8. Ignorar el medio ambiente ahora… ☐

A. **parece que nunca tenemos tiempo.**
B. causar problemas ambientales.
C. responsabilidades que nos dejan sin tiempo.
D. no sabemos exactamente qué hacer.
E. de excusa para esquivar nuestras responsabilidades.
F. mejorará nuestra calidad de vida.
G. puede perjudicar la calidad de vida a largo plazo.
H. puede resultar gratificante.

Contesta a la siguiente pregunta.

9. ¿Por qué no debemos pensar simplemente en las consecuencias a corto plazo de no cuidar el medio ambiente? (líneas 50 a 56)

....

> *¡Ojo!* Remember, the words you need for your answer are in the text – copy the exact words from the text!

Elige la respuesta correcta.

10. Según el texto, la gente practica la procrastinación ambiental por…
    ☐
    A. falta de tiempo.
    B. falta de información.
    C. falta de motivación.
    D. falta de sentido común.

> *¡Ojo!* All of these are mentioned as factors, but which is the *overall* reason for not helping the environment?

SPANISH B SL&HL

¡Ojo! This is an example of a question testing your Conceptual understanding. Can you identify the *purpose* of the text?

11. El propósito del texto es...

☐
- **A.** criticar.
- **B.** informar.
- **C.** motivar.
- **D.** entretener.

EL USO DE INTERNET EN EL MÓVIL DISMINUYE LA TELE AUDIENCIA ENTRE LAS 18 Y 20 HORAS

Sábado 16 de julio de 2011 10:30 | Escrito por Constanza Mahecha

① El creciente uso de smartphones ha obligado a las empresas de publicidad a replantear sus estrategias para que los mensajes de sus clientes lleguen al *target* deseado. Y es que el uso de estos dispositivos ya está robando audiencia a la hasta ahora
5 imbatible televisión. Así lo demuestra el estudio realizado por la firma especializada en formatos de publicidad 'madvertise'. Según su investigación, la franja entre las 18 y las 20 horas, es por donde ha empezado a hacer agua la teleaudiencia que, con Internet en el móvil, no pierde minuto para conectarse a las redes
10 sociales o para consultar su periódico de cabecera, aunque delante tenga la pequeña pantalla. Un comportamiento que se incrementa durante los minutos de 'publi', momento en el que los usuarios se olvidan del mando pero no para centrarse en los mensajes sino para disfrutar de su teléfono.

15 **②** El informe – elaborado entre un total de 1.400 usuarios con smartphones – muestra cómo el comportamiento de los usuarios y el uso que hacen de los distintos soportes varían en función de la franja horaria. En este sentido, confirma a la radio como el medio sin competencia entre las 7 y las 9 de la mañana, ya que es un horario en el que los españoles prácticamente no utilizan otro soporte, sea éste la televisión o el móvil.
20

③ En las horas siguientes, el consumo paralelo del teléfono móvil y la televisión aumenta ligeramente hasta el inicio del *prime time*, donde el uso simultáneo de ambos medios vuelve a descender. En el horario de máxima audiencia en televisión – de 20 a 22 horas –, los españoles dejan a un lado sus smartphones para centrarse de lleno en los contenidos audiovisuales.
25

④ Así las cosas, los anunciantes no tendrán más remedio que buscar nuevas fórmulas publicitarias y replantear sus estrategias para que el mensaje llegue finalmente a los destinatarios. Según el director general de madvertise España, Andreas Akesson, "el uso paralelo de ambos medios repercute negativamente en la efectividad de la publicidad en
30 televisión. Para evitar esta pérdida de atención de la audiencia y asegurar que sus mensajes conecten correctamente con su *target*, los anunciantes deben lanzar campañas multisoporte".

⑤ En España la inversión de publicidad en la telefonía móvil subió un 18,5% en el primer trimestre del año y se prevé que aumente un 12% a finales de 2011. En la actualidad,
35 smartphones, iPhones y tabletas concentran cerca del 6% del consumo total nacional de Internet, pero todo apunta a que su crecimiento será imparable en los próximos años. Las previsiones señalan que el uso de Internet móvil superará en Europa los 1.000 millones de usuarios en 2011, llegando prácticamente a duplicarse en los próximos cuatro años. Además, la "adicción" a los sistemas móviles seguirá creciendo hasta el punto de aumentar del orden del
40 600% antes de 2013.

Constanza Mahecha (2011), http://www.zonamovilidad.es
Reproducido con permiso

> ** multisoporte: campaña publicitaria que emplea una variedad de medios de comunicación incluso prensa, tele, Internet, vídeo, etc. (en inglés:* multiplatform*)*

Las siguientes frases son verdaderas o falsas. Marca ☑ la opción correcta y luego justifícala usando las palabras tal como aparecen en el **párrafo** ❶. Las dos partes son necesarias para obtener [**1 punto**].

1. Las empresas tienen confianza en sus tácticas de publicidad.

   ☐ Verdadero   Justificación:
   ☐ Falso

2. Se presta menos atención a la televisión entre las 18-20 horas.

   ☐ Verdadero   Justificación:
   ☐ Falso

3. Se aprovechan los anuncios para cambiar de canal.

   ☐ Verdadero   Justificación:
   ☐ Falso

Encuentra las palabras que completen las siguientes oraciones. Utiliza las palabras tal como aparecen en los párrafos ❷ y ❸.

4. El factor decisivo a la hora de elegir qué medio utilizar es…

   ....

5. Por la mañana, no hay ningún medio que sea más popular que…

   ....

6. Entre las 20–22 horas, la mayoría de españoles se decanta por…

   ....

4. PAPER 2 READING COMPREHENSION

Elige de la lista la palabra apropiada para completar cada espacio en el siguiente texto.

> Este texto habla de los cambiantes [– 7 –] de los televidentes españoles y del impacto que estas tendencias tiene en las estrategias publicitarias. Debido a que los [– 8 –] prestan menos atención a los [– 9 –] en la televisión, las agencias tendrán que buscar nuevas maneras de conectar con sus destinatarios invirtiendo en múltiples [– 10 –] y plataformas.

7. [– 7 –] ☐
8. [– 8 –] ☐
9. [– 9 –] ☐
10. [– 10 –] ☐

- A. espectadores
- B. canales
- C. publicitarios
- D. hábitos
- E. factores
- F. preferidos
- G. anuncios
- H. vendedores

Elige la respuesta correcta.

11. ¿Cuál de estas afirmaciones es correcta según la información en párrafo ❺?
    ☐
    - A. A finales de 2011, el ritmo de inversión de publicidad en la telefonía móvil descenderá comparado con meses anteriores.
    - B. En los próximos años, el consumo de los smartphones y tabletas llegará a su máximo.
    - C. Dentro de cuatro años habrá 1.000 millones de usuarios de telefonía móvil.
    - D. La tasa de adicción se estabilizará antes del 2013.

GUÍA DE CONSEJOS PRÁCTICOS POR UNAS FALLAS* SEGURAS Y RESPONSABLES

Las Fallas hay que disfrutarlas al máximo, sin pasarnos y sin perdernos nada. Ahora que ya olemos a pólvora y empieza la fiesta es importante tener en cuenta una serie de consejos. Los petardos, las motos y el alcohol forman parte de las Fallas pero pueden ser muy peligrosos si no los utilizamos con control.

- ✓ Si te gusta tirar petardos asegúrate de haberlos comprado en lugares autorizados, de tirarlos en sitios indicados y, sobre todo, de no hacerlo en lugares donde hay mucha gente o niños.

- ✓ La pólvora es divertida pero en según qué condiciones puede resultar peligrosa.

- ✓ Guarda y transporta los petardos de forma segura, no los manipules ni los metas en botes y papeleras: es muy peligroso y destroza el mobiliario de la ciudad.

- ✓ Si vas bebido, guarda los petardos, si no calculas bien los riesgos puedes lamentarlo.

- ✓ El alcohol forma parte de las verbenas, casales, etc. Si vas a beber, asegúrate de que es de calidad y de no pasarte.

- ✓ En Fallas, la edad mínima para beber sigue siendo los 18 años. Aunque los más jóvenes se pongan pesados hay que procurar que no beban.

- ✓ Si bebes, no te pases con las copas ni mezcles cubatas, chupitos, vino y cervezas.

- ✓ Con la moto se va muy bien en Fallas, pero sin pasarse de listo: respeta las normas de circulación, los cortes de tráfico y los peatones que pasean por la ciudad. Y para ir a la mascletá, siempre con casco, sin hacer caballitos y por supuesto sin alcohol en el cuerpo.

- ✓ Durante las Fallas merece la pena patear, ver mascletás, monumentos, la ofrenda, las verbenas, etc. Infórmate de lo mejor que se hace en estas Fallas y ve con tus amigos. Por el camino vendrá bien hacer una parada para comerse unos buñuelos con chocolate.

- ✓ Recuerda que en Fallas también hay gente que trabaja. Durante los días laborables intenta molestar lo mínimo.

- ✓ Acuérdate de usar el 112 en situaciones de emergencia.

¡Y SOBRE TODO VAMOS A PASARLO MUY BIEN, QUE ESTAMOS EN FALLAS!

CONTROLACLUB
www.controlaclub.org

Controla Club (2012)
Reproducido con permiso

* Fallas: fiesta en Valencia en que se prende fuego a grandes figuras de papel maché

4. PAPER 2 READING COMPREHENSION

Encuentra la palabra o expresión en las líneas 1-5 que signifique lo siguiente:

Ejemplo: gozar   *disfrutar*

1. respetar los límites   ....
2. aprovecharlo todo   ....
3. pensar en   ....
4. explosivos   ....

Encuentra las palabras que completen las siguientes oraciones. Utiliza las palabras tal como aparecen en las líneas 4–14.

5. Se permite la mayoría de actividades en Fallas, siempre que se ejerza…

....

6. Aunque te los ofrezcan más baratos, siempre hay que adquirir los petardos en…

....

7. Para evitar provocar incendios con los petardos es preciso que no…

....

Elige la respuesta correcta.

8. ¿Qué significa "lamentarlo" en la línea 17?
   - ☐ A. Arriesgarse
   - B. Arrepentirse
   - C. Alegrarse
   - D. Alumbrarse

9. Elige las cuatro frases verdaderas.
   - ☐ A. Las Fallas no son días festivos para todo el mundo.
   - ☐ B. Lo único que importa en Fallas es pasarlo bien.
   - ☐ C. Es mejor dejar la moto en casa debido al tráfico.
   - ☐ D. El alcohol y los petardos son una combinación poco aconsejable.
   - E. Los menores pueden beber alcohol con la supervisión de un adulto.
   - F. En Fallas, suelen vender alcohol de mayor calidad.
   - G. Hay que divertirse y respetar a los demás.
   - H. Se recomienda probar dulces típicos de la fiesta.

¡Ojo! It does not matter in which order you write the letters.

La competencia intercultural en el ámbito empresarial

> This text is longer than a normal exam text but is a good explanation of what the IB means by Intercultural Competence.

❶ Para ejecutivos que trabajan una temporada en el extranjero en cargos de alta responsabilidad, es importante saber que puede haber diferencias significativas en aspectos como estilos directivos, jerarquías y maneras de motivar a los empleados. Al trabajar en un equipo internacional, hay que tener en cuenta que puede haber diferencias esenciales en aspectos como de qué manera se toman decisiones, cómo se solucionan conflictos, cómo se critica el trabajo de un colega y cómo se manejan agendas de reuniones.

[– X –]

❷ En culturas como la alemana, muchas veces se sigue estrictamente la agenda de una reunión, incluido el horario de cada punto a tratar. Para otras culturas, como la española, una agenda de reunión puede tener un fin meramente orientativo. Cada enfoque de trabajo tiene sus ventajas y sus desventajas: una agenda rígida asegura que se tratarán todos los puntos importantes, aunque dificulta la espontaneidad. En cambio, si se permite flexibilidad en la agenda, aumenta la probabilidad de creatividad e innovación, si bien muchas veces no se llegan a tratar todos los puntos inicialmente considerados importantes. Tendemos a interpretar maneras de trabajar diferentes según la lógica de nuestra propia cultura: a un alemán, una reunión en la que no se sigue el *planning*, le puede parecer "caótica", mientras a un español, le puede molestar la "inflexibilidad" de una reunión en la que se sigue estrictamente la agenda.

[– 3 –]

❸ El estilo comunicativo alemán es más directo que el español. Muchos alemanes, para decir que no les interesa una propuesta, utilizarán directamente la palabra "no", mientras que en culturas de comunicación más indirecta un rechazo se suele expresar de forma más sutil, como con un "quizá" o "ya veremos". Es posible que un español, menos acostumbrado a un estilo de comunicación directo, se ofenda ante un "no" directo de un alemán. En cambio, un alemán, acostumbrado a que las cosas se dicen tal y como son, tal vez se llevará una sorpresa cuando al cabo de un tiempo se da cuenta de que el "bueno, ya lo hablaremos" del otro en realidad significa un "no".

[– 4 –]

❹ De la misma manera que los ejemplos citados, hay muchas más diferencias que influyen en el ámbito laboral. Cada vez hay más libros y páginas web con reglas de cómo comportarse en una cultura determinada. Si a primera vista parece que nos pueden dar información valiosa acerca de aspectos de protocolo y etiqueta, cuando se trata de aspectos que se refieren a la interacción entre personas, hay que tener en cuenta toda una serie de limitaciones. Aunque se pueden describir tendencias de comportamiento de miembros de una cultura, puede haber muchas variaciones. Además, el comportamiento de alguien puede cambiar radicalmente cuando actúa con una persona de otra cultura. Tal vez han podido observar casos en los que, por ejemplo, unos alemanes, que por motivos de negocios pasaban unos días en España, no llegaban puntuales a una reunión, pensando que "en España, es así", mientras que los españoles llegaban incluso antes de la hora, por la fama de "puntualidad absoluta" de los alemanes.

[– 5 –]

❺ Para interactuar de manera eficiente con personas de otras culturas, en vez de estudiarse supuestas reglas de comportamiento, es mejor desarrollar la así llamada "competencia intercultural", la capacidad de comportarse de forma apropiada y eficaz en el encuentro intercultural. No sólo basta con adquirir conocimientos concretos sobre una cultura determinada, también hay que ser consciente de la propia cultura y de la propia personalidad, incluidos los valores propios y prejuicios. Para desarrollar la competencia intercultural es importante ser abierto, empático y buen comunicador, saber reaccionar frente a la incertidumbre, así como tener la disposición de aprender cosas nuevas y la capacidad de adaptarse sin perder los propios valores. Estas habilidades se pueden aprender en *trainings*, *coachings* y con mediadores interculturales, enfocados de forma individual, para equipos e incluso empresas completas. El número de las empresas que preparan a sus empleados para un contacto internacional mediante estos recursos, crece constantemente.

Susanne Rieger, coach y supervisora certificada, Anne Rupp, formadora intercultural certificada INTERACT en diálogo, S.C.P. Tel. +34 680 56 2115 | indialogo@telefonica.net | http://www.indialogo.es
Reproducido con permiso

4. PAPER 2 READING COMPREHENSION

Contesta a las siguientes preguntas (párrafo ❶).

1. ¿En qué dos contextos principales se recomienda familiarizarse con las diferencias laborales?

   (a) ....

   (b) ....

2. ¿Qué *palabra* es equivalente a "orden de importancia"?

   ....

Elige de la lista el subtítulo apropiado para completar cada espacio en el texto.

Ejemplo: [– X –]   [A]

3. [– 3 –]   ☐
4. [– 4 –]   ☐
5. [– 5 –]   ☐

   A. **Manejando agendas de reunión**
   B. Trainings para desarrollar la competencia intercultural
   C. Descuentos para empresas que quieran desarrollar la competencia intercultural
   D. Un "no" no es siempre un "no"
   E. Aprender las tendencias de comportamiento de la cultura
   F. Las limitaciones de reglas de comportamiento
   G. Es mejor decir "no" de manera directa

Contesta a las siguientes preguntas (párrafos ❷ y ❸).

6. ¿Qué frase del texto significa que los puntos a tratar en una reunión son simplemente sugerencias?

   ....

7. ¿Qué dos resultados positivos pueden surgir de una agenda flexible?

   ....

8. ¿En qué nos basamos a la hora de juzgar diferentes maneras de trabajar?

   ....

Elige la respuesta correcta.

9. ¿Qué suele significar el "ya veremos" de un español?

   ☐   A. Probablemente
       B. Depende
       C. Seguramente que no
       D. Quizás

Contesta a las siguientes preguntas.

10. ¿Cómo se siente un español cuando un alemán le dice que "no"?

    ....

11. ¿Qué expresión significa "decir las cosas de manera literal"?

    ....

SPANISH B SL&HL

Las siguientes frases son verdaderas o falsas. Marca [✓] la opción correcta y luego justifícala usando las palabras tal como aparecen en el párrafo ❹. Las dos partes son necesarias para obtener [1 punto].

12. Los libros con reglas de comportamiento solo sirven hasta cierto punto.

    ☐ Verdadero   Justificación:
    ☐ Falso

13. Cuando tratamos con personas de otras culturas, no siempre nos comportamos acorde con las tendencias de nuestra propia cultura.

    ☐ Verdadero   Justificación:
    ☐ Falso

Elige de la lista la palabra apropiada para completar cada espacio en el siguiente texto.

> Este texto habla de la competencia intercultural en el mundo laboral. Se trata de una serie de conocimientos [– 14 –] destrezas que mejoran las relaciones interpersonales [– 15 –] compañeros de diferentes culturas. [– 16 –] el texto, no se trata de depender de estereotipos culturales [– 17 –] tener una mentalidad abierta y ser flexible [– 18 –] las situaciones inciertas.

14. [– 3 –] ☐
15. [– 3 –] ☐
16. [– 4 –] ☐
17. [– 5 –] ☐

A. entre
B. según
C. aunque
D. y
E. ante
F. después
G. si
H. salvo
I. sino
J. más

See more about adverbs in section 6.6 on page 169.

¡Ojo! For this type of question, make sure you have revised **adverbs**, **conjunctions** and **prepositions**, in particular the differences between:

para/para que   *para* is usually followed by an infinitive or a noun; *para que* is always followed by the subjunctive.

antes (de)/ante   *antes (de)* = before (in time); *ante* = before (in space), facing, in front of, e.g. "to stand before a great work of art"; *ante todo* = above all.

pero/sino   *pero* introduces contradiction, while *sino* introduces an alternative or additional aspect. If *no* or *no solo* come somewhere before the gap, then *sino* is a more likely answer.

AYUDA EN ACCIÓN PROMUEVE LA REPRODUCCIÓN Y SUELTA A MÁS DE 100.000 TORTUGAS MARINAS EN EL SALVADOR

27/01/2011 | Cuatro de cada siete tortugas marinas visitan las playas salvadoreñas para anidar. Especies como la Baule, la Golfina, la Prieta y la Carey pasan por allí pero los saqueos y el consumo humano de sus huevos empiezan a hacer mella en la población de
5   tortugas.

Por eso, hace ya un año Ayuda en Acción inició un proyecto de protección y recuperación de la tortuga marina en la Bahía de Jiquilisco que consiste en sensibilizar a la población, fortalecer sus capacidades y, además, construir un
10 centro de interpretación y cuatro corrales de incubación para las tortugas. El resultado de este trabajo se puede medir en los más de 100.000 neonatos de tortuga marina liberados hasta la fecha.

Otro resultado positivo del trabajo de conservación de la tortuga marina son las visitas de las tortugas Baule para anidar. Esta especie está en peligro crítico de extinción y es raro verla anidando en la Bahía
15 de Jiquilisco. "Fue emocionante haber visto a una tortuga Baule de dos metros de longitud anidando 72 huevos que ya se están incubando en el corral", cuenta Xiomara Henriquez, técnica en biodiversidad en el área de desarrollo de Jiquilisco.

El trabajo de sensibilización ambiental se llevó a cabo en diez escuelas de la zona, se
20 prepararon varias actividades que incluyeron proyecciones de cine y vídeo, lecturas, obras de teatro y concursos para más de 600 niñas y niños. Se organizó también una liberación de tortugas con estudiantes de los centros escolares de las comunidades donde se ubican los corrales de incubación.

25 Un componente importante de la estrategia de sensibilización ha sido la capacitación de los recolectores de huevos de tortuga abordando temas de conservación de tortugas marinas, legislación ambiental, participación comunitaria, manejo de desechos sólidos y limpieza de playas. Estos recolectores son quienes ahora proporcionan medidas y datos de las tortugas que anidan para la base de datos. A pesar de que en este país tropical
30 existe desde 2009 una veda total y permanente del consumo de huevos de tortugas marinas, es muy común en otras playas el saqueo y comercialización de los huevos de tortuga para el consumo humano.

Para que los habitantes del área de desarrollo así como los visitantes puedan identificarse
35 y considerarse como parte de la solución en la conservación de la tortuga marina se construyó un centro de interpretación ambiental. En él se exponen las tortugas como criaturas prehistóricas y se señala que están en peligro de extinción. Educa también sobre la Bahía de Jiquilisco y su importancia para el equilibrio climático y para la conservación de cientos de especies y plantas, un proyecto que ha sido posible gracias a la financiación de la Fundación
40 Biodiversidad, la Obra Social Caja Madrid y Ayuda en Acción.

La conservación de la tortuga marina es también importante en la promoción del ecoturismo en la zona, a fin de que puedan generarse posibilidades
45 de ingresos para la población de la Bahía de Jiquilisco, protegiendo y haciendo un manejo responsable de los recursos naturales.

www.ayudaenaccion.org *(2011)*
Reproducido con permiso

SPANISH B SL&HL

¡Ojo! Although you will be given the same type of word to find (verb, noun, adjective, etc.) the word you need to find will often *but not always* be in the same form, e.g. a verb could be conjugated or a noun could be in the feminine plural form.

Encuentra la palabra o expresión en las líneas 1–11 que signifique lo siguiente:

1. poner sus huevos ....
2. robo ....
3. provocar una disminución ....
4. concienciar ....
5. éxito ....

Contesta a las siguientes preguntas (líneas 13–17).

6. ¿Por qué dos razones ha sido tan emocionante ver anidar la tortuga Baule?

    (a) ....

    (b) ....

7. ¿Qué expresión indica que pudieron proteger a los 72 huevos?

    ....

8. Elige las *cuatro* frases verdaderas (líneas 19–40).

    ☐ A. Involucraron a los niños de la región mediante una variedad de actividades interactivas.

    ☐ B. La prohibición de robos de huevos ha dado resultados positivos.

    ☐ C. Sólo los profesionales participaron en la liberación de tortugas.

    ☐ D. Los recolectores de huevos ahora tienen responsabilidades claves en el estudio de las tortugas.

    E. El centro de interpretación ambiental se dirige principalmente a los turistas.

    F. El centro de interpretación cuenta con el apoyo de varios organismos benéficos.

    G. La Bahía de Jiquilisco alberga una gran cantidad de flora y fauna.

    H. Debido a que es una actividad ilegal, ya no hay gente que compre los huevos.

Contesta a la siguiente pregunta (líneas 42–47).

9. ¿De qué manera podrá beneficiarse la población de la Bahía de Jiquilisco de la promoción del ecoturismo?

    ....

LA FRÁGIL MEMORIA DE LA INFORMÁTICA

Revista Ñ | 10/02/12 | Por Andres Hax

1 ¿No tiene usted en su hogar una caja de zapatos lleno de fotos tomadas hace veinte años o más? ¿O cartas escritas de puño y letra hace ochenta años o más? De todas las fotos que sacó en los últimos años con su cámara digital (¡o con su teléfono!), ¿cuántas podrán ver sus hijos dentro de veinte años? ¿Cuántas han sido impresas y cuántas existen solamente en una fantasmal secuencia de ceros y unos? Seguramente ahora mismo tiene en su hogar una vieja computadora que ya no anda pero que almacena viejos trabajos universitarios, por ejemplo. Seguramente, dependiendo de su edad, tiene viejos discos *floppy* o zip llenos de datos pero a los que no va a poder acceder porque vaya a encontrar una PC con una lectora de disquetes.

2 Este es uno de los dilemas y las ironías de nuestra era digital. Nunca antes el ciudadano común ha producido tanta información pero a la vez, nunca han cambiado con tanta rapidez los soportes físicos de la información, volviéndose a la vez obsoletos y, por lo tanto, atrapando la información que crean dentro de ellos. ¿Estamos viviendo en una era oscura de la información? Todos sus actos diarios de afirmación del presente, todos sus actos de memoria —sacar una foto, escribir mensajes de texto a un amigo, filmar un video, o leer un artículo en un sitio Web— son chapuzones infértiles en un gran mar del olvido.

3 Tomen el ejemplo y extiéndanlo a un marco institucional. Lo mismo que le pasa a cada uno en pequeña escala sucede en todo tipo de organización, sea un gobierno, una corporación, un laboratorio científico, una universidad, un diario… Si aceptamos el postulado de que los archivos que genera una civilización son la memoria de esa civilización, y también que esos archivos serán la ventana por la cual futuras generaciones nos llegarán a comprender, conocer y estudiar, entonces empezamos a caer en la cuenta de lo importante que es el archivo digital. Si lo que estamos haciendo desaparece, nosotros desapareceremos

4 Aparte de la digitalización de materiales que existieron antes de la era digital, está el problema más complejo de preservar material que nació en formato digital. En teoría, un archivo digital es inmaterial y por consecuencia tiene una vida ilimitada. Pero un archivo digital depende de (a) hardware: el dispositivo sobre el cual se hace la lectura del texto; y (b) de software: el programa que interpreta ese archivo para que aparezca sobre el dispositivo. Y el hardware y software están –como cualquiera que tenga un celular sabe– en frenética y continua evolución. Un texto escrito en Microsoft Word de 1996, para ser leído en el año 2189 va a tener que ser migrado a los sistemas de software y hardware de ese año futuro.

5 En junio del 2011, la UNESCO realizó una conferencia sobre el "libro de mañana", y uno de los temas centrales fue la urgencia de la construcción de archivos digitales. Kristine Hanna, la directora de Servicios de Archivos del sitio Internet Archive, nos explicó: "Es una falacia que si algo está en la Web estará allí para siempre. La vida promedia de una página Web es de entre 45 y 100 días. Y una vez que ese contenido desaparece de la Web, desaparece para siempre. La Web se está convirtiendo en nuestro tejido social, es nuestra cultura. Es importante que capturemos y archivemos todo lo que sea posible".

6 Internet es una de las creaciones más insólitas, enormes e inesperadas de la humanidad. Según una infografía del sitio CurationSoft, de 2011, se suben 48 horas de contenido a YouTube por minuto; se comparten 3.5 mil millones de contenidos en Facebook por semana; Flickr contiene más de cinco mil millones de fotos; Google recibe unas 11 mil millones de búsquedas por mes. Algo colosal está pasando en la cultura globalizada. Un fervor, una locuacidad y productividad sin precedentes. Es inabarcable y no para. Allí, escondido entre toda la data, está la historia secreta de nuestra época. La que ni siquiera vemos porque la tenemos demasiado cerca. Las generaciones futuras tendrán la perspectiva para entender todo esto. Pero le tenemos que guardar lo que hemos hecho. Si no, todo habrá sido en vano y dejaremos un vacío como legado. Lo digital es frágil y si queremos dejarles a nuestros hijos esa caja de zapatos, habremos de trabajar un poco para que nuestros archivos no se queden atrapados para siempre dentro de la máquina.

Andres Hax (2012), Revista Ñ, www.clarin.com. Reproducido con permiso

> **HL**
>
> This text is slightly longer than a normal exam text but is an interesting reflection on the theme of *'ingenio humano'*.

Contesta a las siguientes preguntas (párrafos ❶ y ❷).

1. ¿Qué expresión es equivalente a escrito "a mano"?

   ....

2. ¿A qué proceso se han sometido las fotos que existen físicamente?

   ....

3. ¿Qué expresión es equivalente a "ahora no funciona"?

   ....

4. En la frase "a **los** que no va a poder acceder", ¿a qué se refiere **los**?

   ....

5. ¿Con qué expresión indica el autor lo poco común que son las computadoras que leen disquetes?

   ....

6. En la era digital, ¿quién puede publicar la información que quiera?

   ....

7. ¿Qué está desarrollándose demasiado rápido?

   ....

8. ¿Con qué palabras sugiere el autor que los seres humanos son ignorantes de su situación histórica?

   ....

9. ¿Con qué palabras se expresa en el texto la inutilidad de grabar memorias de forma digital?

   ....

Las siguientes frases son verdaderas o falsas. Marca ☑ la opción correcta y luego justifícala usando las palabras tal como aparecen en el **párrafo** ❸. Las dos partes son necesarias para obtener [**1 punto**].

10. Las grandes organizaciones suelen salvarse del obsoletismo digital.

    ☐ Verdadero   Justificación:
    ☐ Falso   ....
                   ....
                   ....

11. Los documentos escritos cuentan la historia de cada generación.

    ☐ Verdadero   Justificación:
    ☐ Falso   ....
                   ....
                   ....

4. PAPER 2 READING COMPREHENSION

12. No dejaremos rastro alguno si no archivamos de forma duradera.

    ☐ Verdadero   Justificación: ....
    ☐ Falso   ....
                   ....

Contesta a las siguientes preguntas (párrafo ❹).

13. El material que hay que digitalizar se diferencia en dos categorías. ¿Cuáles son esas **dos** categorías?

    (a) ....
    (b) ....

14. ¿Qué **dos** elementos son esenciales a la hora de leer un archivo digital?

    ....

15. ¿Qué otro dispositivo se desarrolla con la misma rapidez que los ordenadores?

    ....

¿Qué significan las siguientes palabras del texto? Elige las palabras apropiadas de la lista (párrafo ❻).

16.	insólitas	☐	A. monumental
17.	inesperadas	☐	B. imprevisto
18.	colosal	☐	C. pasividad
19.	fervor	☐	D. ilimitado
20.	inabarcable	☐	E. sin importancia
			F. inusual
			G. cotidiano
			H. entusiasmo
			I. controlable
			J. predecible

Contesta a la siguiente pregunta.

21. El texto menciona *dos* consecuencias de no archivar la información que producimos en la era actual para las generaciones futuras. ¿Cuáles son estas dos consecuencias? (párrafo ❻)

    (a) ....
    (b) ....

El propósito del texto es:

☐
- A. Persuadir de comprar ordenadores más modernos.
- B. Informar de una nueva campaña nacional de digitalización.
- C. Reflexionar sobre el resultado de producir tanta información descontrolada.
- D. Advertir que pronto nuestras fotos desaparecerán.

LA NOCHE DE SAN JUAN: ALIADA DEL FUEGO Y TRADICIONES POPULARES

❶ Una de las celebraciones con mayor simbolismo en todo el mundo cristiano es la onomástica de San Juan Bautista. Pese a que existe un gran arraigo en las zonas costeras, el fuego purificador de esa noche mágica no sólo es propiedad del litoral, sino que los municipios del interior, también tienen diversas celebraciones cuyos orígenes se pierden en la historia.

❷ Santa Ana la Real es uno de los pueblos serranos en los que todavía se sigue celebrando el solsticio de verano en torno al fuego. El cariz purificador de este elemento toma la céntrica Plaza de España, en la que los santaneros saltan la 'sanna', término con el que se refieren a la hoguera en la que se quema la manzanilla silvestre recolectada durante la madrugada del día 24 de junio. La combustión de esta planta impregna de aromas no sólo el ambiente, sino la ropa de todos los valientes que, generalmente en parejas, saltan sobre las altas llamas durante la celebración. Para completar el acto de purificación de esta noche mágica los participantes en el salto de la 'sanna' acuden a la cercana Fuente de los Tres Caños para lavar sus manos y cara, paso previo al recorrido por las casas de Juanes y Juanas, que agasajan a todos quienes acuden a felicitarlos por su onomástica.

❸ Pero los rituales de la noche de San Juan no sólo se circunscriben a estas fiestas. Con el inicio de la primavera, los campos del Parque Natural se llenan de las populares flores de San Juan (hypericum perforatum), ejemplares con pétalos amarillos que crecen en herbazales, junto a los caminos y en sitios soleados. Su nombre común en la Sierra viene no sólo por su época de floración (durante el mes de junio), sino porque es un ingrediente básico en muchas casas de la comarca durante la noche y la mañana de la festividad de San Juan.

❹ Toda la magia que envuelve a esta fecha tiene un sitio reservado para esta flor con historia. En la Edad Media, se quemaban en las casas en las que se creía que había entrado el diablo, hasta tal punto que era conocida como 'espantademonios'. Popularmente se dice que atrae amor y cura la melancolía, algo que no es descabellado, ya que es un reconocido antidepresivo natural, así como el aceite de su maceración se utiliza, con gran eficacia, para afecciones dermatológicas.

❺ Los días previos a la festividad cristiana del Bautista, hombres y mujeres recorren los campos para recolectar estas flores, muy abundantes por todo el Parque. Durante la noche de San Juan, las flores se depositan en un cubo de agua para cumplir con una ceremonia heredada de generación en generación. A la mañana siguiente, el agua servirá para que toda la familia se lave la cara, como símbolo de regeneración. Es difícil explicar el sentido de esta tradición, que en otros lugares sustituye a la flor de San Juan por pétalos de rosa o romero, aunque a buen seguro que tiene mucho que ver con sus presuntas propiedades mágicas, esenciales en el solsticio de verano.

Manuel Rodríguez (2011), www.entornonatural.net
Reproducido con permiso

Contesta a las siguientes preguntas (párrafo ❶).

1. ¿Qué expresión es equivalente a "Día de Santo"?

....

2. ¿Se sabe dónde originaron las tradiciones en las que el fuego es el protagonista?

....

Las siguientes frases son verdaderas o falsas. Marca [✓] la opción correcta y luego justifícala usando las palabras tal como aparecen en los párrafos ❷ y ❸. Las dos partes son necesarias para obtener [1 punto].

3. Las celebraciones en torno al fuego promueven la fertilidad.

☐ Verdadero   Justificación:
☐ Falso

4. Los más valientes saltan la 'sanna' solos.

☐ Verdadero   Justificación:
☐ Falso

5. Los que se llaman Juan o Juana agradecen la atención que reciben.

☐ Verdadero   Justificación:
☐ Falso

6. Las flores de San Juan crecen mejor en la sombra.

☐ Verdadero   Justificación:
☐ Falso

Contesta a la siguiente pregunta.

7. Según el párrafo ❹, la flor de San Juan tiene *dos* usos medicinales. ¿Cuáles son?

   (a) ....
   (b) ....

Encuentra la palabra en el párrafo ❺ que signifique lo siguiente:

8. anterior   ....
9. recoger   ....
10. copioso   ....
11. meter   ....
12. supuesto   ....

Elige la respuesta correcta.

13. El propósito principal del texto es…

    ☐   A. Promover el uso medicinal de las plantas de la región.
        B. Describir cómo se celebra la noche de San Juan.
        C. Motivar a los turistas a que acudan a la fiesta.
        D. Advertir sobre los peligros de saltar encima del fuego.

'Eva', emoción artificial

Juan Luis Caviaro | 8 de noviembre de 2011 | 20:46

Director: Kike Maíllo

Guión: Sergi Belbel, Cristina Clemente, Martí Roca y Aintza Serra

Reparto: Daniel Brühl, Marta Etura, Alberto Ammann, Lluís Homar, Claudia Vega

Este fin de semana se estrenó 'Eva', una producción de apenas 4 millones de euros de presupuesto. De nuevo tenemos una película española muy comentada antes del estreno, que finalmente es recibida con un contundente desinterés general; vista por cuatro gatos. Presentada en los festivales de Venecia y Sitges, donde sus excelentes efectos visuales se llevaron un merecido galardón, merecía mejor suerte una propuesta tan arriesgada como 'Eva'.

La película está ambientada en un futuro cercano en el que los seres humanos viven rodeados de criaturas mecánicas, unas más toscas que son creadas para realizar determinados trabajos y otras más sofisticadas, los androides, que tienen como función atender o acompañar a las personas. Álex (Brühl) es un famoso ingeniero cibernético que vuelve a casa tras diez años de ausencia para trabajar en un gran proyecto de la Facultad de Robótica, la creación del primer niño robot. Ante todo llama la atención cómo se nos sumerge rápidamente en un entorno "retrofuturista" en el que los robots están totalmente integrados en la vida diaria. Quizá habría sido más acertado ir poco a poco, no mostrar tan pronto todos los avances tecnológicos, pero lo que importa es lo que está en la pantalla, y Maíllo consigue disimular las carencias con una puesta en escena muy eficaz que saca partido a los efectos digitales.

Pero esto no es una superproducción así que todo se centra en los actores. Álex es recibido por su hermano David y enseguida se evidencian viejas rencillas entre ellos. Unas fotos y un par de conversaciones nos aclaran tanto la agrietada relación entre ambos como sus opuestas personalidades; Álex es más reservado y frío, solitario y adicto al trabajo, mientras que David es más cercano y familiar, sentimental e inseguro. Éste vive con Lana, pero desde el principio resulta obvio que es una situación fruto de las circunstancias, que la mujer se quedó con un hermano porque el otro, a quien quería realmente, se largó de allí. A la subtrama del triángulo amoroso se une el hallazgo de Eva por parte de Álex. Él necesita un niño real que le sirva de ejemplo para crear el cóctel de emociones del robot que le han encargado, y queda cautivado por la vitalidad de la niña que, vaya casualidad, resulta ser hija de Lana y David. Lana prohíbe a Eva que se relacione con Álex, pero la chica no tiene miedo a nada (ese rojo a lo Caperucita) y acabará descubriendo todos los secretos de los adultos... Me hace gracia que en la sinopsis oficial se refieran a la primeriza Claudia Vega, que encarna a Eva, como "la increíble hija de Lana y David", porque así es, el personaje resulta increíble, inverosímil.

'Eva' es una hora y media de buenas intenciones que no llegan a cristalizar. Se acierta con la localización (esos helados y duros parajes tan simbólicos), se resuelve con inteligencia el asunto robótico (fantástico trabajo animando a "Gris"), los referentes son adecuados ('Inteligencia Artificial', '2001: una odisea del espacio') y el trabajo lumínico y sonoro es impecable. Por otro lado, la historia es demasiado endeble y previsible y los actores parecen algo desorientados, siendo la notable excepción Homar, cuyo entrañable personaje tiene la función de ser el principal contrapunto cómico del relato. En definitiva, una película muy irregular en el que el balance entre logros y torpezas posiblemente dependa de cada espectador. Yo no me aburrí, pero tampoco me ha dejado huella. Y al salir del cine solo quería hablar de lo maravillosa que es 'Inteligencia artificial'.

Juan Luis Caviaro (2011), www.blogdecine.com
Reproducido con permiso

4. PAPER 2 READING COMPREHENSION

Encuentra la expresión en las líneas 1–11, que signifique lo siguiente:

1. la película provocó curiosidad

   ....

2. muy poca gente fue a ver la película

   ....

3. la película ganó un premio

   ....

4. la idea de la película era atrevida

   ....

Elige de la lista el final apropiado para completar cada oración.

5. La historia imagina un mundo futurístico donde… ☐
6. El protagonista regresa… ☐
7. Un aspecto curioso de la película… ☐
8. Los efectos especiales… ☐

> A. son uno de los puntos más fuertes de la producción.
> B. resultan demasiado lentos para ser convincentes.
> C. las personas conviven con robots humanoides.
> D. los robots reemplazan a los seres humanos.
> E. después de una corta temporada fuera.
> F. para colaborar en un nuevo desarrollo tecnológico.
> G. concierne la plena absorción del espectador en una realidad imaginaria.
> H. es la poca credibilidad de los desarrollos propuestos por el director.

Contesta las siguientes preguntas (líneas 24–28).

9. ¿Qué expresión demuestra el papel clave de los intérpretes?

   ....

10. ¿Qué dos expresiones utiliza el autor para describir que los hermanos no se llevan bien?

    (a) ....

    (b) ....

¿A quién o a qué se refieren las palabras subrayadas? Contesta usando las palabras tal como aparecen en el texto.

Ejemplo: entre ambos… (línea 26)   *Alex y David*

11. Éste vive con Lana… (línea 28)
12. a quien quería realmente… (línea 30)
13. que le sirva de ejemplo… (línea 31)
14. que, vaya casualidad… (línea 33)

> For advice about relative pronouns see section 7.2.2 on page 208.

Contesta a la siguiente pregunta.

15. ¿Con qué personaje ficticio compara el autor a Eva para ilustrar su carácter intrépido? (líneas 31–35)

....

Elige la respuesta correcta.

16. ¿Cuál fue la impresión general del autor de la crítica de "Eva"?

- **A.** Duda que a nadie le guste.
- **B.** No le causó una impresión profunda.
- **C.** Le pareció fantástica.
- **D.** No era aburrida en absoluto.

4.3 Higher Level literary texts

In **HL P2 Reading** one of the texts will be an unseen literary extract. This means that the vocabulary, style and use of idiomatic language will be considerably more complex than the other texts and so this is naturally the text that most students find the hardest.

Reading a wide variety of literary texts and extracts enables you to develop your range of vocabulary and idioms, your appreciation of style and rhetorical devices, your ability to interpret meaning and your conceptual and intercultural understanding.

Nevertheless, for the purposes of this examination, the **literary text** is just another Text Type and you are tested on your comprehension in the same way as all the other texts in the paper. The questions will be the same (true/false + justification, gap-fill, short answers, etc.) and you will not be assessed on your knowledge of any particular text or author. On the following pages, you will find four examples of literary texts with practice questions. You should aim to spend about 20 minutes on each literary text.

To get an idea of the wide range of authors appearing in past papers, take a look at the **literary map** below. Many of the extracts in past papers feature a narrator, an engaging story, interesting or mysterious characters, curious events, observations on life and people, and an evocative, nostalgic style. Some of the texts are quite fanciful or ironic, making the story or message quite difficult to grasp. Juan José Arreola is a good example of an author whose texts convey irony, as is Literary text 1 in this section. Even if you don't understand the whole piece, just work through the questions methodically.

To widen your knowledge of literary vocabulary, study the list of *Vocabulario literario esencial de NS* in section 6.17 on page 181. And to investigate further, the website cvc.cervantes.es/literatura features information about the life and works of great Hispanic writers, poets and playwrights with extracts from their work.

MYTHS AND LEGENDS

Very occasionally, the literary text is a legend. Hispanic culture is a rich source of legends, particularly from indigenous populations of Latin America (e.g. los guaraní, los totonaca). If you are interested, you can find lots of legends at mitosyleyendascr.com where I would recommend starting with **Mitos y Leyendas de México** and **Leyendas de Costa Rica**.

Bas-relief of Mayan King Pakal, Palenque, Mexico

4. PAPER 2 READING COMPREHENSION

4.3.1 HL Literary map of authors

The following authors have all appeared in past Reading Comprehension papers:

España

Patricia Lorenzo Navarro (2000–)
Rubén Abella (1967–)
Luisa Castro (1966–)
Carlos Ruiz Zafón (1964–2020)
Elvira Lindo (1962–)
Susana Fortes (1959–)
Manuel Rivas (1957–)
Julio Llamazares (1955–)
Bernardo Atxaga (1951–)
Eduardo Quiles (1940–)
Carmen Martín Gaite (1925–2000)
Miguel Delibes (1920–2010)

México

Xavier Velasco (1964–)
Ángeles Mastretta (1949–)
Juan José Arreola (1918–2001)
Octavio Paz (1914–1998)

Honduras

Augusto Monterroso (1921–2003)

Nicaragua

Gioconda Belli (1948–)

Panamá

Rubén Blades (1948–) (poesía)

Venezuela

Pedro Emilio Coll (1872–1947)

Colombia

Plinio Apuleyo Mendoza (1932–)
Gabriel García Márquez (1927–2014)

Perú

Mario Vargas Llosa (1936–)

Uruguay

Mario Benedetti (1920–2009)
Felisberto Hernández (1902–1964)
Juana de Ibarbourou (1892–1979)

Argentina

Gladys Onega
Roberto Bolaño (1953–2003)

Chile

Roberto Bolaño (1953–2003)
Pablo Neruda (1904–1973)

4.4 Practice Reading comprehension texts HL

LITERARY TEXT 1

EL TECHO

El viaje por el canal favorecía la marcha, y Orgaz se mantuvo en ella cuanto pudo. Pero el viento arreciaba; y el Paraná, que entre Candelaria y Posadas se ensancha como un mar, se encrespaba en grandes olas locas. Orgaz se había sentado sobre los libros para salvarlos del agua que rompía contra la lata e inundaba la canoa. No pudo, sin embargo, sostenerse más, y a trueque de llegar tarde a Posadas,
5 enfiló hacia la costa. Y si la canoa cargada de agua y cogida de costado por las olas no se hundió en el trayecto, se debe a que a veces pasan estas inexplicables cosas.

La lluvia proseguía cerradísima. Los dos hombres salieron de la canoa chorreando agua y como enflaquecidos, y al trepar la barranca vieron una lívida sombra a corta distancia. El ceño de Orgaz se distendió, y con el corazón puesto en sus libros que salvaba así milagrosamente corrió a guarecerse
10 allá.

Se hallaba en un viejo galpón de secar ladrillos. Orgaz se sentó en una piedra entre la ceniza, mientras a la entrada misma, en cuclillas y con la cara entre las manos, el indio de la canoa esperaba tranquilo el final de la lluvia que tronaba sobre el techo.

Orgaz miraba también afuera. ¡Qué interminable día! Tenía la sensación de que hacía un mes que
15 había salido de San Ignacio. El Yabebirí creciendo... la mandioca asada... la noche que pasó solo escribiendo... el cuadrilátero blanco durante doce horas...

Lejos, lejano le parecía todo eso. Estaba empapado y le dolía atrozmente la cintura; pero esto no era nada en comparación del sueño. ¡Si pudiera dormir, dormir un instante siquiera! Ni aun esto, aunque hubiera podido hacerlo, porque la ceniza saltaba de piques. Orgaz volcó el agua de las botas y se calzó
20 de nuevo, yendo a observar el tiempo.

Bruscamente la lluvia había cesado. El crepúsculo calmo se ahogaba de humedad, y Orgaz no podía engañarse ante aquella efímera tregua que al avanzar la noche se resolvería en nuevo diluvio. Decidió aprovecharla, y emprendió la marcha a pie.

En seis o siete kilómetros calculaba la distancia a Posadas. En tiempo normal, aquello hubiera sido
25 un juego; pero en la arcilla empapada las botas de un hombre exhausto resbalan sin avanzar. Aquellos siete kilómetros los cumplió Orgaz caminando por las tinieblas más densas, con el resplandor de los focos eléctricos de Posadas en la distancia.

Sufrimiento, tormento de falta de sueño, y cansancio extremo y demás, sobrábanle a Orgaz. Pero lo que lo dominaba era el contento de sí mismo. Cerníase por encima de todo la satisfacción de haberse
30 rehabilitado, – así fuera ante un inspector de justicia. Orgaz no había nacido para ser funcionario público, ni lo era casi; según hemos visto. Pero sentía en el corazón el dulce calor que conforta a un hombre cuando ha trabajado duramente por cumplir un simple deber y prosiguió avanzando cuadra tras cuadra, hasta ver la luz de los arcos, pero ya no reflejada en el cielo, sino entre los mismos carbones, que lo eneguecían.
35 * * *

El reloj del hotel daba diez campanadas cuando el Inspector de Justicia, que cerraba su valija, vio entrar a un hombre, embarrado hasta la cabeza, y con las señales más acabadas de caer, si dejaba de adherirse al marco de la puerta.

Durante un rato el inspector quedó mudo mirando al individuo. Pero cuando éste logró avanzar y
40 puso los libros sobre la mesa, reconoció entonces a Orgaz, aunque sin explicarse poco ni mucho su presencia en tal estado y a tal hora.

–¿Y esto? –preguntó indicando los libros.

–Como usted me los pidió –dijo Orgaz–. Están en forma.

El inspector miró a Orgaz, consideró un momento su aspecto, y recordando entonces el incidente en
45 la oficina de aquél, se echó a reír muy cordialmente, mientras le palmeaba el hombro:

–¡Pero si yo le dije que me los trajera por decirle algo! ¡Había sido zonzo, amigo! ¡Para qué se tomó todo ese trabajo!

*Extracto de: **El Techo**, Horacio Quiroga (Uruguay) de Spanish Stories: Cuentos Españoles (A Dual-Language Book), editado por Angel Flores (© 1987, Dover Publications, Inc., New York)*
Reproducido con permiso

Contesta a las siguientes preguntas (líneas 1–5).

1. ¿Qué **palabra** significa que el temporal se intensificaba?

   ....

2. ¿Qué **frase** indica que los dos hombres corrían el peligro de ahogarse?

   ....

Elige la respuesta correcta (líneas 5–10).

3. ¿A qué se refiere "a veces pasan estas inexplicables cosas"?
   - [ ] A. Que no se ahogaron gracias a la canoa.
   - [ ] B. Que los hombres tuvieron mucha suerte.
   - [ ] C. Que era extraño que hubiera tormenta en esa región.
   - [ ] D. Que no se puede explicar por qué no se hundió la canoa.

4. ¿Cómo se siente Orgaz al ver la "lívida sombra"?
   - [ ] A. Miedoso
   - [ ] B. Resignado
   - [ ] C. Aliviado
   - [ ] D. Mojado

Las siguientes frases son verdaderas o falsas. Marca ☑ la opción correcta y luego justifícala usando las palabras tal como aparecen en líneas 11 a 20. Las dos partes son necesarias para obtener [**1 punto**].

¡Ojo! Remember that both the True/False *and* the Justification must be right to get the mark!

5. El compañero de Orgaz es un hombre paciente.
   - [ ] Verdadero
   - [ ] Falso

   Justificación: ....

6. La lluvia caía silenciosamente.
   - [ ] Verdadero
   - [ ] Falso

   Justificación: ....

7. Llevaban un mes viajando.
   - [ ] Verdadero
   - [ ] Falso

   Justificación: ....

8. Lo que más le molestaba era el dolor de cintura.

☐ Verdadero   Justificación: ....
☐ Falso
....
....

Encuentre la expresión en las **líneas 21–27** que signifique lo siguiente:

9. no había parado de llover definitivamente

....

10. tener dificultad a la hora de caminar

....

Elige la respuesta correcta.

11. ¿Cuál era el estado de ánimo del protagonista al llegar a Posadas? (líneas 28–34)

☐   A. Se encontraba absolutamente desanimado.
    B. No quería que su aventura terminara.
    C. Quería despertarse de aquella pesadilla.
    D. Se sentía orgulloso de sí mismo.

¿A quién o a qué se refieren las palabras subrayadas? Contesta usando las palabras tal como aparecen en el texto.

Ejemplo: …que cerraba su valija (línea 36)   *Inspector de Justicia*

12. cuando éste logró… (línea 39)

....

13. usted me los pidió… (línea 43)

....

14. la oficina de aquél… (línea 45)

....

15. Elige las **tres** frases verdaderas.

☐   A. Orgaz entró triunfante al hotel del Inspector de Justicia.
☐   B. El Inspector no reconoce enseguida a Orgaz.
    C. Los libros llegaron intactos a pesar de la lluvia.
☐   D. Seguramente Orgaz recibirá un ascenso en el trabajo.
    E. El Inspector elogia a Orgaz por cumplir su orden.
    F. Orgaz había interpretado la orden de manera ingenua.

LA GUARDIA

Recuerdo muy bien la primera vez que le vi. Estaba sentado en medio del patio, el torso desnudo y las palmas apoyadas en el suelo y reía silenciosamente. Al principio, creí que bostezaba o sufría un tic o del mal de San Vito pero, al llevarme la mano a la frente y remusgar la vista, descubrí que tenía los ojos cerrados y reía con embeleso. Era un muchacho robusto, con cara de morsa, de piel curtida y lora y pelo
5 rizado y negro. Sus compañeros le espiaban, arrimados a la sombra del colgadizo y uno con la morra afeitada le interpeló desde la herrería. La metralleta al hombro, me acerqué a ver. Aquella risa callada, parecía una invención de los sentidos. Los de la guardia vigilaban la entrada del patio, apoyados en sus mosquetones; otro centinela guardaba la puerta. El cielo era azul, sin nubes. La solina batía sin piedad a aquella hora y caminé rasando la fresca del muro. El suelo pandeaba a causa del calor y, por entre sus
10 grietas, asomaban diminutas cabezas de lagartija.

El muchacho se había sentado encima de un hormiguero: las hormigas le subían por el pecho; las costillas, los brazos, la espalda; algunas se aventuraban entre las vedijas del pelo, paseaban por su cara, se metían en sus orejas. Su cuerpo bullía de puntos negros y permanecía silencioso, con los párpados bajos. En la atmósfera pesada y quieta, la cabeza del muchacho se agitaba y vibraba, como
15 un fenómeno de espejismo. Sus labios dibujaban una risa ciega: grandes, carnosos, se entreabrían para emitir una especie de gemido que parecía venirle de muy dentro, como el ronroneo satisfecho de un gato.

Sin que me diera cuenta, sus compañeros se habían aproximado y miraban también. Eran nueve o diez, vestidos con monos sucios y andrajosos, los pies calzados con alpargatas miserables. Algunos
20 llevaban el pelo cortado al rape y guiñaban los ojos, defendiéndose del reverbero del sol.

–Tú, mira, si son hormigas.
–L'hacen cosquiyas*.
–Tá en el hormiguero…

Hablaban con grandes aspavientos y sonreían, acechando mi reacción. Al fin, en vista de que yo no
25 decía nada, uno que sólo tenía una oreja se sentó al lado del muchacho, desabrochó el mono y expuso su torso esquelético al sol. Las hormigas comenzaban a subirle por las manos y tuvo un retozo de risa. Su compañero abrió los ojos entonces y nuestras miradas se cruzaron.

–Mi sargento…
–Sí –dije.
30 –A ver si nos consigue una pelota. Estamos aburríos.

No le contesté. Uno con acento aragonés exclamó: "Cuidado, que viene el teniente," y aprovechó el movimiento alarmado del de la oreja para guindarle el sitio. Yo les había vuelto la espalda y, poco a poco, los demás se sentaron en torno al hormiguero.

Era la primera guardia que me tiraba (me había incorporado a la unidad un día antes) y la idea de
35 que iba a permanecer allí seis meses me desmoralizó. Durante media hora, erré por el patio, sin rumbo fijo. Sabía que los presos me espiaban y me sentía incómodo. Huyendo de ellos me fui a dar una vuelta por la plaza de armas. Continuamente me cruzaba con los reclutas. "Es el nuevo," oí decir a uno. El cielo estaba liso como una lámina de papel y el sol parecía incendiarlo todo.

Luego el cabo batió las palmas y los centinelas se desplegaron, con sus bayonetas. Los presos se
40 levantaron a regañadientes: las hormigas les rebullían por el cuerpo y se las sacudían a manotadas. Pegado a la sombra de la herrería, me enjugué el sudor con el pañuelo. Tenía sed y decidí beber una cerveza en el Hogar.

*Extracto de: **La Guardia**, Juan Goytisolo (España) de Spanish Stories: Cuentos Españoles (A Dual-Language Book), editado por Angel Flores (© 1987, Dover Publications, Inc., New York) Reproducido con permiso*

* *Jerga por "Le hacen cosquillas"*

SPANISH B SL&HL

Encuentra la palabra o expresión en las líneas 1–10 que signifique lo siguiente:

1. extasiado ....
2. llamar a alguien ....
3. no haber visto nunca semejante cosa ....
4. hacía un calor insoportable ....

Contesta a las siguientes preguntas.

5. ¿A qué se refieren los "puntos negros"? (línea 13)

   ....

6. ¿Qué **comparación** indica que el muchacho encuentra placentera la sensación? (líneas 14–17)

   ....

Elige la respuesta correcta.

7. ¿A quiénes se refiere "sus compañeros"? (línea 18)

   ☐ A. A los presos.
   B. A las centinelas.
   C. A los de la guardia.
   D. A los reclutas.

8. ¿Cómo reaccionan sus compañeros al ver que el muchacho está sentado en el hormiguero? (líneas 18–33)

   ☐ A. Piensan que se ha quedado ahí dormido.
   B. Están extrañados y se asustan.
   C. Se burlan de él y le desabrochan el mono.
   D. Creen que es la única actividad entretenida que tienen.

Contesta a las siguientes preguntas (líneas 35–40).

9. ¿Cuál es el estado de ánimo del narrador? Menciona dos cosas.

   ....

10. ¿Qué hace el narrador para evitar la mirada de los presos?

    ....

Las siguientes frases son verdaderas o falsas. Marca ☑ la opción correcta y luego justifícala usando las palabras tal como aparecen en líneas 39–42. Las dos partes son necesarias para obtener [**1 punto**].

11. Los presos ya tenían ganas de abandonar el patio.

    ☐ Verdadero   Justificación: ....
    ☐ Falso   ....

12. Los presos intentan quitarse las hormigas a golpes.

    ☐ Verdadero   Justificación: ....
    ☐ Falso   ....

EL DIAMANTE DE LA INQUIETUD

¿Que dónde la conocí?

Verás: fue en América, en Nueva York. ¿Has ido a Nueva York? Es una ciudad monstruosa, pero muy bella. Bella sin estética, con un género de belleza que pocos hombres pueden comprender.

Iba yo bobeando hasta donde se puede bobear en esa nerviosa metrópoli, en que la actividad humana parece un Niágara; iba yo bobeando y divagando por la Octava Avenida. Miraba…, ¡oh vulgaridad!, calzado, calzado por todas partes, en casi todos los almacenes; ese calzado sin gracia, pero lleno de fortaleza, que ya conoces, amigo, y con el que los yanquis posan enérgica y decididamente el pie en el camino de la existencia.

Detúveme ante uno de los escaparates innumerables, y un par de botas más feas, más chatas, más desmesuradas y estrafalarias que las vistas hasta entonces, me trajeron a los labios esta exclamación:

–¡Parece mentira!…

–¿Parece mentira qué? –dirás.

–No sé; yo sólo dije: ¡Parece mentira!

Y entonces, amigo, advertí –escúcheme bien–, advertí que muy cerca, viendo el escaparate contiguo (dedicado a las botas y zapatos de señora), estaba una mujer, alta, morena, pálida, interesantísima, de ojos profundos y cabellera negra. Y esa mujer, al oír mi exclamación, sonrió…

Yo, al ver su sonrisa, comprendí, naturalmente, que hablaba español: su tipo, además, lo decía bien a las claras (a las oscuras más bien, por su cabello de ébano y sus ojos tan negros que no parecía sino que llevaban luto por los corazones asesinados, y que los enlutaba todavía más aún el remordimiento).

–¿Es usted española, señora? –le pregunté.

No contestó, pero seguía sonriendo.

–Comprendo –añadí– que no tengo derecho para interrogarla…, pero ha sonreído usted de una manera… Es usted española, ¿verdad?

Y me respondió con la voz más bella del mundo:

–Sí, señor.

–¿Andaluza?

Me miró sin contestar, con un poquito de ironía en los ojos profundos.

Aquella mirada parecía decir:

«¡Vaya un preguntón!».

Se disponía a seguir su camino. Pero yo no he sido nunca de esos hombres indecisos que dejan irse, quizá para siempre, a una mujer hermosa. (Además: ¿no me empujaba hacia ella mi destino?)

–Perdone usted mi insistencia –le dije–; pero llevo más de un mes en Nueva York, me aburro como una ostra (doctos autores afirman que las ostras se aburren, ¡ellos sabrán por qué!). No he hablado, desde que llegué, una sola vez español. Sería en usted una falta de caridad negarme la ocasión de hablarlo ahora... Permítame, pues, que con todos los respetos y consideraciones debidas, y sin que esto envuelva la menor ofensa para usted, la invite a tomar un refresco, *un ice cream soda*, o, si a usted le parece mejor, una taza de té…

No respondió, y echó a andar lo más deprisa que pudo; pero yo apreté el paso y empecé a esgrimir toda la elocuencia de que era capaz. Al fin, después de unos cien metros de «recorrido» a gran velocidad, noté que alguna frase mía, más afortunada que las otras, lograba abrir brecha en su curiosidad. Insistí, empleando afiladas sutilezas dialécticas y ella aflojó aún el paso… Una palabra oportuna la hizo reír… La partida estaba ganada… Por fin, con una gracia infinita, me dijo:

–No sé qué hacer: si le respondo a usted que no, va a creerme una mujer sin caridad; y si le respondo que sí, ¡va a creerme una mujer liviana!

Le recordé en seguida la redondilla de sor Juana Inés:

> Opinión ninguna gana;
> pues la que más se recata,
> si no os admite, es ingrata,
> y, si os admite, es liviana…

50 ¡Eso es, eso es! –exclamó–. ¡Qué bien dicho!
   –Le prometo a usted que yo me limitaré a creer que sólo es usted caritativa, es decir, santa, porque como dice el catecismo del padre Ripalda, el mayor y más santo para Dios es *el que tiene mayor caridad, sea quien fuere*…
   –En ese caso, acepto una taza de té.
55 Y buscamos, amigo, un rinconcito en una pastelería elegante.

Extracto de: **El diamante de la inquietud,** *Amado Nervo (México), de Spanish-American Short Stories: Cuentos hispanoamericanos (A Dual-Language Book), editado y traducido por Stanley Appelbaum (© 2005, Dover Publications, Inc., New York)*
Reproducido con permiso

Contesta a la siguiente pregunta.

1. ¿Qué expresión indica que el narrador camina sin destino fijo? (líneas 1–5)

....

Elige la respuesta correcta.

2. ¿Qué sentimientos contradictorios provocan los zapatos americanos en el narrador? (líneas 5–10)

   - [ ] A. Admiración e indiferencia
   - [ ] B. Indiferencia y determinación
   - [ ] C. Rechazo y admiración
   - [ ] D. Determinación y rechazo

3. ¿Por qué se detiene el narrador? (líneas 9–16)

   - [ ] A. Percibe la presencia de una mujer interesante.
   - [ ] B. Sus zapatos le duelen.
   - [ ] C. Encuentra unos zapatos que le interesa comprar.
   - [ ] D. Le llaman la atención unos zapatos inusuales.

4. ¿Cómo interpreta el narrador la mirada de la mujer? (líneas 17–20)

   - [ ] A. Arrepentida
   - [ ] B. Coqueta
   - [ ] C. Distraída
   - [ ] D. Romántica

Las siguientes frases son verdaderas o falsas. Marca ☑ la opción correcta y luego justifícala usando las palabras tal como aparecen en líneas 21–31. Las dos partes son necesarias para obtener **[1 punto]**.

5. A la mujer le interesa mantener el misterio de su procedencia.

   - [ ] Verdadero
   - [ ] Falso

   Justificación: ....

6. En cuestiones del amor, el narrador suele ser más cauteloso.

☐ Verdadero   Justificación:
☐ Falso

Contesta a las siguientes preguntas (líneas 32–42).

7. ¿Con qué **palabra** destaca el carácter resuelto del narrador?

....

8. ¿Qué **comparación** hace para describir el reciente estado de ánimo del narrador?

....

9. ¿Qué **expresión** indica que por fin había despertado el interés de la mujer?

....

10. ¿Con qué **expresión** sabe el narrador que sus esfuerzos habían tenido éxito?

....

11. ¿Cómo logra el narrador convencer a la mujer de aceptar su invitación? (líneas 43–55)

☐   A. Le dedica un poema de amor.
    B. Le explica que es lo que Dios habría querido.
    C. Le asegura que no debe preocuparse por su reputación.
    D. Le recomienda una pastelería muy elegante.

Los inmigrantes

Y he aquí que ahora es cuando comienzan, verdaderamente, el infortunio y las tribulaciones del pobre Abraham.

Domitila, que hasta allí fuera afectuosa y buena con él, se volvió áspera y desdeñosa: no toleraba sus gustos y costumbres, le causaba todo género de contrariedades, lo irrespetaba y lo deprimía en
5   presencia de los hijos y hasta lo desautorizaba ante el servicio.

Un día estalló abiertamente el conflicto.

Era la víspera de Kipur, cerca de anochecido. Abraham, que era fiel observador de la ley hebraica, había cerrado temprano la tienda, la cual no se abriría durante todo el día siguiente, y estaba en su casa tomando una pequeña colación, antes de entrar en el ayuno y en las oraciones de aquella solemnidad,
10 que celebraban todos los años los miembros de la colonia israelita en Caracas, en la casa de un comerciante marroquí que era el rabino.

Samuelito, envalentonado por lo que tantas veces le oyera decir a su madre acerca de la ceremonia judía, comenzó a hacer burla y escarnio del Kipur y de la religión paterna, y como Abraham le exigiese respeto a su fe, así como él respetaba la de ellos, y viendo que no lo lograba lo amenazó con castigarlo y
15 lo mandó que se retirara de su presencia. Domitila apoyó al muchacho y le dio ánimos para que siguiera molestando e irrespetando al padre. Protestó Abraham, más con resentimiento que con energía y ella respondió cubriéndolo de oprobios.

–¡Bueno está, mujer! ¡Bueno está! –decía el pobre hombre, manso y resignado, tratando de aplacar la cólera de Domitila.
20 Pero ésta no lo oía y metido en sus habitaciones junto con Samuelito, por allá dentro clamaba y decía que bien merecida tenía su suerte por haberse casado con un judío. ¡Razón tenía Dios para castigarla!

–¡Partida de hipócritas! ¡Quién los viera! ¡Y esperando al Mesías! ¡Seguramente para crucificarlo otra vez!

El dolor detuvo en el corazón de Abraham el movimiento subitáneo de la cólera y la secular
25 resignación de su raza maldita ahogó en su alma hasta el deseo de la protesta. Se paró de la mesa, pálido y vacilante, y se metió en su cuarto sin ánimos para ir a reunirse con los demás hombres de su fe que lo esperaban. Ayunaría y haría las oraciones del Kipur allí en su casa; aquel año, para el día de la purificación espiritual tenía un gran sacrificio que ofrecer a Dios: ¡una injuria grave que perdonar!

Pero desde aquel día llevaría para siempre en el fondo de su pecho una incurable amargura: ¡él en su
30 casa, como su raza en el mundo, no tenía un sitio de amor en los corazones!

Extracto de: **Los inmigrantes,** Rómulo Gallegos (Venezuela) de *Spanish-American Short Stories: Cuentos hispanoamericanos (A Dual-Language Book),* editado y traducido por Stanley Appelbaum (© 2005, Dover Publications, Inc., New York)
Reproducido con permiso

Contesta a las siguientes preguntas.

1. ¿Qué **frase** indica que Domitila antes no trataba mal a Abraham? (líneas 1–5)

   ....

2. ¿Qué **dos** rituales practica Abraham en Kipur? (líneas 7–11)

   (a) ....

   (b) ....

4. PAPER 2 READING COMPREHENSION

Encuentra la palabra o expresión en las líneas 12–17 que signifique lo siguiente:

3. atrevido ....
4. menospreciar ....
5. incitar ....
6. insultar ....

Elige de la lista la frase apropiada para cada persona.

7. Abraham ☐
8. Domitila ☐
9. Samuelito ☐

A. Vive un matrimonio forzado.
B. Falta el respeto a sus mayores.
C. Es una persona temerosa y tiene miedo.
D. El conflicto le ha quitado las ganas de salir.
E. Es tolerante hacia las creencias de los demás.
F. Es de carácter intolerante y colérico.

Elige la respuesta correcta.

10. ¿Qué palabra mejor resume el estado emocional de Abraham al final del texto?
    ☐
    A. Olvido
    B. Soledad
    C. Indecisión
    D. Tranquilidad

You will find all the answers and transcripts in Chapter 8 starting on page 230.

Chapter 5: Internal Assessment – Oral

The individual oral takes place in the second year, is marked out of **30** and is worth **25%** of your overall grade. If you have bought this book just before your exams, then you will probably have already completed your **Internal Assessment**. However, if you are still in your first year, these pages will help you to prepare for this part of the course.

In this chapter, you will find guidance on the assessment criteria and answers to FAQs. Then you will find advice about how to structure your presentation, followed by 3 worked sample presentations at both SL and HL with examples of questions and answers. Finally, there is a list of sample questions on the Themes for Part 3, and general advice about how to revise for the oral.

5.1 Format of the oral exam

SL (NM)	HL (NS)
Prep Time: 15 mins	**Prep Time: 20 mins**
Choose one out of two **visual images** and prepare a 3-4 min presentation.	Choose one out of two **literary extracts** and prepare a 3-4 min presentation.
Presentation: 3–4 mins	**Presentation: 3–4 mins**
Describe the visual image, relate it to one of the Themes and to Hispanic culture, and discuss and analyse the ideas raised by it.	Contextualise the passage within the work as a whole, and discuss and analyse the events, ideas and messages raised by it.
Discussion: 4–5 mins	**Discussion: 4–5 mins**
Discuss ideas on the image and Theme raised in the presentation.	Discuss ideas about the passage raised in the presentation.
General conversation: 5–6 mins	**General conversation: 5–6 mins**
Discuss ideas related to at least one other Theme studied during the course.	Discuss ideas related to one or various Themes studied during the course.
Total time: 12–15 mins	**Total time: 12–15 mins**

- The oral takes place in Year 2 around February/March.
- The oral is organised and conducted by your teacher, and must be recorded.
- The recording, along with a clean copy of the extract/image are sent off for moderation by an examiner.

5.2 Assessment criteria for Internal assessment explained

The oral assesses your **Productive** and **Interactive** skills, this means both your level of spoken Spanish and your ability to engage in an authentic discussion. The wording of the criteria is very similar for SL and HL, except for B1, and the slightly more demanding expectations for Language at HL.

Criteria A: Lengua (Language)	/12
*At both SL and HL the criteria for Language are identical to Paper 1, with the addition of pronunciation and intonation • How appropriate, precise, varied and idiomatic are the **vocabulary** and **expressions**? • How varied and complex are the **grammatical structures**? • Does **accuracy** in spoken language enhance (or affect) communication? • To what extent do **pronunciation** and **intonation** enhance (or affect) communication? Pronunciation is not expected to be native. As for intonation, try not to sound monotonous, and try to avoid an upward inflection!	

Criteria B1: Message *This criteria *only* applies to the presentation		/6
SL Visual stimulus	**HL Literary extract**	
• How **relevant** are the ideas based on the image? • Does the candidate make use of **explicit** *and* **implicit details** from the image? • How well linked are the ideas to the **target language culture**?	• Does the candidate make thorough (or superficial) **use of the passage**? • Are the observations and opinions **developed** and **clearly based on the passage** (or are they generalised/simplistic)?	

Criteria B2: Message: Conversation *This criteria applies to *Part 2 +3* discussions	/6
• Are the candidate's responses to questions **relevant** and **developed**? • Are the candidate's responses **wide-ranging** and **profound** (or limited)? Does the candidate convey their **own opinions** and/or attempt to **engage the examiner**?	

Criteria C: Interactive skills: Communication	/6
• Does the candidate **understand** the questions (or do they need to be repeated or reworded?) and **respond readily** in Spanish (or are answers brief and/or hesitant)? • Does the candidate **participate** well in the conversation and **take the initiative**?	

The oral is arguably the assessment component that you have the most control over, as you can actively maximise your marks by understanding what the examiners are looking for, learning a winning formula for the presentation, preparing concrete examples for the discussion on Themes, and preparing strategically to tick the language boxes.

As with all examination components, it is essential that you are familiar with the assessment criteria so that you know what is expected of you and what you need to do to access higher marks. Ask your teacher for a copy.

5.3 FAQs on the oral

How long is the presentation?

It is 3–4 minutes, but 3-and-a-half is ideal at both HL and SL. It may seem impossible to speak uninterrupted for that long when you've only had 15 or 20 mins to prepare, but you can do it if you learn a winning formula for the presentation. Make sure you conclude within the 4 mins to avoid being interrupted by your teacher, who will need to move you on to the second part of the oral.

Can I bring notes into the exam?

You cannot bring pre-prepared notes into the prep room but you can make notes during the prep time. You can annotate the extract or the image and/or make notes on a separate piece of paper but these should be limited to approximately 10 brief bullet points. Try not to write whole sentences, but a few key words can help you get back on track if you go blank. Some people find notes distracting. Any notes you do bring in will not be sent to the examiner but will be kept securely by your teacher.

Should I address my teacher-examiner in the formal?

Clarify in advance with your teacher how they would prefer you to address them, but it is not compulsory to use the *usted* form. *Tú, usted* (or *vos*) would all be fine, as long as you are consistent.

What is meant by engaging the examiner?

This means being an active and spontaneous participant in the discussion but it doesn't mean you have to ask the examiner questions. It means that you take the initiative and that your ideas spark interest in the examiner and generate authentic discussion. You can pose controversial ideas but it is not meant to be a combative debate, rather, a lively conversation.

5.3.1 SL FAQs

Do all IB students get the same images?

No, because the images are chosen by your teacher and each school covers different topics within the Themes. Don't worry if you think someone else will get a "better" image than you; the oral is really about your ideas on the Theme so as long as you have revised your ideas on the topics you have studied in class, the stimulus just acts as a starting point.

Do I know what the image will be about?

The images should be labelled with the relevant Themes (***Identidades, Experiencias, Ingenio humano, Organización social, Cómo compartimos el planeta***) and should reflect a topic or sub-topic you have studied in class. You should not know in advance which Themes or images you are getting in the exam although you may have practised *similar* images in class.

What kind of image will it be?

It can be a photograph, an illustration, an advert or a poster. It should be clearly relevant to Hispanic culture. It should have plenty of "graphic text" which does not mean written text but simply lots of **detail** which allows for plenty of description. It should give you the opportunity to show your international-mindedness.

What else should I know about the SL presentation?

You must **make clear links to Hispanic culture(s)**, otherwise you cannot score full marks in Criteria B1. This is easy to do if the image specifically illustrates Hispanic culture (eg. a festival) but still needs to be done when the topic is more global (eg. environment). You can refer to *any* Spanish-speaking country/culture. Do not try to memorise a generic presentation beforehand. However, you can learn some key facts per topic, and some complex structures that you can apply to any topic.

Do I need to make cultural comparisons?

It's always a good idea to demonstrate intercultural awareness by pointing out similarities or differences between cultures, for example, you could compare how Hispanic culture and your own culture deal with the situation presented in the image. You can do this in the presentation or during the conversation, and your teacher might even ask you to make such comparisons if you don't automatically do it, e.g. "*¿Es igual en tu cultura?*".

How should I choose which image to pick?

Choose the image that represents your strongest Theme/topic. Do you have lots of vocabulary you can use? Some key facts and concrete examples? Do you have opinions about it? Can you quickly root it in the target language culture?

Will the oral be only on one topic?

No, following the image topic, the oral should move on to at least one other Theme, and within each Theme, there could be a number of subtopics explored. Remember that the more developed your answers are, the fewer questions there will be time for, although any memorised monologues should be interrupted!

What should I know about the discussion?

Part 2 continues to relate to the image and Part 3 moves onto other Themes. You want to show that you can express ideas and opinions related to the Themes within the context of Hispanic culture. It should sound like a real conversation, so try to be spontaneous and sound enthusiastic.

5.3.2 HL FAQs

What kind of literature is the oral based on?

During the course, you must read **two works of literature**, which could include novels, plays, a collection of short stories or a collection of poetry. The point of reading literature is to enable you to develop your appreciation of Spanish speaking countries, their histories and cultures, and encourage you to deepen your intercultural understanding. The added benefit is that you will improve your range of vocabulary and idiomatic expressions, which will in turn improve your writing.

Are there any set texts?

There are no set texts for the IB Spanish B programme and there is a vast range of works studied around the world. Your teacher will choose the texts depending on their interests and on the interests and abilities of their group. The only real requirement is that the works were originally written in Spanish. Don't worry if you know people at other schools doing different, harder or easier books. Following the FAQs is a list of works that have proved successful in orals, although your teacher may have chosen something completely different, which is fine.

What if the examiner has not read my work of literature?

Your teacher will declare the title of the work and send off the extract used in the oral for the examiner to see. An experienced examiner will be able to tell the difference between a profound connection with a text and a superficial response, even if they are not familiar with it. Rest assured that you will not be expected to analyse the texts critically using academic, literary terminology, we are just aiming for a lively, natural conversation about the text.

How long will the extract be?

Each extract should be about 300 words and clearly labelled with the title and author. Reading and choosing the extract should be done within the 20 mins prep time. In reality, you may have decided in advance which literary text you prefer, regardless of the merits of each extract you are given, which makes the decision on the day very quick.

What kind of extract should it be?

It can come from any part of the work but it should be easy to identify whereabouts it comes in the story, and it should be a key scene that enables you to say lots about it.

What else should I know about the HL presentation?

Start with a very brief summary of the work but then focus on the characters and messages contained in the extract. Do not try to memorise a generic presentation about the whole work, instead focus on the extract you are given. You are not expected to demonstrate literary analysis as you do in Language A. However, if there is a particular symbol or literary device of particular relevance in the extract then you can and should talk about it.

5.4 Suggested HL Literary texts

Novelas	Cuentos cortos (7-10 cuentos)
Invisible, Eloy Moreno (España, 2018) – impacto del acoso escolar en un niño joven.	*Los jóvenes no pueden volver a casa*, Mario Martz (Nicaragua, 2017) – temas de búsqueda en un mundo violento e inseguro.
La aventura de Saíd, Josep Lorman (España, 1996) – historia del viaje de un inmigrante ilegal marroquí a España.	*Cuentos de Eva Luna*, Isabel Allende (Chile, 1990) – tema de la explotación económica y sexual de la mujer.
Campos de fresas, Jordi Sierra i Fabra (España, 1997) – sobre jóvenes y las consecuencias de tomar drogas recreativas.	*Doce cuentos peregrinos*, Gabriel García Márquez (Colombia, 1992) – cuentos surreales que tratan el tema de ser forastero.
Como agua para chocolate, Laura Esquivel (México, 1989) – Novela de amor y pasión, estilo realismo mágico.	*El llano en llamas*, Juan Rulfo (México, 1953) – vidas llenas de tragedia, pobreza, problemas familiares y crimen en el México revolucionario.
Crónica de una muerte anunciada, Gabriel García Márquez (Colombia, 1981) – una mezcla de crónica de noticia e historia policíaca sobre un asesinato.	*Cuentos sobrenaturales*, Carlos Fuentes (México, 2007) – cuentos surreales de uno de los escritores mexicanos más aclamados, incluye Aura y Chac Mool.
Noticia de un secuestro, Gabriel García Márquez (Colombia, 1996) – Relato noficticio del secuestro de diez personas por los narcos colombianos.	*No te calles: seis relatos contra el odio*, Fa Orozco y Javier Ruescas (México, 2018) – seis influencers animan a no callar ante el odio y la discriminación; diferentes tipos textuales.
Pedro Páramo, Juan Rulfo (México, 1955) – los muertos y los fantasmas conviven con los vivos en el México posrevolucionario.	cuentosdelatinoamerica.blogspot.com – una fuente rica de cuentos cortos en línea.

Obras de teatro	Poesía (15-20 poemas)
La Casa de Bernarda Alba, Federico García Lorca (España, 1936) – rivalidad, frustración sexual y tragedia.	Antonio Machado (España, 1875-1939) – *Poesías completas*
Las bicicletas son para el verano, Fernando Fernán Gómez (España, 1984) – pérdida de la inocencia infantil durante la Guerra Civil.	Pablo Neruda (Chile, 1904-1973) – *20 poemas de amor y una canción desesperada*
La muerte y la doncella, Ariel Dorfman (Chile, 1990) – trauma, dictadura y memoria histórica.	Gabriela Mistral (Chile, 1889-1957) – *Antología poética*
	Mario Benedetti (Uruguay, 1920-2009) – *Antología poética*

5.5 SL Presentation on a visual stimulus

5.5.1 Part 1 – Presentation

You have 15 min to prepare a 3–4 min presentation on the image, focusing on **description**, **opinion** and links to **Hispanic culture**. Start by annotating the image (if your teacher has separate clean copies for each candidate) with any key details. You should also have a piece of blank paper to write up to 10 bullet points which you can refer to. Use the structure below to organise your content but avoid writing out a full presentation which you then read. The most important things to do are **(a) make clear reference to the image, the Theme, and its relevance to Hispanic culture** and **(b) organise your ideas using discursive markers and cohesive devices**. If you do this, you will easily get 5–6 marks in Criteria B1. Leave a few minutes to pre-empt some questions.

Descripción: 30 seg

Describe los *detalles explícitos* de la imagen, lo que se ve, lo que está haciendo la gente, sus expresiones/sentimientos.

- *En esta imagen se ve* (a)… *A primer plano* hay alguien que está… *En el fondo* se puede ver…

Área temática: 30 seg

Relaciona la imagen con el área temática y el tema/subtema relevante, haz hipótesis sobre la situación con relación al tema y al mundo hispano.

- Esta imagen *se trata del área temática de*… y *en particular* del tema de… *en el mundo hispano*… porque…

Opinión + Vínculos con la cultura hispana: 2 min

2–3 ideas desarrolladas basadas en *detalles implícitos*, ejemplos concretos, datos específicos, opiniones y juicios personales, beneficios/inconvenientes, reflexiones culturales.

- **Primero**, debido a (detalle) *puede que* la foto se haya tomado *en [país hispano]*… Según lo que hemos estudiado en clase, esta situación es… *en [país hispano]*
- **Segundo**… *el …% de los* [españoles/mexicanos, etc]… y es interesante que…
- **Tercero/Finalmente**… algo preocupante es que… *en [país hispano]* y si comparo esta situación con mi cultura…

Conclusión: 30 seg

Consecuencias, soluciones, reflexiones personales.

- Para concluir… Si no (+ presente + futuro)… En mi opinión, lo que se debería hacer es… Si (+ imperfecto del subjuntivo + condicional)… Espero que en el futuro (+ subjuntivo)

5.5.2 Part 2 – Questions on the presentation

The questions will build on the points raised in your presentation. You should not be 'tested' on your *factual* knowledge of the topic but, instead, be given a chance to express and develop your thoughts on the topic. The examiner may encourage you to agree or disagree.

For example:

- *Mencionaste que/has dicho que… ¿puedes decirme un poco más sobre esta idea?*
- *¿Qué opinas de…? ¿Estás de acuerdo que…?*
- *¿Cuáles son algunas razones por…?*
- *¿Cómo se podría solucionar este problema?*
- *¿Quién tiene la responsabilidad de mejorar esta situación en tu opinión?*
- *Si estuvieras en esa situación, ¿cómo te sentirías/qué harías?*
- *¿Cómo se compara esta situación en tu cultura?*

5.5.3 Más expresiones para hablar de una imagen

¡Ojo!
la imagen
la foto
la fotografía
el póster
el anuncio
el área temática

Para describir:

Se ve/vemos/se puede ver un vehículo, una zona urbana, vegetación…
Se ve/vemos/se puede ver a una persona, a un hombre, a una mujer, a un niño, a un grupo
Es de día/de noche, hace sol, el cielo está despejado, está lloviendo
arriba, abajo, en el cielo, en el suelo, a la derecha, a la izquierda, a un lado, en el rincón
La mujer está (+ gerund) caminando, sonriendo, cargando en brazos a un bebé, mirando
El hombre está (+ adjetivo) sentado, de pie, preocupado, feliz
La gente (+ verbo en singular) tiene una mirada/expresión seria, pensativa, desesperada, feliz…
Lleva… (keep any description of clothes very brief! And use *lleva*, not *está llevando*!)
Lo que se destaca para mí es… Quiero hacer hincapié en… Un detalle importante es…
Puede que/a lo mejor/quizá/es posible que (+ subjuntivo)
Es como si (+ imperfecto del subjuntivo)

Para relacionar la imagen con el área temática:

Creo que esta imagen tiene que ver con el área temática… y en particular/más precisamente con el tema/subtema … porque es un tema que sale mucho en los medios de comunicación … es un tema que hemos estudiado en clase…
Esta foto me hace pensar en varios aspectos relacionados con el tema…

Para establecer vínculos con la cultura hispana:

Según un estudio reciente, un …% de los (bolivianos)…
He leído un artículo que decía que la mayoría de los (argentinos)…
Hemos visto un video en clase que mostraba que en (Perú)…
El hecho de que la mayoría de los jóvenes (españoles) (+ subjuntivo) significa que…
Esta imagen también nos hace reflexionar en la situación en (Guatemala)…
Hay que cuestionar/preguntarnos si los líderes de (Venezuela)…
No todos los países hispanos son iguales, por ejemplo, (en Ecuador)… pero (en Colombia)…
Si yo hubiera nacido en (México)… Si yo fuera un joven (mexicano)…
Las actitudes en (Chile) son muy diferentes a las actitudes en mi cultura, por ejemplo…
Comparado con mi cultura… Yo soy (japonés/británico/sudafricano) y en mi cultura…
Si esta foto se hubiera tomado en mi país, creo que (no) habría mucha diferencia…

Para organizar y desarrollar las ideas:

Desde mi punto de vista/creo que/en mi opinión…
Debido a… creo que…
Además, también, otro aspecto es que…
Pero, sin embargo, no obstante…
No solo eso, sino que…
Por una parte… por otra parte…
Por eso, por lo que, por lo cual…

Para concluir:

Las consecuencias podrían ser devastadoras/costosas…
Si no se hace nada ahora, en el futuro…
Para solucionar este problema…
Hay que hacer algo antes de que sea demasiado tarde…

MÁS ESTRUCTURAS

Ensure you get a few complex structures into your presentation:

- *es importante/chocante/bueno/injusto/preocupante/increíble/interesante que + subjuntivo*
- *no creo que + subjuntivo*
- *para que + subjuntivo*
- *espero que + subjuntivo*
- *si fuera + condicional*
- *si no fuera por + condicional*
- *si no hubiera… no habría…*
- *si no + presente + futuro*
- *no solo… sino que…*

5.5.4 Worked examples

Identidades

Tema – Lengua e identidad
País hispano – ¿Perú?

llevan ropa indígena – colorida, bordada a mano

están escribiendo en español

va descalza = refleja su situación económica

> The image will only be labelled with the overall Theme (*área temática*), so *you* need to identify the relevant (sub)topic (*tema*) you have studied.

Plan de la presentación – en puntos breves

Descripción

- Dos chicos en la escuela – llevan ropa indígena – están escribiendo en lengua española.
- El chico lleva zapatos, la chica va descalza.

Área temática

- IDENTIDADES/Tema LENGUA E IDENTIDAD
- Aspectos del tema: la educación bilingüe, la discriminación lingüística.

Opinión + Vínculos con la cultura hispana

1. Importancia de las lenguas originarias en Perú – 3 idiomas oficiales – importancia del plurilingüismo en Perú.
2. Desigualdad/discriminación de los pueblos indígenas por la lengua – según artículo 78% de los niños indígenas en Perú son pobres + los niños que hablan lenguas indígenas son más pobres que los que hablan español – es injusto.
3. Desafíos de la educación bilingüe en Perú – según informe del Banco Mundial 2021 – cuando dan clases en otro idioma tiene un impacto negativo en el rendimiento escolar. Mi experiencia.

Conclusión

- Consecuencias ¿Qué pasará si no preservamos las lenguas originarias? – perderemos la diversidad, otra manera de ver el mundo, la riqueza cultural
- Soluciones ¿Cómo se podría mejorar la situación en Perú? – más profesores bilingües, protección legal, mejor representación en medios de comunicación

SPANISH B SL&HL

Presentación – completa

Descripción

En esta foto vemos a dos jóvenes. Están escribiendo en una pizarra blanca, por lo que creo que están en el colegio. Me llama la atención que estén escribiendo en español porque llevan ropa tradicional muy colorida, entonces creo que son de un pueblo originario. Uno lleva zapatos pero la otra va descalza.

Área temática

Esta foto pertenece al área temática IDENTIDADES y **más precisamente** al tema de LENGUA E IDENTIDAD en Perú. Me hace pensar en varios aspectos relacionados con el tema, por ejemplo, la educación bilingüe en Perú y la discriminación de los niños indígenas debido a su lengua.

Opinión + Vínculos con la cultura hispana

Primero, quisiera destacar la importancia de las lenguas originarias en Perú. Perú es uno de los países con mayor diversidad lingüística en el mundo hispano. Creo que **es interesante que** haya 3 idiomas oficiales: el español, el quechua y el aimara. **Entonces**, sin duda, el plurilingüismo es muy importante para la identidad, la comunicación, la educación y la integración social.

Segundo, quisiera hablar de la desigualdad de los pueblos indígenas. He leído un artículo que decía que el 78% de los niños indígenas son pobres, y esto explica por qué la niña va descalza, **algo que** me parece chocante hoy en día. El artículo **también** decía que los niños que hablan lenguas indígenas son más pobres que los que hablan español. **Me parece injusto que** hablar una lengua originaria sea una desventaja económica en lugar de una ventaja.

Finalmente, esta foto me hace reflexionar en las ventajas y desventajas de la educación bilingüe. En mi opinión **es bueno que** los niños estén aprendiendo en español, porque les aportará más oportunidades y mejorará su integración en la cultura peruana. Sin embargo, también **es importante que** aprendan su propio idioma **para que** no pierdan sus raíces. Algo preocupante es que según un informe del Banco Mundial en 2021, en muchos países de ingreso bajo, cuando dan las clases en un idioma que no es el idioma que se habla en casa, tiene un impacto negativo en el rendimiento escolar, por lo que recomiendan dar las clases en las lenguas originarias – creo que sería una buena idea en el caso de Perú. Puedo identificarme un poco con esta situación porque soy galesa entonces hablo inglés y también aprendí galés en el colegio.

Conclusión

Para concluir, creo que hay que preguntarnos, ¿qué pasará si no preservamos las lenguas originarias? En mi opinión, hay que celebrar y promover todas las lenguas originarias porque cuando muere una lengua, muere una manera de ver el mundo y perdemos la riqueza cultural.

Para mejorar la situación, creo que deberían formar a más profesores bilingües **para que** puedan dar las clases **tanto en** español **como** en la lengua originaria. Además **sería mejor si hubiera** más representación de las lenguas originarias en los medios de comunicación. **Espero que** el gobierno peruano ponga más atención a este asunto en el futuro porque **es injusto que** haya tanta desigualdad debido a las lenguas.

Why don't you time yourself reading this presentation out loud, to get an idea of how it feels to speak for 4 minutes? Take your time, pause between sections, emphasise the **cohesive devices**, and say "eh…" as if you are thinking on your feet.

5. INTERNAL ASSESSMENT – ORAL

Experiencias

Tema – la migración
la caravana hondureña
viajar en grupo = seguridad

una multitud, hombres, mujeres, niños

algunos llevan mascarilla debido a la pandemia

causas: conflicto, pandillas, violencia, amenazas, buscar un futuro mejor

— emprender un viaje
— si no fuera por…
— me entristece que…

REUTERS/Luis Echeverria

Descripción

En esta imagen vemos a una multitud de personas caminando juntos en la misma dirección. Se puede ver a hombres y mujeres que llevan sus pertenencias en mochilas y bolsos y algunos llevan mascarillas debido a la pandemia del Covid-19. Me llama la atención que haya niños también.

Área temática

Esta foto tiene que ver con el área temática EXPERIENCIAS **y más precisamente** el tema de LA MIGRACIÓN. Creo que se trata de la migración de los centroamericanos a los EEUU o la llamada 'Caravana hondureña'. La foto me hace pensar en las causas de la migración y de las experiencias de los migrantes que emprenden un viaje tan largo, duro y peligroso.

Opinión + Vínculos con la cultura hispana

Primero, hemos aprendido en clase que la primera caravana partió de Honduras en el 2018 para llegar a los EEUU impulsada por llegar antes de que se construyera el muro. Por el camino se juntaron miles de personas de Guatemala y El Salvador. Creo que es interesante que las caravanas se hayan organizado a través de las redes sociales.

Segundo, estos migrantes corren muchos peligros. Es preocupante que muchos sufran agresiones físicas y sexuales, secuestros o asesinatos durante el viaje. Es por eso que viajan juntos, porque es más seguro que viajar solos. También, según lo que he leído, es más económico, porque suelen recibir más ayuda de las ONGs y no tienen que pagar a un coyote.

Finalmente, hay que considerar las causas de este flujo de migrantes. Suelen huir de sus países debido a la pobreza y la falta de oportunidades, la violencia de las pandillas y los regímenes militares, y también por el cambio climático. Creo que si no fuera por estos problemas, no emprenderían un viaje tan peligroso. Me entristece que migrar sea la única solución.

Conclusión

Para concluir, creo que lo que tienen en común todos estos migrantes centroamericanos es que buscan un futuro mejor. Por eso, tenemos que ser más comprensivos y tolerantes y luchar por los derechos humanos en todos los países del mundo para que no haya tanta injusticia y desigualdad. En mi opinión, el gobierno de México debería hacer más para detener a los grupos criminales, a los coyotes y a los traficantes de personas que explotan a las personas desesperadas.

SPANISH B SL&HL

Organización social

The visual stimulus could be an advert or a poster, as well as a photograph. Any written text should be minimal and in Spanish. It should not have so much written text that it would put a candidate at an advantage.

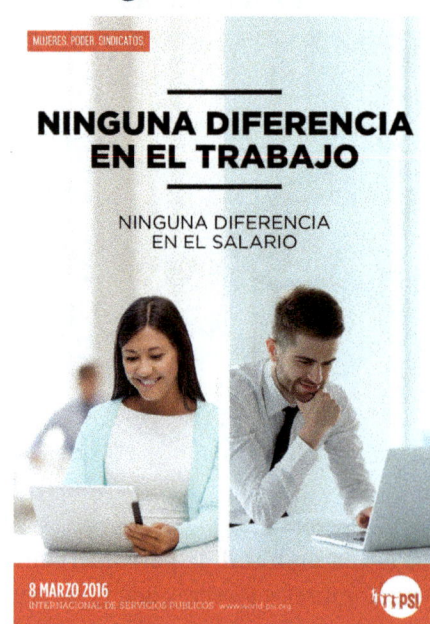

There can be crossover between some Themes and topics, so the important thing is to look at the *Área temática* it has been labelled as, and craft your presentation within that Theme. This poster could come under *Cómo compartimos el planeta (igualdad)* but in this case it has been labelled *Organización social* so stick to ideas about *el mundo laboral*.

Descripción

Vemos a un hombre y a una mujer sentados en la oficina. Llevan ropa formal y están trabajando en el ordenador. Parece que hacen el mismo trabajo y el eslógan del póster dice "Ninguna diferencia en el salario" si se hace el mismo trabajo.

Área temática

Esta imagen pertenece al área temática ORGANIZACIÓN SOCIAL **y más precisamente** al tema del MUNDO LABORAL. Creo que es un póster de un sindicato en España que reclama los derechos laborales de la mujer. Este es un tema que hemos estudiado en clase y me sorprendió que en España las mujeres siguieran sufriendo de la brecha salarial.

Opinión + Vínculos con la cultura hispana

Primero, es chocante que las mujeres españolas ganen casi €5 por hora menos que los hombres, como si fueran inferiores o menos capaces. No solo eso, sino que hay pocas mujeres en puestos directivos, lo que indica un techo de cristal para las mujeres. En mi opinión, para solucionar este problema, hay que obligar a las empresas a pagar lo mismo, sea cual sea el género del empleado. Un paso adelante es que hay una nueva ley – la Ley de Igualdad Salarial.

Segundo, la brecha salarial no es el único problema para las mujeres trabajadoras. He leído un artículo que decía que en el año 2020, España fue el país de la Unión Europea donde más creció el paro entre las mujeres. Es preocupante que las mujeres hayan sufrido más las consecuencias de las dificultades económicas causadas por la pandemia.

Finalmente, quiero hacer hincapié en que la fecha del póster es el 8 de marzo, que es el Día Internacional de la Mujer y en mi colegio, marcamos este día con una asamblea.

Conclusión

Para concluir, no creo que sea aceptable una brecha salarial hoy en día, ni en España ni en ningún país europeo. Es imprescindible que las empresas mejoren la situación. También hay que mejorar la flexibilidad laboral, la baja de maternidad y la baja de paternidad. Dudo que haya una solución fácil pero espero que la situación cambie en el futuro.

ORAL PRESENTATION PRACTICE

Choose one of the two images and use the suggested structure that follows to plan a presentation, either as bullet points or in full sentences. Remember to identify the Theme (and topic), link it clearly to Hispanic culture, include a couple of key facts, your opinions, interesting vocabulary, some subjunctive structures and personal reflexions. Then record and time yourself to see if you reach 3-4 minutes.

> A stock photo might not be clearly linked to Hispanic culture (this group could be anywhere), but you must still try to find links.

Ingenio humano

Tema – tecnología y comunicación

Creo que esta foto fue tomada en España porque he leído que los jóvenes pasan más de 2 horas diarias conectadas a sus dispositivos y comunicándose a través de las redes sociales.

- la adicción
- los dispósitivos móviles/celulares
- comunicarse cara a cara
- estar conectados
- la mayoría

es preocupante que + *pasen* tanto tiempo
puede que + *estén* chateando por las redes sociales

Si esta foto se hubiera tomado en mi país, habría sido similar porque los británicos pasan una media de 6 horas al día conectados a sus dispositivos.

Cómo compartimos el planeta

Tema – medio ambiente

Creo que esta foto fue tomada en un país de Centroamérica, como El Salvador o Guatemala, después de un desastre natural como un huracán.

- los desastres naturales
- los huracanes
- los terremotos
- las consecuencias
- el cambio climático
- los escombros

el hecho de que + *lleven* mascarillas sugiere que pasó durante la pandemia del Covid, lo cual es aún más devastador

si no hacemos nada para frenar el cambio climático, los desastres naturales *serán* cada vez más fuertes y frecuentes

Esta foto me hace reflexionar en como afrontamos los desafíos del cambio climático en las diferentes culturas. Centroamérica es particularmente vulnerable a los huracanes pero en mi país también sufrimos inundaciones y creo que hace falta más inversión en defensas para reducir los daños provocados.

5.5.5 SL Oral presentation planner

Descripción 30 seg

Área temática 30 seg

Opinión + Vínculos con la cultura hispana 2 min

Conclusión 30 seg

5. INTERNAL ASSESSMENT – ORAL

5.6 HL Presentation on a literary extract

5.6.1 Part 1 – Presentation

You have 20 mins to prepare a 3-4 min presentation about the extract, focusing on **characters**, **events** and **themes**. Start by annotating the extract (if your teacher has separate clean copies for each candidate) with characters, key words, and key ideas. You should also have a piece of blank paper to write up to 10 bullet points which you can refer to. Use the structure below to organise your content but avoid writing out a full presentation which you then read. It can be helpful if the literary extract is presented with line numbers that you can refer to, but this is not essential. The most important things to do are **A) make consistent reference to the extract** and **B) organise your ideas using discursive markers and cohesive devices**. If you do this, you will easily get 5-6 marks in Criteria B1. Leave a few minutes to pre-empt some questions.

> **Introducción**: 30 seg
>
> Identifica la obra y ubica el pasaje
>
> - Este es un extracto/pasaje de la obra/el libro/la novela/el cuento (título) escrito/a por (autor) en el (año). La historia se trata de ... y algunos temas que se destacan son ... y ...
> - Este pasaje/esta escena se encuentra al principio/por la mitad/hacia el final de la trama/en el capítulo .... Vemos a los personajes... y están en...
>
> **Ideas sobre el pasaje**: 2–3 min
>
> - Primero, en primer lugar, lo primero que me llama la atención es...
> - Segundo, luego, después, a continuación...
> - Tercero, por último, finalmente...
>
> > - Es evidente que...
> > - Desde mi punto de vista...
> > - En la línea 26...
> > - Cuando dice... ejemplifica muy bien la idea de...
> > - Está sobreentendido que...
> > - Lo que destaca para mí es cuando...
>
> **Conclusión**: 30 seg
>
> - Para concluir... como ya he dicho
> - Es una escena clave porque ilustra.../me gusta este extracto porque/es un extracto interesante porque.../me hace reflexionar en

5.6.2 Part 2 – Questions on the presentation

The questions should continue to focus on the extract and encourage you to expand on points made in the presentation, or to consider other relevant aspects or points of view. You should not be 'tested' on your recall of events. For example:

- *Mencionaste que/has mencionado que/has dicho que ... ¿puedes decirme un poco más sobre esta idea?*
- *¿Cómo vemos la importancia de... en este pasaje?*
- *¿Qué aprendemos de la cultura de... aquí? ¿Crees que ha cambiado la sociedad?*
- *¿Qué personaje te interesa más en esta escena? ¿Qué papel juega el personaje de... ?*
- *¿Qué opinas de la manera en que (personaje) reacciona? ¿Reaccionarías igual si estuvieras en su lugar?*
- *¿Cómo crees que se siente ... en este momento? ¿Cómo te sentirías tú?*

- *¿Qué opinas del momento cuando (personaje) dice...?*
- *¿Crees que es una escena clave?*

5.6.3 Más expresiones para hablar de la obra literaria

> **¡Ojo!**
> el personaje = character in a story
> el carácter = personality of the character

la historia (se) trata de	the story is about
la trama gira en torno a	the plot revolves around
los temas principales son	the main themes are
el tema que más destaca es	the most prominent theme is
la historia está ambientada en	the story is set in
un pueblo rural de los años 30	a rural village in the 1930s
un colegio secundario en una ciudad	a high school in a city
un momento clave/una escena clave	a key moment/scene
un momento de mucha tensión/tristeza	a moment of high tension/sadness
un giro inesperado	an unexpected twist
la guerra es un constante recordatorio de	the war is a constant reminder that
la revolución sirve de telón de fondo	the revolution serves as a backdrop
esta obra (no) me ha gustado mucho porque	I (didn't) like this work because
gracias a haber leído esta obra, tengo un mayor entendimiento de la cultura de [...]	thanks to reading this work, I've developed a better understanding of the [...] culture.
algo que me sorprendió mucho fue	something that surprised me was
no lo esperaba	I didn't expect that

Usar adjetivos para describir el carácter de un personaje:

:-) *cariñoso, compasivo, leal, valiente, luchador, encantador, fiable, astuto, dócil, generoso*

:-(*dominante, cruel, miedoso, conformista, ingenuo, cobarde, terco, testarudo, agresivo*

Usar verbos de influencia + subjuntivo para explicar cómo se tratan los personajes:

decir, hacer, mandar, obligar que = to tell, make, order, force someone to do something

- *Bernarda manda que revisen los cuartos para encontrar el retrato robado.*

pedir, suplicar, implorar que = to ask, beg someone to do something

- *Angustias implora que le digan la verdad.*

prohibir, no dejar, no permitir que = to prevent, forbid someone from doing something

- *Bernarda prohíbe que sus hijas salgan a la calle.*

aconsejar, sugerir, advertir que = to advise, suggest, warn someone (not) to do something

- *La Poncia aconseja a Adela que tenga paciencia.*

Usar 'si' + subjuntivo para empatizar con los personaje, con razones:

- *Si estuviera en el lugar de la Poncia, me sentiría inútil y frustrada porque sería obvio que la historia terminará mal.*
- *Creo que si fuera Adela me sentiría sola y abandonada pero no creo que tuviera el valor de quitarme la vida.*
- *Si Martirio hubiera podido casarse con Enrique Humanes, ahora no sería tan rencorosa.*

Usar expresiones de emoción + subjuntivo para reaccionar a los eventos del extracto:

- *Me sorprende que Bernarda no vea lo que está ocurriendo en su propia casa.*
- *Me entristece que Adela se suicide al final, no se lo merecía.*
- *Las hermanas no se alegran de que Angustias se case con Pepe el Romano.*
- *La Poncia teme que el pueblo se entere de la relación de Adela con Pepe.*

5.6.4 Worked examples

SAMPLE EXTRACT 1

Invisible es la aclamada novela de Eloy Moreno que trata el tema del acoso escolar. El autor es de España, pero la trama no se ubica en un contexto concretamente español, sino que los hechos podrían ocurrir en cualquier lugar, en cualquier escuela, por lo que se puede identificar con los personajes y su situación de manera universal.

Invisible, de Eloy Moreno (2018)

el acosador → MM permanece en silencio, sabe que, aunque nadie se atreva a mirarle, ahora mismo todos están pensando en él, en el guerrero cobarde que ataca a la ardilla.

palabra clave (cobarde)

Mira con rabia la espalda de esa profesora que lo está dejando en ridículo delante de todos y se da cuenta de que hoy ella lleva una camisa abierta por detrás, una camisa que deja al descubierto la cabeza de un dragón que no para de observarle.

tatuaje → (un dragón)

Se fija ahora en uno de los asientos de delante: la ardilla. ¿Así que cobarde? Cuando te coja ya veremos quién es el cobarde, se dice a sí mismo.

la víctima (la ardilla ← el cobarde)

Lo del otro día en el parque salió mal, pero sabe que hay muchos más días, muchísimos, para volver a intentarlo, para hacer que esa ardilla se vuelva pequeña, invisible. *palabra clave*

* * *

la amiga → Kiri escucha con atención la historia mientras dibuja en su libreta la pelea entre un pequeño guerrero y una ardilla gigante que intenta comérselo. De momento solo es capaz de luchar contra MM así, a través de los dibujos.

En cada clase mira al chico avispa preguntándose dónde está todo lo que han perdido: por qué ya no quedan nunca, por qué ya no hablan, por qué no tienen contacto ni a través del móvil.

A veces mueve la boca en silencio, formando palabras en el aire con sus labios, imaginando que, de alguna forma, llegarán hasta ese chico que poco a poco va desapareciendo... si supieras lo que a escondidas te quiero.

se está volviendo invisible

Ya solo puede verlo en clase, cuando está en su silla, mirando hacia la nada, viviendo ausente. Después, cuando llega el recreo, cuando acaban las clases, le da la impresión de que su amigo se va apagando entre la gente.

Nadie le ve, nadie le mira tampoco, nadie se da cuenta de que hay una vida que se va difuminando lentamente. *la profe*

Al menos ahora hay una persona que está intentando hacer algo, al menos esa profesora está haciendo lo que puede, pero ¿y ella? ¿Qué está haciendo ella? Esa es la pregunta que siempre la hace mirar hacia otro lado, la que consigue que todas sus pulseras se queden en silencio.

Kiri

© 2018, Eloy Moreno
Licencia editorial otorgada por Penguin Random House Grupo Editorial, S.A.U.

SPANISH B SL&HL

> When revising, practise writing out a full presentation, then reduce it to 10 bullet points, and deliver it just from the notes. Practise this until you can go straight for bullet points.

Presentación – completa

Introducción

Este extracto es de la novela *Invisible*, de Eloy Moreno, que trata el tema del acoso escolar. Esta escena aparece hacia el final de la novela. El llamado 'chico avispa' lleva muchos meses víctima del acoso por parte de MM. Pero ahora, una de sus profesoras ha empezado a ayudarle de una manera un poco extraña. Aquí, los jóvenes están en la clase de literatura, y la profesora acaba de contar un cuento sobre un guerrero cobarde que ataca a la ardilla – que es una metáfora de lo que está pasando en su clase entre MM y el chico avispa.

Ideas sobre el pasaje

Bueno, algo que quisiera explicar primero es que la trama se desarrolla desde diferentes perspectivas: a veces desde el punto de vista del niño acosado, o de su amiga Kiri, o de la profesora. Bueno, aquí en la primera parte del extracto, estamos en la cabeza de MM, que es el acosador. Le parece obvio que en el cuento de la profesora, él es el guerrero cobarde – que se cree muy poderoso y fuerte – pero que en realidad es muy débil porque ataca a una ardilla – que es un animal pequeño. Una palabra clave es cobarde. El autor nos invita a reflexionar en lo que significa ser un cobarde – creo que el cobarde no es la víctima, sino el acosador. Después dice "lo está dejando en ridículo delante de todos" y esto le enfada mucho porque lo que busca es la aprobación de sus compañeros de clase. No creo que el cuento le haya hecho reflexionar en sus acciones sino todo lo contrario – está más decidido en seguir atacando al chico avispa porque está pensando "cuando te coja ya veremos" que es muy amenazante.

Bueno, en la segunda parte del extracto estamos en la cabeza de Kiri. Ella es la amiga del chico avispa y observa todo pero no sabe qué hacer. Lo único que hace es dibujitos que luego descubrimos los pone en la mochila de su amigo para que no se sienta solo. Pero me parece muy triste – o más bien frustrante – que no hable con su amigo – pone aquí que "mueve la boca en silencio" – es como si quisiera hablar pero no puede y se siente inútil. Pregunta a sí misma: "¿Por qué ya no hablan?" y esto se refiere a que como sus amigos no le defienden, el chico avispa acaba cada vez más solo, más aislado. Es muy relevante cuando menciona el móvil porque de hecho, el niño ahora ya tiene miedo del móvil porque el acoso sigue después de clase con los mensajes amenazantes, por lo que el niño ya ni siquiera quiere mirar su móvil.

Conclusión

Finalmente, es importante hacer hincapié en una palabra clave: invisible. El chico avispa es aficionado a los superhéroes y cree que él mismo ha desarrollado el superpoder de ser invisible – por eso la novela se llama Invisible. Si no es que sea invisible, ¿cómo se explica que nadie le ayuda cuando le están persiguiendo los matones tan públicamente? Volverse invisible es una manera de protegerse pero creo que el autor nos invita a abrirnos los ojos y ver lo que está pasando todos los días en los colegios en España, y no dejar que ningún niño se sienta invisible.

Presentación – en puntos breves

- acoso escolar – avispa – profe – metáfora
- perspectivas dif. – MM – acosador/matón
- cobarde – aprobación
- no creo que le haya hecho reflexionar
- seguir atacando – amenazante
- Kiri – no sabe qué hacer – inútil
- móvil – mensajes amenazantes
- se siente solo, aislado
- invisible (título) – superhéroes – aficionado
- objetivo del autor – hacer pensar – abrir ojos

¿Posibles preguntas?
- Kiri/la profesora/MM – ¿qué harías tú?
- el chico avispa – ¿cómo se siente?
- el dragón – los superpoderes
- los padres
- ser cobarde
- ¿escena clave?

> These are other aspects about this extract that the teacher could ask about.

Preguntas sobre la presentación

¿Cómo nos ayuda este extracto a ver el impacto del acoso en la víctima? – Tiene un impacto muy fuerte y muy grave. Al principio es un chico simpático y alegre, que saca buenas notas y no tiene ningún problema. Pero a medida que avanza el relato, se vuelve introvertido, nervioso, pierde toda su autoestima. Bueno aquí en el extracto lo describe como "viviendo ausente", como si fuera un fantasma y esto nos ayuda a ver las consecuencias psicológicas del acoso.

¿Cómo crees que se siente Kiri y qué harías tú si estuvieras en su lugar? – Creo que se siente culpable porque no hace nada para ayudar a su amigo y lo sabe porque dice "¿Y ella? ¿Qué está haciendo ella?" Y luego dice que mira hacia otro lado. Yo no entiendo por qué no hace nada. Si yo fuera Kiri, le defendería y le hablaría, y hablaría con los profes o con sus padres.

¿Qué papel juega la profesora en este extracto? – Es una pregunta interesante porque los profesores tienen la responsabilidad de cuidar a los niños en el colegio y de darse cuenta cuando hay problemas de acoso. Hay otros profesores que no se dan cuenta o que deciden hacer la vista gorda para no provocar más problemas. La profesora de literatura se identifica con el chico avispa porque ella misma sufrió acoso escolar cuando era niña y por eso intenta ayudarle.

¿Y consigue ayudarle? – Bueno, lo que pasa es que intenta ayudarle por las vías correctas, por ejemplo, habla con la directora, pero ella no quiere saber nada porque no quiere arruinar la reputación del colegio, Entonces, decide tomar la ley en sus propias manos y es cuando empieza a sacar el tema en la clase a través de cuentos y palabras clave, como "cobarde" o "empollón". También, aquí, cuando dice "lo del otro día en el parque salió mal" se refiere a que el otro día MM y sus amigos estaban a punto de atacar al chico avispa pero ven a la profesora observando de lejos y deciden dejarlo en paz. La ironía es que el pobre chico avispa cree que fue porque se había vuelto invisible. Aún no sabe que la profesora está intentando protegerlo.

¿Hay algo más que quisieras destacar de este extracto? – Sí, un símbolo importante es el dragón. Es un enorme tatuaje que tiene la profesora en la espalda – que se hizo para cubrir las cicatrices que tiene resultado del acoso que ella había sufrido de niña. Es interesante porque a pesar de hablar mucho del poder del niño de 'ser invisible', al fin y al cabo, ese poder está en su imaginación. Pero el tatuaje del dragón es un elemento de fantasía y magia porque es como si fuera un superpoder de verdad. El dragón tiene una fuerza que ni la profesora puede controlar y sale a defender a los indefensos.

Has mencionado en tu presentación que a veces vemos la acción desde la perspectiva del acosador, ¿qué aporta a la novela esta decisión del autor en tu opinión? – Pues creo que es muy importante y original porque los jóvenes no son o buenos o malos, y la realidad es que los matones muchas veces han sido víctimas ellos mismos del maltrato en el pasado. En el caso de MM, nos ayuda a entender un poco lo que ha pasado en su vida que le haya conducido a ser acosador. Pero no justifica lo que está haciendo MM.

Finalmente, ¿dónde están los padres mientras esté ocurriendo todo esto? – Pues… es una buena pregunta porque es obvio que quieren mucho a su hijo, pero es que no están mucho en casa, el padre trabaja horas muy largas, la madre está ocupada con la hermana pequeña, y el chico tiene que prepararse solo por la mañana y luego no hay nadie en casa cuando llega. Cuando está ingresado en el hospital, el padre se pregunta por qué no ha pasado más tiempo con su hijo. En mi opinión, está claro que los adultos en general son ineptos, pero creo que el objetivo es contar la historia desde la perspectiva de los jóvenes y entender las complejidades de las relaciones sociales entre los jóvenes – sus miedos, sus inseguridades – y el poder que tienen entre ellos de acabar con el acoso escolar.

SAMPLE EXTRACT 2

La casa de Bernarda Alba forma parte de la trilogía rural de Lorca, uno de los poetas y dramaturgos españoles más importantes del siglo XX. En esta obra, Lorca trata temas sociales como el machismo, el qué dirán, y las frustraciones y desigualdades que sufrían las mujeres de la época.

La casa de Bernarda Alba, de Federico García Lorca (1936)

La Poncia: [...] La primera vez que mi marido Evaristo el Colorín vino a mi ventana... ¡Ja, ja, ja!

Amelia: ¿Qué pasó?

La Poncia: Era muy oscuro. Lo vi acercarse y, al llegar, me dijo: 'Buenas noches.' 'Buenas noches,' le dije yo, y nos quedamos callados más de media hora. Me corría el sudor por todo el cuerpo. Entonces Evaristo se acercó, se acercó que se quería meter por los hierros, y dijo con voz muy baja: '¡Ven que te tiente!' *— anécdota graciosa*

(Ríen todas. Amelia se levanta corriendo y espía por una puerta.) *— alivia la tensión*

Amelia: ¡Ay! Creí que llegaba nuestra madre.

Magdalena: ¡Buenas nos hubiera puesto! *— miedo de Bernarda*

(Siguen riendo.)

Amelia: Chiss... ¡Que nos va a oír!

La Poncia: Luego se portó bien. En vez de darle por otra cosa, le dio por criar colorines hasta que murió. A vosotras, que sois solteras, os conviene saber de todos modos que el hombre a los quince días de boda deja la cama por la mesa, y luego la mesa por la tabernilla. Y la que no se *conforma* se pudre llorando en un rincón. *— el matrimonio – mensaje clave / palabra clave*

Amelia: Tú *te conformaste*.

La Poncia: ¡Yo pude con él!

Martirio: ¿Es verdad que le pegaste algunas veces?

La Poncia: Sí, y por poco lo dejo tuerto.

Magdalena: ¡Así debían ser todas *las mujeres*! *— ¿Cómo son las mujeres?*

La Poncia: Yo tengo la escuela de tu madre. Un día me dijo no sé qué cosa y le maté todos los colorines con la mano del almirez. *— influencia de Bernarda*

(Ríen.)

Magdalena: Adela, niña, no te pierdas esto. *— ¿Dónde está?*

Amelia: Adela. *(Pausa.)*

Magdalena: ¡Voy a ver! *(Entra.)* *— provocadora*

La Poncia: ¡Esa niña está mala!

Martirio: Claro, ¡no duerme apenas! *— ¿por qué?*

La Poncia: Pues, ¿qué hace?

Martirio: ¡Yo qué sé lo que hace! *— defensiva, mentirosa*

La Poncia: Mejor lo sabrás tú que yo, que duermes pared por medio. *— mantiene la paz*

Angustias: La *envidia* la come. *— Angustias va a casarse con el novio de Adela*

Amelia: No exageres.

Presentación – completa

Introducción

Este es un extracto de *La casa de Bernarda Alba*, una obra de teatro escrita por Lorca en 1936. La obra trata de una madre tiránica – Bernarda – que vive con sus 5 hijas solteras y su ama de llaves, La Poncia. Acaba de morir su segundo marido y la familia está de luto. Este pasaje empieza con La Poncia que está contando una anécdota sobre su marido a las hijas de Bernarda. Aparecen 4 de las hijas: Amelia, Magdalena, Martirio y Angustias. 2 de los personajes principales: Adela y Bernarda, no aparecen, pero las demás hacen algún comentario sobre ellas. Es una escena bastante cómica en que las hijas se ríen, lo cual ayuda, en mi opinión, a aliviar un poco la tensión de la obra.

Ideas sobre el pasaje

Primero, este pasaje trata el tema del matrimonio y del papel del hombre y de la mujer en la cultura española de la época. Creo que el comentario de la Poncia, que "el hombre a los quince días de boda deja la cama por la mesa, y luego la mesa por la tabernilla" es muy relevante porque rompe la ilusión romántica que tienen las hijas del matrimonio. Sabemos que Angustias está a punto de casarse y ella cree que el matrimonio será un escape, pero las palabras de la Poncia indican lo contrario. Además, la Poncia sugiere que la mujer debe conformarse y que no debe quejarse. Pero por otro lado, su descripción de su propio matrimonio con Evaristo el Colorín me da la impresión de que ella no se conformaba porque dice "yo pude con él".

Segundo, este pasaje trata el tema de la cultura de chismes y del "qué dirán". Martirio pregunta "¿es verdad que le pegaste algunas veces?" lo cual indica la prevalencia de los rumores en el pueblo. Pero lo más importante, en mi opinión, es hacia el final del pasaje cuando preguntan por Adela. Dicen "¡esa niña está mala!" y "no duerme apenas". La Poncia pregunta "pues ¿qué hace?" y Martirio finge que no sabe. En mi opinión la ausencia de Adela en esta escena sirve para diferenciar a Adela de sus hermanas. Ella no quiere participar en estas conversaciones, y en el chismorreo. Creo que si estuviera en su lugar, tampoco quisiera que todos hablaran de mí.

Finalmente, quiero destacar al personaje de la Poncia. Con sus historias y anécdotas, hace el papel de madre y compañera de las hijas porque les enseña y les explica cosas de las relaciones humanas. De hecho, ella es el único contacto que tienen con el mundo exterior. Por otra parte, con sus preguntas y comentarios sobre Adela, vemos un lado más provocador de su carácter.

Conclusión

Para concluir, creo que este es un pasaje muy interesante que nos ayuda a entender mejor los valores de la época y las relaciones entre las hijas y las mujeres de la casa. Y bueno, aunque no sea la escena más clave de la obra, es importante para el desarrollo de los temas y me hace reflexionar en cómo se compara mi vida con la vida de las hijas, y en cuánto ha cambiado la sociedad desde la época de Lorca.

Presentación – en puntos breves

- madre tiránica – solteras – ama de llaves
- anécdota cómica – alivia la tensión
- tema matrimonio – papel de la mujer
- rompe la ilusión romántica – conformarse
- tema el qué dirán – rumores
- hablan de Adela – Martirio finge no saber nada
- La Poncia – maternal – provocadora
- valores de la época – reflexiones

¿Posibles preguntas?

- uno de los personajes
- las mujeres, conformarse
- las costumbres, el cortejo
- dónde están Adela/Bernarda
- Martirio – ¿sabe lo que hace Adela por la noche?

> Note how, if the extract has been fully exploited, the conversation can move on to wider reflections of culture and society, which is the perfect opportunity to demonstrate your IB learner profile values.

Preguntas sobre la presentación

Mencionaste en tu presentación que Bernarda no aparece – pero aun así ¿aprendemos algo de ella en este extracto? – Sí, aunque Bernarda no aparece, su presencia se siente. Por ejemplo, cuando la Poncia les cuenta algo un poco escándaloso, Amelia corre a espiar para ver si viene Bernarda, y Magdalena dice "buenas nos hubiera puesto" lo que demuestra, en mi opinión, el miedo que sienten todas por Bernarda, y sus reacciones violentas.

Explícame, ¿qué más aprendemos de la cultura del matrimonio en este pasaje? – Bueno, lo curioso para mí es que el cortejo se lleve a cabo a través de las rejas de las ventanas y por la noche. Esto explica la anécdota de la Poncia, que Evaristo se acercó y que "se quería meter por los hierros". El hecho de que haya mucha tensión sexual entre ellos contrasta con la descripción de Angustias, más adelante en la obra, cuando dice que Pepe parece distraído cuando habla con ella por las rejas.

En tu opinión, ¿cuál es el personaje que más se desarrolla en este pasaje? – Pues, yo diría que, aunque no dice mucho, la participación de Martirio merece la pena destacar. Al principio, Martirio parece bastante inocente, haciendo preguntas inocentes, por ejemplo. Pero al final, aprendemos que su habitación está al lado de la habitación de Adela por lo que puede escuchar por la pared todo lo que hace Adela. Yo creo que es interesante que la Poncia insista en que Martirio sabe lo que le pasa a Adela, diciendo "mejor sabrás tú que yo" y Martirio protesta, exclamando "¡Yo qué sé lo que hace!". Me parece irónico, porque tanto la Poncia como Martirio saben perfectamente lo que hace Adela, y por qué está tan cansada, y es porque ve a Pepe el Romano por las noches.

Aparte de Adela, ¿qué diferencias vemos entre las hermanas en este pasaje? – En esta escena, Magdalena es la más espontánea, es astuta y está muy involucrada en la conversación. Amelia es la más tímida, la más miedosa e ingenua, e intenta mantener la paz cuando empieza a subir la tensión. Angustias solo dice una cosa y es muy negativa y criticona.

¿A qué crees que se refiere el comentario de Angustias? – Pues Angustias va a casarse con el amante secreto de Adela, Pepe el Romano, y entonces Adela está muy celosa. Pero es irónico porque al final, es a *Martirio* a quien la "envidia la come" y lo que conduce al final trágico.

¿Por qué crees que Lorca escribió sobre la cultura del 'qué dirán'? – Bueno, en esa cultura, la reputación era muy importante, sobre todo para la mujer, y todas las mujeres, y bueno los hombres también, tenían responsabilidad de mantener el honor de las mujeres y de la familia. Pero esta obsesión tenía consecuencias muy negativas porque a veces acababa en la muerte – o como la hija de la Librada que es perseguida por el pueblo, o quitándose la vida, como hace Adela al final.

Dijiste en la presentación que la sociedad ha cambiado mucho desde esa época – ¿de qué maneras? – Bueno, en cuanto al papel de la mujer. Las mujeres ahora tienen más igualdad en la sociedad. Por ejemplo, las mujeres españolas no tienen que depender de casarse con un hombre, pueden trabajar, estudiar, viajar, ser independientes. Pero aun así, hay muchas culturas en el mundo donde las mujeres siguen sufriendo mucha desigualdad y discriminación.

¿Y en cuanto al 'qué dirán'? – Pues esta es una pregunta interesante porque de alguna manera, la crítica social hoy en día es igual o incluso peor. Con las redes sociales, por ejemplo, si dices tu opinión o si dices algo polémico puedes recibir mucha crítica pública que puede afectar tu vida, tu trabajo y tu reputación. Así que quizás la sociedad no haya cambiado tanto y por eso, creo que el mensaje de Lorca sigue siendo muy relevante.

5. INTERNAL ASSESSMENT – ORAL

SAMPLE EXTRACT 3

Los jóvenes no pueden volver a casa, de Mario Martz, es una colección de nueve cuentos cortos ambientados en Nicaragua, que tratan temas de la migración, la fracturación de la familia, la pobreza, y la amenaza de la violencia, todo desde la perspectiva de los jóvenes que navegan un mundo posrevolucionario intentando forjar sus propias relaciones y futuros.

Pobres niños que fuimos, de Mario Martz (2017)

Se escucharon frases como «nunca fuiste un padre», o «si de verdad querés ayudar, podés irte».

Clara se acercó disimuladamente a la puerta de la calle, afinó el oído para escuchar qué le respondería el viejo.

A ver hijueputa, ¿creés que yo fui a jugar?, exclamó agarrando a su hijo del cuello.

¿Y a qué fuiste?

A trabajar, a eso fui, a trabajar; y si no les escribí fue porque ni siquiera tenía qué comer.

Eso debiste pensarlo antes, le respondió Pablo. No es culpa mía que hayás regresado como un desgraciado.

Varios días después ocurrió otro incidente. Fue durante la cena, dijo Clara. Pablo le preguntó a su padre qué se sentía regresar, sobre todo al lugar que abandonaste, papá. El viejo respondió que era difícil, que después de todo se sentía muy mal con la familia y que por ello pedía perdón -perdón por el abandono, perdón por dejarlos solos, perdón por nunca escribirles, perdón por regresar a casa con las manos vacías.

¿Y te cuesta conseguir trabajo, papá?, preguntó Pablo después de escuchar con desgano la sarta de perdones.

El padre entrecerró los ojos. La madre trató de apaciguar la situación, pero la conversación fue poniéndose cada vez más violenta, al punto que varios vecinos salieron de sus casas padra descubrir de dónde venían los gritos.

La madre hizo todo lo posible por calmar al hijo, y cuando por fin lo logró, Pablo repitió, ahora un poco tranquilo, la pregunta, a lo que su padre respondió que le era difícil encontrar trabajo, que nadie iba a contratarlo, pues ya estaba viejo y cansado.

No estás tan viejo, sentenció Pablo, más sereno.

Es noche acordaron que el padre se pondría a buscar empleo. Y fue así que varias semanas después, lo llamaron de una empresa de seguridad; no ganaría mucho, pero al menos alcanzaría para pagar los servicios básicos: agua, luz, y un poco de dinero para que Clara se comprara algún libro de la universidad.

Annotations (left margin):
- desgraciado — desafortunado
- hermana
- padre
- mentira — se quedó en Guatemala con otra mujer
- palabras clave — tema de abandono y regreso
- se siente avergonzado y arrepentido
- mujer sumisa, perdonó a su marido cuando volvió después de 6 años
- se siente desplazado — en su casa y en la sociedad

Annotations (right margin):
- ¿cómo es un buen padre?
- hijo desafiante
- violencia y agresión
- hijo
- Pablo tuvo que sostener a la familia durante su ausencia — resentido
- aumento de tensión, violencia subyacente
- acordaron = ¿reconciliación?
- trabajo precario y mal pagado
- educación = futuro mejor

© Mario Martz, 2017 © Anamá Ediciones, 2017
Licencia editorial otorgada por Anamá Ediciones
Los jóvenes no pueden volver a casa *está disponible en Kindle app*

Presentación – completa

Introducción

Este pasaje pertenece al cuento corto *Pobres niños que fuimos*, de Mario Martz, y forma parte de la colección titulada *Los jóvenes no pueden volver a casa* publicada en 2017. En este pasaje aparecen Clara, Pablo y sus padres, pero el diálogo entre Pablo y su padre es, de hecho, una reconstrucción relatada por Clara al narrador mientras están en el funeral del padre hablando del pasado. Creo que es un momento clave en el cuento porque después de muchas preguntas irresueltas, aquí presenciamos un enfrentamiento honesto y brutal entre padre e hijo.

Ideas sobre el pasaje

Primero, quisiera hablar del tema del abandono y regreso que es el tema que más se destaca a lo largo del cuento. Ya sabemos que – como muchos otros centroamericanos – el padre había ido a los Estados Unidos a trabajar, pero que ha vuelto porque ha sido deportado. Pero resulta que esto es una mentira porque se había quedado en Guatemala. En este extracto, vemos que Pablo siente mucho rencor hacia su padre. El hecho es que, si el padre no hubiera estado ausente durante 6 años, Pablo no habría tenido que ser el jefe de la familia y pagar la universidad de su hermana.

El padre ha decepcionado a todos porque nunca mandó dinero a su familia y ahora ha vuelto "con las manos vacías", o sea, desgraciado. Pero aun así, quiere retomar su posición como cabeza de la familia, algo que enfurece a Pablo, por lo que vemos una discusión bastante agresiva entre los dos hombres que luchan por tener el poder.

Creo que a los dos les cuesta adaptarse a su nuevo papel. Ahora por fin Pablo tiene la oportunidad de preguntar a su padre *por qué* se había ido, *cómo se siente* al volver y *qué va a hacer* ahora, y creo que estas preguntas son difíciles para el padre. En mi opinión, el padre se siente avergonzado y arrepentido, con el orgullo propio dañado, y quiere que su hijo le perdone. Pero Pablo lleva mucho tiempo sintiéndose abandonado, entonces no le gusta que haya vuelto su padre y preferiría que se fuera de nuevo.

Segundo, quisiera resaltar la violencia en el relato. El padre "agarra a su hijo del cuello", lo insulta, y los vecinos escuchan los gritos. Pablo le hace preguntas muy puntiagudas al padre – es decir que cuando dice "sobre todo al lugar que abandonaste, *papá*", creo que lo dice con un tono sarcástico. Entonces, la violencia – tanto física como verbal – provoca muchos altibajos de tensión y también demuestra que en esa cultura los problemas se suelen resolver con violencia.

Finalmente, creo que este extracto refleja una cultura machista, porque, pues es interesante que las mujeres estén en un segundo plano, por ejemplo, Clara está escuchando detrás de la puerta, y la madre solo intenta "apaciguar la situación" y "calmar al hijo".

Conclusión

Para concluir, el pasaje termina mencionando a Clara y la universidad y creo que esto es bastante simbólico. Clara representa la nueva generación que, gracias a la educación, podrá buscar mejores oportunidades y forjar un futuro mejor, con o sin la ayuda de sus padres.

5. INTERNAL ASSESSMENT – ORAL

Presentación – en puntos breves

- personajes – narrador – enfrentamiento
- tema abandono y regreso
- padre > EEUU > 6 años > deportado
- si el padre no hubiera… P no habría…
- lucha por ser el jefe de la familia
- preguntas de Pablo
- padre avergonzado, arrepentido
- violencia verbal y física
- cultura machista – ¿las mujeres?
- Clara – universidad – futuro mejor

¿Posibles preguntas?

- el título
- la madre
- Clara – el futuro
- ¿qué pasará después?
- ¿Cómo me sentiría si fuera Pablo/Clara?

Preguntas sobre la presentación

¿Con quién simpatizas más en este extracto? – Es una pregunta difícil. Es fácil juzgar y decir que nunca se debería abandonar a los hijos, pase lo que pase. Pero creo que la pobreza conduce a la desesperación y a la toma de decisiones arriesgadas. Pero para un niño, el trauma de ser abandonado por sus padres es algo que luego le afectará el resto de su vida, entonces, simpatizo más con Pablo.

> The questions should give you the opportunity to explain, clarify, expand, develop and justify your ideas.

Mencionaste en tu presentación 'las preguntas irresueltas'. ¿Qué quieres decir con esto? – Pues durante la mayoría del cuento hay muchas preguntas sobre los personajes, por ejemplo, ¿dónde está Pablo ahora?, ¿por qué se fue Clara sin decir nada? Hay una falta de explicaciones por lo que hace la gente, que es algo que aumenta el sentido de abandono, de que todos los personajes están solos, buscando sobrevivir. Pero ese abandono sin explicación empieza con los padres – los padres abandonan a los hijos y luego los hijos acaban abandonando a sus padres y hasta a sus amigos. Es muy inquietante.

Has hablado en tu presentación de la violencia, ¿te sorprende la violencia en el extracto? – No, no me sorprende. La violencia – o la amenaza de la violencia – está presente en todos los cuentos. La violencia, la muerte, los asesinatos, las desapariciones – todo esto es parte de la historia reciente de Nicaragua y, por lo tanto, de la conciencia de todos los personajes. Creo que muchas de las preguntas irresueltas tienen que ver con el trauma del pasado violento.

Has mencionado la importancia de la universidad para Clara. ¿Puedes desarrollar esta idea? – Sí, pues, aprendemos que Clara ganará una beca para estudiar una maestría en México y esto se presenta como un logro, porque ha sabido escaparse de la vida dura en Nicaragua. Y cuando vuelve para el funeral de su padre, dice que lo que más miedo le da es volver.

¿Por qué le da miedo volver? – Vale, pues porque creo que el tema de marcharse a otro país para buscar oportunidades es algo muy presente en la cultura centroamericana, debido a la pobreza, la violencia, el conflicto armado, y todo eso. Por lo que la idea de volver está asociada con el fracaso, que no lograste escaparte, ni cumplir tu sueño.

¿Puedes explicar más las diferencias entre las generaciones en este extracto? – Sí, pues la historia está ambientada en Managua, la capital de Nicaragua, y se ve que el pasado, o sea, el legado de la Revolución Sandinista de los años 80, es algo que está muy presente, en parte debido a los monumentos de Sandino y los héroes revolucionarios, y creo que también es algo que tiene muy aburrido a los jóvenes, creo que quieren deshacerse del pasado de su país y de los traumas que aún afectan a la generación de sus padres. Creo que el padre es víctima de las consecuencias de la historia de su país y la madre solo quiere evitar más conflictos. Pero aquí, vemos que los jóvenes – o sea Pablo – ahora exigen respuestas.

¿Qué opinas del título del cuento? – Creo que se puede hablar del doble sentido de la palabra 'pobre'. Pobre significa sin dinero, y la pobreza es una de las razones por la fracturación de tantas familias en esa cultura porque tantos padres abandonan a sus hijos para buscar trabajo. Pero aquí significa desgraciado o mal afortunado, y yo diría que en este extracto, sentimos pena por los hijos, los niños, porque no vivieron una juventud tan feliz como debería haber sido, y por eso son 'pobres niños'.

¿Te ha gustado la obra? – Sí, me ha gustado mucho. No sabía nada de la historia de Nicaragua y he aprendido mucho sobre la cultura y la historia del país y ahora quiero saber más.

ORAL PRESENTATION PRACTICE

Choose an extract from one of the two works you are studying in class, and use the suggested structure below to plan a presentation, either as bullet points or in full sentences. Remember to locate the extract, identify the characters, discuss relevant themes, and offer your opinions and interpretations. Then record and time yourself to see if you reach 3–4 minutes.

5.6.5 HL Oral presentation planner

Introducción: 30 seg

....
....
....
....

Ideas sobre el pasaje: 2–3 min

....
....
....
....
....
....
....
....
....

Conclusión: 30 seg

....
....
....
....

5.7 Parte 3: discusión general SL/HL

The third part of the oral at both SL and HL moves on to other topics that you have studied during the course related to the five Themes: *Identidades, Experiencias, Ingenio humano, Relaciones sociales, Cómo compartimos el planeta*. Here are sample questions on many of the suggested topics. They are not differentiated for SL/HL as your teacher should adjust the questions to suit your individual level and potential. Where possible, try to give concrete examples from Spanish-speaking countries in your answers, in order to show your cultural knowledge and understanding.

5.7.1 Área temática – Identidades

¿Qué imágenes asociamos con un **estilo de vida sano**?
¿Vivimos en una sociedad en la que **la belleza** es más importante que la salud?
¿Crees que **diferentes culturas** tienen ideas diferentes sobre la salud y el bienestar?
¿Se deben prohibir en las redes sociales **los filtros** que cambian el aspecto?
¿Qué **estilos de vida** promueven los *influencers* en redes sociales?
¿Cómo podemos proteger a los jóvenes de **las presiones sociales** que provienen de las redes sociales?
¿Cómo explicas el aumento en **los trastornos alimenticios** cuando existe tanta información sobre cómo comer sano?
¿Por qué **duermen poco** los jóvenes y qué impacto tiene en la salud?
¿Qué consejos darías a una amiga que sufriera de **estrés**?
¿Es **la conciencia plena** un buen remedio para combatir el estrés de la vida moderna?
¿Cómo puede **el deporte** contribuir a un estilo de vida sano?
¿Cómo puede **la creación artística** ayudar a alguien a enfrentar los obstáculos en la vida?
¿Qué impacto ha tenido **la pandemia** en la salud mental de los jóvenes?
¿Cómo ha podido la gente mantener una vida sana a pesar del **confinamiento**?
¿Qué importancia tiene **la subcultura** en la juventud?
¿Cómo influye a un joven el pertenecer a **una tribu urbana**?
¿Es posible identificar **una identidad "hispana"**?
¿Cómo han influido en la lengua española **el árabe o el náhuatl**, por ejemplo?
¿Qué importancia tiene la lengua en la cuestión de **la Independencia de Cataluña**?
¿Cómo influye **el bilingüismo** en la identidad?
¿Crees que **la educación plurilingüe** es algo positivo?
¿Por qué es importante preservar **las lenguas en peligro de extinción**?
¿Hasta qué punto pone en peligro las nuevas tecnologías a **la diversidad lingüística**?
¿Conocer otra cultura y sus comportamientos nos hace capaces de comprender mejor la nuestra?

> *"El énfasis que se pone hoy en día en el 'bienestar' en España revela no solo un cambio cultural sino también económico. La búsqueda del bienestar individual presenta oportunidades para todo tipo de empresa y producto y, de hecho, es un sector que ya mueve millones de euros."*
>
> *"El 40% de las lenguas están en riesgo de desaparecer – es imprescindible que los gobiernos hagan algo para frenarlo – se podría invertir en el estudio de las lenguas indígenas y en la educación bilingüe. México es uno de los países con mayor diversidad lingüística en el mundo, con 68 lenguas indígenas – desde mi punto de vista es algo que hay que celebrar y promover."*

5.7.2 Área temática – Experiencias

¿Cuáles son **los beneficios** a nivel personal de viajar y conocer diferentes culturas?
Ir de vacaciones – ¿es un derecho o un lujo?

5. INTERNAL ASSESSMENT – ORAL

¿Recuerdas **algún viaje** que haya cambiado tu manera de entender el mundo?
¿Crees que hacer **'volunturismo'** es un rito de paso esencial para los jóvenes hoy en día?
¿Es posible que **el llamado 'volunturismo'** haga más daño que bien?
¿Hasta qué punto es **el turismo** una parte imprescindible de la economía de España?
¿Qué consecuencias puede tener **un turismo irresponsable?**
¿Cómo ha cambiado **la tecnología** la manera en que planificamos nuestros viajes?
¿Cómo han cambiado los viajes y las vacaciones debido a **la pandemia** del Covid?
¿Habrías viajado más durante los últimos años **si no hubiera sido por la pandemia?**
¿Qué aportan **las costumbres y tradiciones** a la cultura?
¿Cómo marcan distintas culturas **los momentos importantes de la vida** y por qué lo hacen?
¿Se debe intentar conservar **las tradiciones** sin cambios? ¿Son así más auténticas?
¿Qué se puede aprender de una cultura a través de sus **fiestas**?
¿Un país necesita **costumbres y tradiciones** para tener identidad?
¿**Los inmigrantes** deben adoptar las tradiciones y costumbres del país anfitrión o seguir celebrando las de su país de origen?
¿Qué beneficios aportan las fiestas a **la economía local** o regional?
¿Algunas tradiciones se mantienen vivas gracias **al turismo?**
¿Crees que pierden algo las tradiciones que se vuelven muy **globalizadas** o comercializadas?
¿Cuál es el origen del **Día de Muertos?** ¿Cómo se celebra?
¿En qué se diferencia la postura europea ante **la muerte** de la azteca o la maya?
¿En qué se diferencian **Día de Muertos** y **Todos los Santos?**
¿Cómo ha influido el Día de los Muertos en la forma de celebrar Halloween en los EEUU?
La quinceañera: ¿es una fiesta anticuada y sexista? ¿Se celebra este rito de paso en tu cultura?
Algunas familias se endeudan para celebrar **la quinceañera**. ¿Qué opinas de esto?
¿Ha influido **la migración** en la historia de tu propia familia?
¿Cuáles son algunas de las razones por las cuales **emigra** la gente?
¿Es fácil **adaptarse** a un nuevo país? ¿Qué factores facilitan o dificultan **la integración**?
¿Por qué suscita tanta polémica la **'caravana hondureña'**?
¿Por qué crees que siguen intentando **los centroamericanos** llegar a los EEUU a pesar de un trato cada vez más duro en la frontera?
¿Qué impacto ha tenido la inestabilidad política en **Venezuela** en la migración en esa región?
¿Crees que los **políticos** están comprometidos a mejorar la situación de los refugiados?
¿Se debería legalizar a todos **los inmigrantes indocumentados** en los EEUU/España?
¿Qué papel juega **el narcotráfico** en el tema migratorio?
¿Hasta qué punto se encuentran **las mujeres indocumentadas** en situaciones más precarias que los hombres?
¿Qué impacto tendrá **el cambio climático** en la migración en los próximos años?
¿Por qué estaría dispuesto alguien **a arriesgar su vida** para llegar a otro país?

> *"Machu Picchu es una de las maravillas del mundo pero el impacto de los 800.000 visitantes al año es grave porque provoca un deterioro irreparable. De la misma manera, la Alhambra es visitada por más de 2 millones de turistas al año lo cual ha hecho necesario un mayor control en cuanto a las entradas y la seguridad. Yo creo que es de suma importancia preservar estos monumentos para las futuras generaciones."*
>
> *"Día de Muertos es un buen ejemplo de una tradición que está en continua evolución. Ya es una mezcla de costumbres españoles e indígenas, pero recientemente ha adoptado México una procesión casi carnavalesca debido a una película de James Bond, y durante la pandemia, por ejemplo, tuvo que organizar un desfile virtual debido a las normas de distanciamiento social. Creo que es algo positivo porque demuestra cómo pueden evolucionar las costumbres para seguir siendo relevantes y reconfortantes para la gente."*

5.7.3 Área temática – Ingenio humano

¿Qué podemos aprender sobre una cultura a través de sus **expresiones artísticas**?
¿Se puede considerar 'arte' **el arte urbano** o el grafitti?
¿Cómo consumimos **la información** y las noticias hoy en día?
¿Puede sobrevivir **la prensa tradicional** en la era digital?
¿Cuál es el peligro de la proliferación de **noticias falsas** hoy en día?
¿Hay que proteger **la libertad de expresión** a toda costa?
¿Los jóvenes pasan más o menos tiempo **viendo la tele** comparado con hace 10 ó 20 años?
¿Cómo explicas la popularidad de las series en **Netflix** en lengua española?
¿Crees que **la publicidad** es más responsable, solidaria y diversa que antes?
¿Hasta qué punto puede **la publicidad** fomentar estereotipos de género negativos?
¿Crees que **la publicidad** puede provocar cambios positivos en la sociedad?
¿Qué consecuencias puede tener el uso excesivo de **las redes sociales**?
¿Cómo afectan las nuevas tecnologías la forma en que **nos relacionamos**?
¿**Las nuevas tecnologías** nos aíslan de la sociedad o nos integran en ella?
¿Hasta qué punto contribuyen las redes sociales a la organización de grandes **movimientos sociales** como en Cuba o Venezuela?
¿Deberíamos tener más cuidado con nuestros **datos personales** en línea?
¿Cuáles serían algunos **inconvenientes de vivir sin tecnología** hoy en día?
¿Cómo podemos luchar contra el **ciberacoso** o la **ciberdelincuencia**?
¿Cuáles son tus **predicciones** para la tecnología en los próximos 10 años?
¿Cómo podemos aprovechar las nuevas tecnologías para mejorar **la desigualdad social**?
Las nuevas tecnologías en las clases: ¿una distracción o una ayuda?
¿El **acceso a Internet** debería ser gratuito/un derecho humano?
¿Hasta qué punto fue **la educación en línea** algo igualitario durante la pandemia?
¿El aumento del **teletrabajo** gracias a la pandemia conducirá a cambios estructurales permanentes?
¿Crees que los desarrollos en **la ciencia y la tecnología** deberían considerar más las consecuencias éticas y sociales?
¿Estás de acuerdo que **las grandes empresas tecnológicas** tienen demasiado poder?
¿Qué opinas de la idea de los **'bebés de diseño'**?
¿Estás de acuerdo con el uso de **las células madre** para tratar o evitar las enfermedades?
¿Debería ser obligatorio ser **donante de órganos** después de la muerte?
¿Te molesta la idea de **los trasplantes de órganos animales** en los seres humanos?
¿En qué campos está **la robótica** o **la inteligencia artificial** reemplazando a los humanos?
¿Cómo podemos aprovechar los **avances en las tecnologías de energías renovables** para mejorar la vida en zonas rurales y aisladas?
Si tuvieras control de los presupuestos nacionales, ¿invertirías más en la salud, la defensa o la exploración espacial?

> *"De las series más vistas en Netflix, muchas son españolas. Yo, por ejemplo, soy adicta a la Casa de Papel. Me parece fantástico que la gente consuma estas series aunque no hablen español."*

> *"En Cuba no hay acceso fácil al wifi lo que dificulta el turismo porque ahora ya se considera un servicio básico. El gobierno mantiene un control fuerte sobre Internet lo que también limita la libre expresión de los ciudadanos. Yo creo que es inevitable que esto cambie en el futuro."*

> *"Las manifestaciones en países como España, Chile o Venezuela se organizan a través de las redes sociales porque la información se difunde de manera muy rápida."*

5.7.4 Área temática – Organización social

¿Cuál es la importancia de desarrollar **una conciencia social** entre los jóvenes?
¿Crees que hay suficientes oportunidades para los jóvenes de **contribuir a su comunidad?**
¿Cómo aprovechaste **tu proyecto CAS** para participar en tu comunidad local?
¿Cómo esperas **hacer una diferencia positiva** en el mundo?
¿Qué podemos aprender de la cultura hispana a través de cómo cuidan a **la gente mayor**?
¿Crees que las **protestas y manifestaciones** son un ejemplo positivo de la participación social?
¿Hasta qué punto prepara **el sistema educativo** a los jóvenes para el futuro?
¿Cómo se debe luchar contra **el acoso escolar**?
¿Cómo tuvo que adaptarse **la educación** durante la pandemia del Covid?
¿Qué impacto tiene **la brecha digital** en las oportunidades educativas de los niños?
¿Qué responsabilidad tiene el colegio de desarrollar **el pensamiento crítico** y la innovación?
¿Seguirán teniendo **los exámenes** la misma importancia en el futuro?
¿Cómo mejora las relaciones laborales una comprensión de **la competencia intercultural**?
¿Por qué es tan alta **la tasa de desempleo** en algunos países hispanohablantes?
¿Qué impacto puede tener **el desempleo** en el individuo?
¿Qué **cualidades y competencias** crees que valoran más las empresas hoy en día?
¿Se puede justificar **una brecha salarial** en el siglo XXI?
¿Cuáles son las causas de **la discriminación hacia las mujeres** en el plano profesional?
¿Qué sectores laborales fueron más afectados por **la pandemia** del Covid?
¿Cuál es el papel de **la ley** en la sociedad?
¿Crees que el mayor propósito de **la cárcel** es castigar o rehabilitar?
¿Cuáles son **los retos** para la ley y el orden en el mundo hispano hoy en día?
¿Hasta qué punto algunas **organizaciones criminales** trascienden la ley en el mundo hispano?
¿Cómo desafía **el narcotráfico** a la policía?
¿Cuáles son los peligros cuando un estado tiene demasiado **poder** sobre sus ciudadanos?

> *"El acoso escolar es un problema alarmante en Argentina y es bien sabido que provoca la depresión, la baja autoestima y un aumento en la ansiedad de los escolares."*
>
> *"Creo que las empresas españolas tienen que hacer más para promover la diversidad. Además, tienen que ser más flexibles y promover más igualdad en cuanto a la baja de maternidad y paternidad. También han cambiado las actitudes hacia el teletrabajo y la flexibilidad laboral, que es algo muy positivo en mi opinión."*

5.7.5 Área temática – Cómo compartimos el planeta

¿Cómo demuestran los jóvenes alrededor del mundo un compromiso con **el medio ambiente**?

¿Qué iniciativas podrías proponer en **tu colegio** para que fuera más ecológico?

¿Qué impacto tiene **el plástico** en el medio ambiente y cómo podríamos reducir su uso?

¿Cómo se podría construir **una ciudad sostenible**?

¿De qué maneras están vinculados **el cambio climático y la migración**?

¿Cuáles son los problemas medioambientales que más afectan **a los países hispanos**?

¿Puedes dar un ejemplo del mundo hispano de una buena **iniciativa ecológica**?

¿Cuáles son las ventajas del uso de **energías renovables** en las comunidades rurales aisladas?

¿Estamos dispuestos a **sacrificar nuestras comodidades** para frenar el cambio climático?

¿Los países desarrollados deberían financiar **la transición hacia las energías limpias** de los países en vías de desarrollo?

¿Qué significa **la responsabilidad corporativa**?

¿Qué dirías a alguien que no creyera en **el cambio climático**?

¿**La pandemia** del Covid nos brinda una oportunidad para mejorar el medio ambiente?

¿Cuál es el legado de **las guerras y las revoluciones que tuvieron lugar** en el mundo hispano durante el siglo XX?

Después de **la Transición a la democracia**, ¿qué cambios sociales se vieron en España?

¿Crees que es mejor para una sociedad pasar página y olvidar **las atrocidades del pasado**, o indagar en el pasado y enfrentarse a las verdades incómodas?

¿Crees que vivimos en una época en que los líderes han olvidado **las lecciones del pasado**?

¿A qué se debe la tasa de **violencia y conflicto** en México hoy en día?

¿Crees que **legalizar las drogas** ayudaría a combatir los conflictos en algunos países hispanoamericanos?

¿Crees que hemos logrado **una sociedad justa e igualitaria**?

¿Cuáles son las principales causas de **la desigualdad social**?

Cuando miras a tu alrededor, ¿ves **injusticia** en alguna parte? ¿Cómo te hace sentir?

¿Qué **derechos humanos** das por sentado y quién tiene la responsabilidad de garantizarlos?

¿Hay algún grupo que sufra más por **la discriminación** en el mundo hispánico?

En los países latinoamericanos, ¿hasta qué punto sufren discriminación **los pueblos originarios**?

¿Cómo se puede luchar contra **los prejuicios** en tu opinión?

¿Crees que **la mujer** ha logrado la igualdad en la sociedad? ¿Por qué sí/no?

¿Por qué es difícil **compaginar** el trabajo con la vida familiar?

¿Qué es **el acoso sexual** en el trabajo y cómo se debe combatir?

¿Por qué sigue habiendo tanta **violencia de género**?

¿Qué se está haciendo en el mundo hispano para proteger los derechos de **las personas trans**?

¿De qué maneras está borrando **la globalización** las diferencias culturales?

¿Sería posible vivir en **un mundo sin fronteras**?

> *"Los jóvenes españoles están comprometidos con el medio ambiente. Más de la mitad de los jóvenes creen que los desarrollos tecnológicos deben centrarse en proteger el medio ambiente."*
>
> *"Por lo que hemos estudiado en clase, creo que Latinoamérica sufrirá mucho en el futuro debido al cambio climático – por ejemplo, habrá más huracanes, inundaciones y sequías. Pero también tiene ventajas. Por ejemplo, gracias a las prácticas milenarias de los pueblos originarios, muchas regiones podrán adaptarse. También creo que habrá que aprovechar las energías renovables como la energía solar y eólica."*

5. INTERNAL ASSESSMENT – ORAL

5.8 General oral exam revision tips

Improve your confidence when speaking

- ✓ Join in during lessons: don't be a wall-flower!
- ✓ Volunteer to read aloud in class to practise your pronunciation and intonation.
- ✓ Listen to authentic Spanish and imitate the way people speak.
- ✓ Watch interviews on YouTube to learn from the question and answer format.
- ✓ Practise with friends on the phone – you'll have to try harder if they can't see your expression.
- ✓ Take the initiative, don't make it sound like an interrogation.
- ✓ Time yourself when you speak – aim to give full answers in under 30 seconds.
- ✓ Record yourself and listen back – you'll be more aware whether you *er* and *um* too much.

Make revision cards that encourage you to vary your language

For each SL/HL topic (or HL literary text) you have studied, make revision cards with:

- specific vocabulary
- a good structure, adverb or negative
- an impersonal verb (e.g. gustar, parecer, hacer falta, interesar, preocupar)
- a present subjunctive structure
- a more complex structure (e.g. imperfect/pluperfect/perfect subjunctive)

Identidades: bienestar
- las imágenes retocadas
- no solo…sino también…
- a los jóvenes les gusta
- dudo que + subj.
- aconsejaría a un amigo que + imp. subj.

Experiencias: costumbres
- la herencia cultural
- desde hace
- siempre me han interesado
- no creo que + pres. subj.
- si no hubiera leído… nunca habría…

Ingenio humano: redes sociales
- la comunicación instantánea
- aunque
- me parece que
- es importante que + subj.
- es como si + imp. subj.

Organización social: mundo laboral
- brecha salarial
- nadie
- hace falta que…
- para que + subj.
- si no fuera por…

Cómo compartimos el planeta: igualdad
- respetar las diferencias
- aunque
- me preocupa que
- nadie quiere que + subj.
- ojalá que + imp. subj.

Texto literario 1
- el personaje que más sobresale es…
- ninguno de los personajes…
- a … le preocupa que…
- antes de que + subj.
- cuando leí el final, me chocó que…

Texto literario 2
- la trama gira en torno a…
- ni siquiera
- a … no le gusta que…
- el hecho de que + subj.
- en esa época, era comprensible que…

Vary the way you start your answers

- Es una buena pregunta
- Es una pregunta difícil
- No lo había considerado antes pero
- Lo discutimos siempre en casa
- Por una parte... por otra parte...
- No hay una respuesta fácil
- Es algo que hemos discutido en clase
- Es más complejo de lo que parece
- No se puede generalizar
- Es un tema polémico
- Creo que la razón es que
- Antes pensaba que... pero ahora...
- No sé/no estoy seguro/a
- ¿Puede repetir la pregunta, por favor?

Use key expressions of opinion

- creo que/pienso que/en mi opinión...
- me parece que/supongo que...
- a mi modo de ver
- yo diría que...
- bueno, pues, yo creo que ...
- vamos a ver...
- por ejemplo...
- o sea... /es decir.../quiero decir que...
- sin lugar a dudas...
- no estoy de acuerdo...
- eso no es verdad...
- lo que no entiendo es que...
- en absoluto...
- dudo que sea así...
- no estoy seguro/a de que...
- no creo que + subj.
- es todo lo contrario...
- si yo fuera español(a)...

Use different tenses and verb forms when expressing opinions

What interests me most about this issue is	Lo que más *me interesa* de este tema es
I've always been interested in	Siempre *me ha interesado*
This topic started to interest me after we studied it in class	Este tema *empezó a interesarme* después de que lo estudiáramos en clase
It really surprised me that it was such a serious problem	*Me sorprendió* mucho que fuera un problema tan grave
I never would have imagined it was like this	Nunca *hubiera imaginado* que fuera así
The government should do something	El gobierno *debería* hacer algo
The government must do something	Es imprescindible que el gobierno *haga* algo
We have to raise awareness	Hay que *concienciar* a la gente
I think it's been like this for a long time	Creo que *lleva mucho tiempo* así
During the dictatorship	Durante la dictadura
Since the end of the war	Desde el final de la guerra
Nowadays it's become easier	Hoy en día se ha *vuelto más fácil*
I've been following this story	*He estado siguiendo* esta historia
I think the media is creating panic	Creo que los medios *están creando* pánico

5. INTERNAL ASSESSMENT – ORAL

Express your ideas strategically

You are not tested on the *accuracy* of your knowledge on any topic, but the examiner is looking for thoughts and opinions that are ***wide-ranging*** and ***profound***, based on knowledge and understanding developed throughout the course, and that demonstrate intercultural appreciation.

Respond on a personal level to what you have learnt:	Compare Hispanic culture with your own:
Leí un artículo que decía que 1 de cada 3 jóvenes sufre acoso escolar y creo que fue interesante porque no sabía que fuera un problema tan grave en España…	Creo que la tasa de adicción al móvil es similar tanto en España como en el Reino Unido debido a la globalización de la cultura popular…
Vimos un video en clase sobre los pueblos originarios en Bolivia y me sorprendió su actitud hacia el bilingüismo porque yo pensaba que…	Me interesa la actitud de los mexicanos hacia la muerte porque creo que es similar a la actitud coreana…

Convey information with opinion structures in order to use the subjunctive:

El gobierno ha aprobado una ley → Me parece bien que el gobierno haya aprobado esta ley

El presidente dijo que… → Me pareció mal que el presidente dijera que…

Es el problema más grave en España → Dudo que haya otro problema tan grave en España

Demonstrate a range of thinking skills to show 'range and depth' of ideas

- ✓ **Describe** (what's in the image)
- ✓ **Explain** (situate the image within a topic and explain why it's worth talking about)
- ✓ **Develop your opinion** (explain what you think about the issue)
- ✓ **Analyse** (the wider social/political/health/environmental implications of the issue)
- ✓ **Select** (choose relevant examples or statistics)
- ✓ **Compare and contrast** (make cultural comparisons)
- ✓ **Empathise** (try to understand the people involved/what you would do)
- ✓ **Hypothesise** (imagine the consequences if nothing is done about it)
- ✓ **Consider other points of view** (what the experts say and what you think about that)
- ✓ **Criticise** (is the government doing the wrong thing in your opinion?)
- ✓ **Summarise** (express the main point concisely)
- ✓ **Evaluate** (make a judgement about what is being done about the current situation)

Use fillers to sound natural and 'authentic'

There may be the temptation to memorise some brilliant sentences in advance of the oral, so if you do, **try to pretend you are being spontaneous** by adding natural pauses and fillers, such as *mmm… eeh… bueno… creo que… ¿no?* to help make it sound like you are making it up as you go along.

> En mi opinión, la fiesta de San Jordi en Cataluña es muy interesante. **Eh…** he leído que es costumbre regalar libros a los hombres y rosas a las mujeres. **Bueno**, se podría decir que es un poco sexista, **¿no?** Pero, creo que, **eh…** que la tradición es un poco parecida al San Valentín, **pero… mmm…** creo que tiene mucho que ver con la identidad regional porque… **pues…** porque también he visto que cuelgan muchas banderas catalanas en la calle…

Try to relax and remember that the examiner wants you to succeed

Even though you won't know exactly what you are going to be asked, there is much you can do to prepare yourself and feel in control of the oral, whether it is practising your presentation technique, or preparing great sentences on the topics. So, even if you are really nervous, try to relax and pretend that you are totally comfortable speaking Spanish with your teacher. Don't talk too fast, speak clearly and make a reasonable effort with pronunciation and intonation – remember, the examiner won't have the advantage of being able to see your facial expressions or hand gestures. Try to sound interested and enthusiastic. The examiners will be very impressed.

Chapter 6: Language – Vocabulary

Building up your vocabulary is one of the hardest things and, unfortunately, this is where you just need to devote time to old-fashioned learning and repetition. In this chapter, you will find some suggested strategies for learning vocabulary, followed by vocabulary lists.

First, there is an introductory selection of vocabulary for each of the five prescribed Themes:

1. Identidades
2. Experiencias
3. Ingenio humano
4. Organización social
5. Cómo compartimos el planeta

This is followed by categories of non-topic-specific words and expressions to help improve your language marks. If this all seems like an impossibly vast range of vocabulary to learn, think about whether you will need to **produce** it (e.g. in an oral or in writing) or whether you just need to **recognise** it (e.g. in a reading comprehension). This will determine whether you should **actively** learn it (how to spell it, how to pronounce it) or **passively** learn it (you would remember it in context or be able to guess its meaning if you saw it).

In Paper 2, there are bound to be words you don't know and so you need to develop strategies for dealing with unfamiliar words within context, ***be prepared for the unexpected***, and try not to panic. There is much that you can do to increase your range of vocabulary and cultural awareness by reading widely. Try the culture-oriented sections of online newspapers and magazines. When you do a past paper reading comprehension, look at the end of the text for the source – it's often a website and this can give you a clue for the types of websites that the examiners browse.

6.1 Vocabulary learning strategies

- Use flashcard sites such as **Quizlet** to search for existing IB vocab sets or create your own. **Passively** flicking through words might help with your **recognition** of words (e.g. in a reading comprehension), but if you want to learn the item well enough to **recall** it in an oral exam, you need to learn more **actively** – use the **audio function** and **say the words out loud** as well as matching or writing them.

- Use a **spaced-learning** strategy to commit words to long-term memory, by learning a small number of items one day and reviewing them a few days later, focusing on the ones you knew less well the previous time.

- Learn difficult or impressive words **in the context of a sentence**:

    "*la mujer española tiene que* compaginar *el trabajo, la familia y las tareas domésticas*"

- Learn **groups of words** (nouns, verbs, adjectives) according to their **root**:
    - *un benefic*io (n) – *benefic*iar (v) – *benefic*ioso (adj)
    - *la inmigr*ación (n) – *un inmigr*ante (n) – *inmigr*ar (v)

- Go through your assignments highlighting basic, common or repeated words (e.g. *tengo, es muy importante*) and challenge yourself to use more interesting **synonyms**:

>   *estoy rodeado de*   *Dispongo de*
> En mi día a día <mark>utilizo</mark> mucha tecnología. <mark>Tengo</mark> un portátil, una tableta y un
>   *que me dieran*
> teléfono móvil con cámara digital. Pero también me gustaría <mark>tener</mark> un Kindle
>   *práctico*   *totalmente imprescindible*
> porque es más <mark>bueno</mark> para leer en el avión. Mi portátil es <mark>muy importante</mark> para
>
> hacer mis deberes.

- Make **flashcards** with a **topic heading** or **picture** on one side and a **spider diagram** or **list** of associated words on the other:

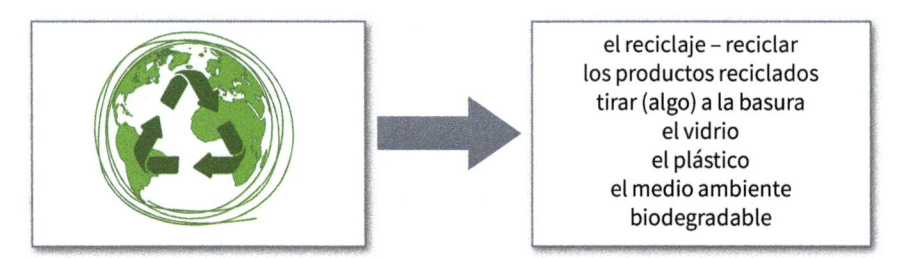

    el reciclaje – reciclar
    los productos reciclados
    tirar (algo) a la basura
    el vidrio
    el plástico
    el medio ambiente
    biodegradable

- Use **mnemonics** (mental and visual association) for the trickiest vocab. To learn the verb "to get used to" (*acostumbrarse*), imagine that a **clown** has **to get used to** wearing **a costume** all day. The more bizarre the visual imagery, the more effective it is.

- Use **chunking**. This is where you learn phrases that you can piece together in different contexts, e.g. "*no creo que sea*" – you don't have to think about whether you need the subjunctive, you just use it in that phrase.

- Avoid online translators that do the work for you – use wordreference.com to review synonyms and linguee.com to see words and phrases translated in context.

6.2 Vocabulario de las Áreas temáticas

IDENTIDADES

Estilos de vida
la alimentación/la nutrición
la autoestima
la belleza
la conciencia plena
el estrés
el equilibrio emocional
un factor de riesgo
el feminismo

un filtro
identificarse como
las imágenes retocadas
los influencers
una moda pasajera
normalizar
una polémica
las personas LGBT

las personas transgénero
la portada de revista
sedentario/a
ser alérgico al gluten
ser vegano
tener vergüenza
una tendencia
vigente

Salud y bienestar
adelgazar
las adicciones
alimentarse bien
la anorexia
arriesgarse
el ataque cardíaco
el cáncer
el coronavirus
el Covid-19
las cicatrices
la cirugía plástica
la diabetes
las drogas
el cuerpo
el desorden alimenticio/-ario

la dieta equilibrada
emborracharse
las enfermedades
el fumar
engordar
el estado de ánimo
la genética
la gripe
hacer cuarentena
hacer daño a
hacer un botellón
inyectar
llevar una vida sana
la medicina
un/una médico/a

la mente
nocivo
nutritivo
la obesidad
la pandemia
el peso
el/la psiquiatra
el/la psicólogo/a
el régimen, la dieta
la salud, saludable, sano
ser antivacunas
el SIDA
la talla
el tabaco
las vacunas

Creencias y valores
el cristianismo, cristiano/a
el crucifijo
la dignidad
la empatía
el feminismo
la iglesia
la igualdad
la integridad

el islám, musulmán(a)
el judaísmo, judío/a
la lealtad
la libertad
llevar velo/hiyab/burka
la mezquita
la misa
pacífico/a

perdonar
respetar
la responsabilidad
la sinagoga
la tolerancia
la valentía

Subculturas
la apariencia
la apropiación cultural
las características
los colectivos sociales
la cultura dominante
el estilo de vestir

la ideología
la jerga
los miembros
minoritario
el movimiento
la presión del grupo

la rebeldía
un rito de paso
la sociología
los tabúes
las tribus urbanas
la jerga

Lengua e identidad
amenazado
los ancestros
los ancianos/mayores
los antepasados
apoyar
la asistencia
ser bilingüe
el catalán
desaparecer
enriquecedor
el estereotipo
la falta de reconocimiento
una forma de ver el mundo
las generaciones mayores

los gitanos/los romaníes
la herencia
la humanidad
integrarse
la lengua nativa
las lenguas originarias
las minorías étnicas
el mixteco
el multilingüismo
el nacionalismo
el náhuatl
nuestra esencia
el patriotismo
perder

la persecución lingüística
pertenecer
el plurilingüismo
la población indígena
preservar su modo de vida
las raíces
reivindicar
la riqueza cultural
sentir orgullo
ser marginalizado
transmitir por vía oral
la torre de Babel

EXPERIENCIAS

Actividades recreativas
apasionarse por
el atleta
bailar
el baloncesto
correr
los deportistas de élite
el dopaje

entrenar
esforzarse
ganar
jugar videojuegos
la lectura
marcar un gol
el partido

los seguidores, las hinchas
ser buen deportista
la Selección Nacional
ser cinéfilo
ser gamer

Vacaciones y viajes
el abono mensual
las actividades ambientales
el albergue juvenil
ayudar a los demás
el comportamiento
la construcción de pozos
dispuestos a echar una mano
el ecoturismo
una experiencia única

experiencias que dejan huella
ir al extranjero
mejorar tu currículum
el Parador Nacional
el recorrido
el retraso del vuelo
el riesgo
la seguridad
la solidaridad

el turismo responsable
el volunturismo
el voluntariado
el placer de viajar
países menos desarrollados
presumir de ser solidario
un proyecto humanitario
ser altruista

Historias de la vida
a lo largo de su vida
acontecer
acostumbrarse a
añorar
arruinarse
cambiar el chip/el rumbo
conseguir

contar una historia
desde aquel entonces
empezar de cero
el enriquecimiento personal
mi experiencia
inolvidable
inspirar

lograr
mudarse, trasladarse a
relatar
sobrevivir
superar dificultades
valiente

Ritos de paso
la ansiedad, la zozobra
el/la adolescente
la adultez
el bautizo
la boda
el desasosiego
el entierro
estar ilusionado/emocionado
cantar "las mañanitas"
las celebraciones familiares

la comunión
el cumpleaños
experimentar
la felicidad
felicitar
graduarse
el funeral
heredar
el homenaje
la incertidumbre

la luna de miel
el luto
la niñez
el orgullo
pasar el umbral
un paso importante en la vida
la quinceañera
el rito de iniciación
el sentido de logro

Costumbres y tradiciones
el alma (f)
los bailes típicos
las banderas
los Castellers
los códigos de vestimenta
conmemorar
la Cuaresma
el Día de la Independencia
el Día de Muertos
los desfiles

los disfraces
las Fallas de Valencia
los fallecidos, los difuntos
festejar
las fiestas populares
el flamenco
el folclore, el folklore
el más allá
las máscaras
la oración

las procesiones
los Reyes Magos
la Salsa
los Sanfermines
la Semana Santa
los seres queridos
el Tango
la tauromaquia
los trajes nacionales
el zócalo

Migración
la carencia, la falta
clandestino
el desastre humanitario
la desesperación
el/la emigrante
la esperanza
estar sin papeles
la falta de oportunidades
el flujo migratorio

la libertad
el mejor sueldo
la movilidad
mejores perspectivas de vida
el/la migrante/inmigrante
la miseria
el país anfitrión/de acogida
la patera
los prejuicios

el racismo
el/la refugiado/a
la tierra natal
volver a empezar

6. LANGUAGE – VOCABULARY

INGENIO HUMANO

Entretenimiento
las actividades
el cine
el concierto
el concurso
el espectáculo
experimentar

la lectura
los lugares
la muchedumbre
los pasatiempos
la película
el/la protagonista

ser aficionado a
el teatro
la telebasura
la telerrealidad
la vida nocturna
los videojuegos

Expresiones artísticas
la arquitectura
el/la artista
el autorretrato
el boceto
los derechos de autor

la canción
el/la cantante
el cuadro
el/la escritor(a)
la exposición

la fuente de inspiración
lanzar un disco
la música
la obra de arte

Comunicación y medios
aparecer
el anunciante
los anuncios
la censura
el consumidor
el consumismo
el correo
dejarse influir
engañar
los estereotipos, los tópicos
el éxito
la foto
identificarse con

la imagen
los influencers
la inseguridad
la manipulación
el mensaje
el mito
los modelos a seguir
las noticias falsas
la parcialidad
parecerse a
la perfección física
el periódico
el/la periodista

la polémica
el precio
la prensa escrita
la publicidad
el público, la audiencia
la radio
la responsabilidad
las revistas
el sensacionalismo
el teléfono móvil, el celular
los televidentes
la televisión

Tecnología
el acceso a Internet
actualizar el perfil
el aislamiento
la arroba
el buzón
el cargador
chatear
el ciberacoso
el/la cibernauta
el ciberterrorismo
comprar por internet
la conexión inalámbrica
las consecuencias
los contenidos
la contraseña
descargar
las destrezas
las desventajas
el dispositivo

echar la culpa a
en la actualidad
el enlace
los datos
desconectar
educativo, pedagógico
estar enganchado al
estar obsesionado con
estimular
el foro en línea
grabar
las habilidades
las herramientas
los inconvenientes
el/la internauta
una llamada perdida
navegar por Internet
el ordenador
la pantalla táctil

la piratería
el portátil
prohibir
publicar un tuit
las redes sociales
las salas de chat
socializarse
el teléfono inteligente
el malentendido
mandar un mensaje
el nombre de usuario
el perfil
los seguidores
subir fotos
suscribir/subscribir
sustituir
quedarse sin batería/ conexión
los usuarios
el/la wifi

Innovación científica
las células madre
los científicos
la clonación
la competitividad
criogenizar, criopreservar
el desarrollo experimental
el descubrimiento
la donación de órganos
los embriones
la ética

la eutanasia
la exploración espacial
la biotecnología
las iniciativas
innovador
la inteligencia artificial
inventar
la inversión en desarrollos
la investigación
las máquinas

la nanotecnología
los robots
transgénico

163

ORGANIZACIÓN SOCIAL

Relaciones sociales

los adultos	entenderse bien con alguien	los menores
los amigos	envidiar	los mayores de edad
el amor	establecer amistades	la nostalgia
arriesgar	estar celoso	el/la novio/a
ayudar a	estar enamorado de	los parientes
la brecha generacional	la familia monoparental	rebelarse contra
castigar	la felicidad	relacionarse con la gente
la cita	fiel	mejorar
los colegas del trabajo	hacer amigos	mimar
confiar en alguien	la igualdad de género	el nacimiento
el divorcio	la longevidad	tener en común
el domicilio, la dirección	el matrimonio	
emanciparse de los padres	mostrar respeto hacia	

Comunidad

la armonía	la consideración	los momentos sociales
el ayuntamiento	cuidar	las obligaciones
el barrio, el vecindario	la cultura compartida	el sentido de pertenencia
la biblioteca	los espacios comunes	la solidaridad
la ciudadanía	los espacios verdes	los vecinos
la comisaría	la identidad colectiva	
los conflictos	la integración	

Participación social

os adolescentes	el fanatismo	la manifestación
aportar su granito de arena	el fenómeno	el sentido de responsabilidad
la compasión	la identidad cultural	tomar decisiones éticas
el comportamiento	la independencia	la valentía
estar comprometido a	la integridad	los valores personales
las estructuras políticas	manifestarse	

Educación

el acoso escolar	el conocimiento	la licenciatura
el año sabático	la creatividad	la maestría
el aprendizaje	la curiosidad	el rendimiento escolar
las asignaturas obligatorias	el doctorado	el reto
las aspiraciones	endeudarse	los sistemas educativos
el Bachillerato Internacional	a enseñanza pública	la universidad
la beca	los exámenes	la violencia en las aulas
la carrera universitaria	las instalaciones	
castigar	el internado	

Mundo laboral

el ámbito laboral	ganarse la vida	el sector secundario
la baja de maternidad	la inseguridad laboral	el sector terciario
las competencias	llegar a fin de mes	el sueldo, el salario
dedicarse a	el mercado labora	tener éxito
desempeñar un alto cargo	una multinacional	a tiempo completo
el desempleo, el paro	los ni-nis	a tiempo parcial
las destrezas	proyectos de emprendimiento	trabajar
el empleo	el puesto directivo	el valor del esfuerzo

Ley y orden

el/la abogado/a	denunciar	la pena de muerte
acusar	detener	el pleito
el asesinato	la dictadura	la reincidencia
la cárcel	la falta de libertades	sentenciar
la censura	el gobierno	ser delincuente
el crimen	el jurado	el sistema jurídico
la defensa	la justicia	el testigo
el delito	las leyes	la víctima
la democracia	la libertad	

6. LANGUAGE – VOCABULARY

CÓMO COMPARTIMOS EL PLANETA

Medio ambiente
los animales en peligro de extinción
el calentamiento global
el cambio climático
el carbón
las casas ecológicas
la contaminación acústica
la contaminación lumínica
la deforestación
los desastres naturales
los efectos del turismo
la energía eólica/solar
la energía limpia
la energía renovable
la escasez de alimentos
los fertilizantes
las fuentes de energía
generar energía
los materiales reciclados
las medidas
la naturaleza
los pesticidas
el petróleo
el reciclaje
los recursos naturales
las reservas de energía
la selva del Amazonas
sostenible
la sostenibilidad
los terremotos
los tsunamis

Medio urbano y rural
la agricultura
la alojamiento
las comodidades
el contacto con la naturaleza
la densidad poblacional
el desempleo
la desmejora de servicios
economizar
el éxodo rural
frenético
la ganadería
la infraestructura
la mano de obra
las oportunidades de trabajo
el paisaje
reubicar
los servicios básicos
la subida de precios
la vida nocturna
la vivienda

Globalización
la ciudadanía
la cooperativa
el crecimiento económico
la crisis económica
emergente
el FMI
las generaciones venideras
el hambre (f)
la hambruna
la industria
la inmigración
la inversión
el libre comercio
a migración
mundial
el mundo occidental
los negocios
las ONG
la ONU
la OTAN
la organización benéfica
los países desarrollados
repercutir
los suministros
la UE

Paz y conflictos
el alto al fuego
las armas químicas
el atentado terrorista
la bandera
el conflicto internacional
disparar
el ejército
firmar un tratado
los franquistas
los grupos paramilitares
la guerra civil
huir de un país
ir al exilio
invadir
la miseria
el narcotráfico
las pandillas
la pobreza
los políticos
los refugiados
la revolución
el servicio militar
el siglo XXI
sembrar el miedo

Derechos humanos
La Declaración Universal
el derecho a la vida
la esclavitud
hablar libremente
la libertad de movimiento
nacer libre e igual
respetar los derechos
perjudicar
proteger
reivindicar los derechos
sentirse seguro
el tráfico de personas
vulnerar los derechos

Igualdad
el/la activista
la brecha salarial
las creencias
la discriminación
la diversidad
la exclusión social
la igualdad de género
el maltrato
el movimiento BLM
la nacionalidad
la orientación sexual
las personas transgénero
la raza
el techo de cristal
la violencia machista

Ética
el ADN
las células madre
la conducta moral
a costa de
el debate
el/la donador
el embrión
el espermatozoide
la eutanasia
la existencia de Dios
la filosofía
la genética
investigar
el libre albedrío
los órganos
el óvulo
plantear una idea
quirúrgico
el trasplante
la voluntad

6.3 A-Z de verbos útiles

Vary your verbs as much as possible and avoid overusing the usual *hacer, tener, pensar, querer*.

- A -

acercarse - to approach
acompañar a - to accompany
acordarse de - to remember
adquirir - to acquire
aguantar - to put up with
aislar - to isolate
alcanzar - to reach
alejarse - to move away from
apetecer - to feel like
apoyar - to support
aprender - to learn
aprovechar - to make the most of
atender - to look after, deal with
asegurar - to ensure
asistir a - to attend, to assist
asustar - to shock, frighten
averiguar - to ascertain, find out

- C -

comenzar - to begin
comprender - to understand
conseguir - to achieve, obtain
continuar - to continue
crear - to create
crecer - to grow, grow up
creer - to believe
criar - to bring up, to raise (children)
cumplir - to fulfill

- D -

darse cuenta de - to realise
desaparecer - to disappear
destacar - to highlight, emphasise
desviar - to deviate
dirigirse a - to address someone
dudar - to doubt

- E -

empezar - to begin
encerrar - to lock away
enseñar - to teach
entender - to understand
enterarse de - to hear about something
entregar - to hand in
equivocarse - to be mistaken
exigir - to demand
evitar - to avoid
extenderse - to spread out

- F -

fallecer - to die, pass away
fomentar - to foster, encourage, foment, incite

- G -

gozar - to heartily enjoy

- H -

hallar - to find, come across

- I -

ignorar - to not know, be unaware of
impedir - to prevent
intentar - to attempt, to try
interrumpir - to interrupt

- L -

lograr - to achieve, to manage to do

- M -

mandar - to send by post, to give orders, to boss about
morir - to die

- O -

ocurrir - to happen

- P -

parecer - to seem
perdurar - to last, endure
permanecer - to remain
preocuparse por - to worry about
pretender - to intend, to claim
prevenir - to warn, foresee
probar - to try, to taste
probarse - to try on (clothes)
proporcionar - to provide

- Q -

quejarse de - to complain

- R -

recordar - to remember
rendirse - to give up, to give in
retroceder - to retreat, to step back
rogar - to beg, plead

- S -

señalar - to point out
sobrevivir - to survive
sonreír - to smile
soportar - to put up with
subrayar - to underline

- T -

temer - to fear
topar con - to come across, encounter
tratar - to attempt, try, have something to do with

- V -

vacilar - to hesitate
valer - to be worth
vigilar - to keep watch over, guard

6.4 Expresiones idiomáticas

Examiners like to see you using idiomatic expressions, which are turns of phrase which cannot be translated literally. This is no mean feat as you only really get to grips with them when you spend time in the country. To show you what I mean, I have already used 3 idiomatic expressions: "turns of phrase", "no mean feat", and "to get to grips with", which if translated literally into Spanish as "*vueltas de frase*", "*ninguna hazaña mezquina*" and "*conseguir apretones con*" mean absolutely nothing! This shows that word-for-word translations demonstrate a poor appreciation of idiom and can even impede communication. Idiomatic expressions are *not* the same as sayings and proverbs, which, if you try to sprinkle into your writing, looks contrived. Here are some useful and common idiomatic expressions which you can incorporate in your writing and speaking:

a eso de – at about (time)
a lo mejor – maybe
acabar de (+ infinitivo) – to have just done
al fin y al cabo – at the end of the day
al menos – at least
al revés – on the contrary
cada vez más – more and more
cada vez menos – less and less
cambiar de idea – to change your mind
contar con – to count on
cuando pueda – whenever I can
cuanto antes – as soon as possible
cuatro gatos – hardly anyone
dar una vuelta – to go for a walk/ride
me da mala espina – it gives me a bad feeling
darse cuenta de – to realise
darse prisa – to hurry up
de ahora en adelante – from now on
de la noche a la mañana – overnight
de hecho – in fact
de nuevo – again
de repente – suddenly
dejar en paz – to leave alone
depende del cristal con el que se mire – it depends on how you look at it
desde hace/desde hacía – since
echar la culpa a – to blame
echar de menos – to miss
echar un vistazo – to glance at
en absoluto – not at all
en medio de la nada – in the middle of nowhere
en realidad – actually
en serio – seriously
en un abrir y cerrar de ojos – in the blink of an eye
estar al tanto – to be up-to-date
estar harto de – to be fed up
estar fuera de control – to be out of control
hacer caso – to pay attention
hacer caso omiso – to wilfully ignore
hacer falta – to be necessary
hacer frente – to face up to
hacer la vista gorda – to turn a blind eye
hacer trampa – to cheat
ir de fiesta/ir de juerga/salir de marcha – to go out partying/clubbing
la otra cara de la moneda – the other side of the argument
llevar a cabo – to carry out
maldita sea – damn it!
me cae bien/mal – I like/dislike someone

negarse a – to refuse to do something
negarle algo a alguien – to deny someone something
no hay mal que por bien no venga – every cloud has a silver lining
poner trabas a – to cause problems
para colmo – the last straw/to top it all off
pillar – to catch someone by surprise
ponerle los cuernos a alguien – to cheat on somebody
ponerse de pie – to stand up
ponerse nervioso – to get stressed out
por mucho que (+ subjuntivo) – however much...
rumbo a – towards
salir adelante – to get by
salir de un apuro – to get out of trouble
salir en la tele – to be on TV
tarde o temprano – sooner or later
tener cuidado – to be careful
tener razón – to be right
tener algo que ver con – to have something to do with
no tener nada que ver con – to have nothing to do with
todo el mundo – everyone
tener/tomar en cuenta – to bear in mind/to take into account
un arma de doble filo – a double-edged sword
una cosa no está reñida con la otra – things are not mutually exclusive
una y otra vez – again and again
vale la pena – it's worth it
volverse loco – to go mad/crazy
y por si esto fuera poco – and as if that weren't enough
volver a (+ infinitivo) – to do (something) again

6.5 Falsos amigos

Don't get caught out by these common false friends!

español	inglés	vs	English	Spanish
en absoluto	= not at all/absolutely not		absolutely	= *totalmente*
actual/actualmente	= current/currently		actual	= *real/el mismo*
asistir	= to attend		to assist	= *ayudar*
atender	= to serve/attend to (e.g. doctor)		to attend	= *asistir a*
una campaña	= campaign		countryside	= *el campo*
un compromiso	= commitment		a compromise	= *un acuerdo*
contestar	= to answer/reply		to contest	= *oponerse/refutar*
desgracia	= a misfortune		a disgrace	= *una vergüenza*
decepcionar	= to disappoint		to deceive	= *engañar*
disgusto	= unpleasant news		disgusting	= *asqueroso*
efectivo	= cash		effective	= *eficaz*
embarazada	= pregnant		to be embarrassed	= *tener vergüenza*
emocionante	= exciting		emotional/moving	= *emotivo*
éxito	= success		exit	= *salida*
ignorar	= to be unaware of/to ignore		to ignore	= *no hacer caso a*
inconsecuente	= inconsistent		inconsequential	= *intrascendente*
introducir	= to put in/put into effect		to introduce someone	= *presentar a*
molestar	= to bother		to molest	= *atacar a/abusar de*
pretender	= to try/intend/to woo/to claim		to pretend	= *hacer ver que/fingir/simular*
real	= royal/real		real	= *verdadero*
realizar	= to carry out/achieve a goal		to realise	= *darse cuenta de*
recordar	= to remember/remind		to record	= *grabar*
sensible	= sensitive		sensible	= *sensato*
soportar	= to put up with/to bear		to support	= *apoyar/sostener*

6.6 Palabras frecuentes

High frequency words make up a significant proportion of language but often it's just assumed that you know them. It's okay if you don't know which grammatical category they fall under (adverbs, prepositions, conjunctions, determiners, quantifiers), just make an effort to learn these words as thoroughly as any other type of vocabulary and your Spanish will instantly sound more fluent.

These key words are easily mixed up:

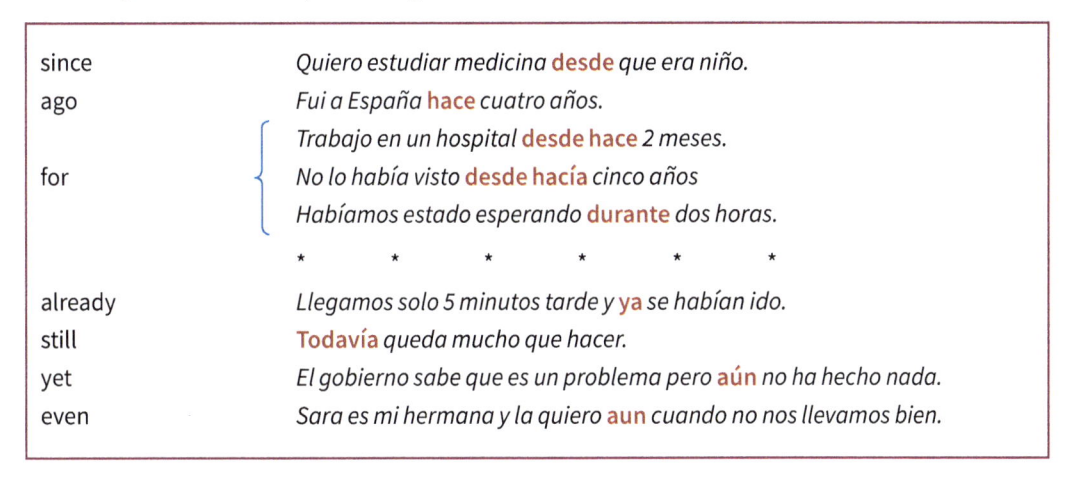

since	*Quiero estudiar medicina* **desde** *que era niño.*
ago	*Fui a España* **hace** *cuatro años.*
for	*Trabajo en un hospital* **desde hace** *2 meses.*
	No lo había visto **desde hacía** *cinco años*
	Habíamos estado esperando **durante** *dos horas.*
	* * * * * *
already	*Llegamos solo 5 minutos tarde y* **ya** *se habían ido.*
still	**Todavía** *queda mucho que hacer.*
yet	*El gobierno sabe que es un problema pero* **aún** *no ha hecho nada.*
even	*Sara es mi hermana y la quiero* **aun** *cuando no nos llevamos bien.*

PALABRAS MUY FRECUENTES

más	more	*menos*	less
muy	very	*mucho*	much
algo	something/somewhat	*nada*	not at all
un poco	a bit/a little	*poco*	not very, a little
tan	so ("that's so cool")	*tanto*	so much
así que	so ("therefore")	*demasiado*	too much
como	like, such as	*sobre*	about, on
bastante	quite, enough	*acerca de*	about
excepto	except	*así*	like this, this way
salvo que	except	*en vez, en lugar*	instead, rather
bien	well	*mal*	badly
mejor	better, best	*peor*	worse, worst
mientras	while	*mientras tanto*	in the meantime
sobre todo	especially	*por lo tanto*	hence, therefore, so
de ahí	hence	*hacia*	towards
tal vez	perhaps	*quizás, quizá*	maybe, perhaps
acaso	perhaps	*apenas*	barely, scarcely
ni... ni	neither... nor	*ni siquiera*	not even
todo	all, everything	*solo, solamente*	only
casi	almost	*tal*	such, such a
despacio	slowly	*deprisa*	quickly
también	also	*tampoco*	either, neither
desde luego	of course, naturally	*por supuesto*	of course

¿DÓNDE?

aquí/acá	here	*allí/allá*	there
cerca	near	*lejos*	far
arriba	up, above	*abajo*	down, downstairs
adentro	inside	*dentro*	within
afuera	outside	*fuera*	out
adelante	before, ahead	*atrás*	behind
delante	in front	*detrás*	behind
encima	on top of	*debajo*	underneath
enfrente	opposite	*ante*	before, facing
alrededor	around	*al lado*	next to

¿CUÁNDO?

tarde	late	temprano	early
ahora	now	luego	later
entonces	then	hasta	until
antes	before	después	afterwards
pronto	soon	en breve	shortly
apenas	as soon as	hoy	today
mañana	tomorrow	anoche	last night
ayer	yesterday	anteanoche	the night before last
anteayer	the day before yesterday	dentro de poco	shortly
recientemente	recently	actualmente	currently
brevemente	briefly	ya	already
todavía, aún	yet, still	hace	ago
desde	since	durante	for, during
desde hace	for (period of time)		

¿CON CUÁNTA FRECUENCIA?

siempre	always	nunca, jamás	never, never ever
todos los días	every day	diariamente	daily
ocasionalmente	occasionally	pocas veces	seldom
a veces	sometimes	de vez en cuando	from time to time
a menudo	often	semanalmente	weekly
mensualmente	monthly	anualmente	annually
usualmente	usually	generalmente	generally
frecuentemente	frequently	una vez	once

¿CÓMO?

lentamente	slowly	rápidamente	quickly
paulatinamente	gradually	cariñosamente	affectionately
tranquilamente	calmly	categóricamente	categorically
bruscamente	brusquely	ciertamente	certainly
claramente	clearly	amablemente	friendly
afortunadamente	fortunately	desafortunadamente	unfortunately
constantemente	constantly	furiosamente	furiously
típicamente	typically	sencillamente	simply
inmediatamente/		seguidamente	straightaway
enseguida	immediately	por desgracia	unluckily
por suerte	luckily		

6.7 Conectores

Connecting words (or cohesive devices/conjunctions) are essential to enable you to construct a coherent argument, by **linking ideas** and expressing **reasons, causes and consequences**. They also enable you to construct longer sentences in which you will inevitably use a wider range of tenses.

also	además/también	on the other hand	por otro lado
so, therefore	así que/entonces	in the short term	a corto plazo
without a doubt	sin duda	in the long term	a largo plazo
which is why	por eso	not just this, but rather...	no solo... sino...
although	aunque	however	sin embargo/no obstante
given that	dado que	(mean)while	mientras (tanto)
especially	sobre todo	when it comes to	en cuanto a
maybe	quizás	with regards to	con respecto a
in fact	de hecho	because of	a causa de/debido a
on the one hand	por un lado		

Remember that some conjunctions are followed by the subjunctive:

as soon as	en cuanto	the fact that	el hecho de que
until	hasta que	despite	a pesar de que
so that	para que	without	sin que

6.8 Marcadores secuenciales

In addition, you need to use sequence markers to guide your reader through your text or argument. They also help to structure a logical **beginning**, **middle** and **end** to your text.

> **Primero** → **Luego** → **Al final**

primero	*luego/después*	*al final*
al principio	*al poco tiempo*	*en tercer lugar*
en un principio	*de repente*	*para finalizar*
para empezar	*de inmediato*	*para terminar*
primero que todo	*tan pronto como*	*para concluir*
en primer lugar	*al mismo tiempo*	*finalmente*
ahora	*simultáneamente*	*por último*
	hasta	*en resumen*
	por ahora/hasta ahora	
	en segundo lugar	
	mientras tanto	
	más adelante/más tarde	
	desde entonces	
	después de un tiempo	
	no fue...hasta que	

¿Por dónde empezar?

> Use a variety of sequence markers to link sentences *and* to organise paragraphs, in order to guide your reader through your text.

6.9 Cómo traducir los verbos compuestos del inglés

Phrasal verbs are really difficult for Spanish students who are learning English. Equally, English-speaking students make the mistake of trying to translate them word-for-word into Spanish. A better strategy is to think of a one-word synonym in English and find a closer translation that way. In brackets are alternatives, depending on the context.

Phrasal verb	→ Synonym	→ Translation
break out	escape	***escaparse*** (+ *estallar un conflicto*)
bring about	provoke	***provocar*** (+ *dar lugar a*)
bring down	sink	***hundir*** (+ *hacer caer, echar por tierra, bajar*)
bring in	introduce	***introducir*** (+ *traer*)
carry on	continue	***continuar*** (+ *seguir con*)
carry out	realize	***realizar*** (+ *llevar a cabo*)
come about	occur, happen	***ocurrir*** (+ *pasar, suceder*)
come along	accompany	***acompañar*** (+ *progresar, aparecer*)
come out	appear	***aparecer*** (+ *salir de, hacer público, publicarse*)
come round	recuperate	***recuperar*** *la consciencia* (+ *venir, pasarse*)
find out	discover	***descubrir*** (+ *enterarse de, investigar sobre*)
get on with	relate well to	***llevarse bien con*** (+ *caerle bien*)
get out	flee	***huir*** (+ *salir, escapar, ¡fuera de aquí!, ¡lárgate!*)
get through	survive	***sobrevivir*** (+ *superar, salir adelante*)
get up	raise oneself	***levantarse*** (+ *pararse, ponerse de pie*)
give back	return	***devolver***
give in, give up	renounce	***rendirse*** (+ *darse por vencido*)

Phrasal verb	→ Synonym	→ Translation
give out, hand out	distribute	*distribuir* (+ *dar, repartir*)
go along	accept	*aceptar* (+ *ir, seguir la corriente*)
go back, come back	return	*regresar* (+ *volver*)
go down, come down, get down	descend	*descender* (+ *bajar, venirse abajo, derrumbarse*)
go in, come in, get in	enter	*entrar* (+ *ir adentro, pasar, llegar a casa, meterse*)
go off	sound/explode	*sonar (alarma), explotar*
go on	continue	*continuar* (+ *seguir, perdurar*)
go over	analyse	*analizar* (+ *revisar, darle vueltas a algo*)
go through	suffer	*sufrir* (+ *pasar por, pasar las mil y una*)
go up, move up	ascend	*ascender* (+ *subir, levantar, hacer lugar*)
hold back	hide/contain	*ocultar (información), contener (lágrimas)*
hold on, hold out	resist	*resistir* (+ *aguantar, no tirar la toalla, durar*)
hold up	sustain	*sostener* (+ *soportar, demorar a alguien, retrasar*)
look around	inspect	*inspeccionar* (+ *buscar, echar un vistazo*)
look back	remember	*rememorar* (+ *mirar atrás, volver al pasado*)
look down on, put someone down	disparage	*despreciar* (+ *menospreciar, considerar inferior*)
look out	be attentive	*estar atento* (+ *tener cuidado, ¡ojo!*)
look up	search	*buscar* (+ *levantar la vista, mejorar la situación*)
make out	decipher	*descifrar* (+ *ver, hacer como que, fingir, hacer pasar*)
make up	reconcile	*reconciliarse* (+ *hacer las paces*)
move back	recede	*retroceder* (+ *regresar a su sitio, mover para atrás*)
move on	advance	*avanzar* (+ *seguir adelante*)
pick out	elect/identify	*elegir/identificar* (+ *escoger*)
point out	show	*mostrar* (+ *señalar*)
put in	contribute	*contribuir* (+ *aportar, currar*)
put off	postpone	*posponer* (+ *aplazar, desalentar*)
put out	extinguish	*extinguir* (+ *apagar, incomodar*)
put up	hang	*colgar* (+ *subir, levantar*)
set about	begin to	*comenzar a* (+ *ponerse a*)
set out	expose	*exponer* (+ *tener la intención de algo*)
set up	establish	*establecer* (+ *montar, poner en contacto*)
sit back	relax	*relajarse*
take back	withdraw	*retirar* (+ *recuperar, reclamar, devolver*)
take down	dismantle	*desmantelar* (+ *desmontar, anotar*)
take in	welcome	*acoger a* (+ *hospedar a, enterarse, agarrar la onda*)
take on	compete with	*competir con* (+ *hacerse cargo de, aceptar el desafío a, contratar a*)
take out	extract	*extraer* (+ *invitar a salir, sacar*)
take over	assume control	*hacerse cargo de* (+ *encargarse de*)
take up	begin	*comenzar* (+ *empezar a hacer*)
turn back	return	*regresar* (+ *volver*)
turn down	reject/reduce	*rechazar* (+ *bajar el volumen, reducir*)
turn out	result	*resultar* (+ *acabar, acudir a*)
turn over	reflect	*reflexionar sobre* (+ *dar vuelta, voltearse*)
turn up	appear	*aparecer* (+ *presentarse, alzar el volumen*)
work out	resolve/exercise	*resolver* (+ *hacer ejercicio, solucionar, cuadrar*)

6.10 Cómo traducir 'to become' y otros verbos de cambio

▶ *volverse*: this is the most generic verb for 'to become'

La situación se ha vuelto preocupante	The situation has become worrying
Mi madre se ha vuelto loca	My mum's gone crazy

▶ *ponerse*: this is for a temporary change of mood or state

¡Me puse totalmente roja! (me enrojecé)	I went totally red!
¡Mi primo se pondrá contento!	My cousin will be so happy
Mi tía se puso triste :-(	My aunt was sad (at the bad news)
Me enfermé	I became ill/I got ill
Me pongo nervioso antes de los orales	I get nervous before oral exams

▶ **reflexive verbs**: there are often specific reflexive verbs that convey a change in state

aburrirse → me aburrí	I became bored
enojarse → me enojé	I got annoyed
convencerse → se convenció	He became convinced
cansarse → se cansó	He became tired

▶ *hacerse*: this is used for changes in job, religion, status and friendships (often after a conscious decision)

Susana se hizo musulmana	Susana became a muslim (she decided to)
Mi hijo se ha hecho médico	My son's become a doctor (he decided to)
Nos hicimos muy amigos	We became great friends (we decided to)
Fernanda se hizo rica	She became rich

It can also imply pretence or passing yourself off as something

Pablo se hace el tonto en clase	Pablo plays the fool in class (pretends he's an idiot)
Julio se hace la víctima	Julio is playing the victim

It is also used to express the passing of time

Ya se está haciendo tarde	it's getting late
...antes de que se haga de noche	...before it gets dark

▶ *llegar a ser*: similar to *hacerse* but implying after time or great effort

Ana llegó a ser atleta	Ana became an athlete

▶ *convertirse en*: similar to *hacerse* but only used with nouns (to turn into a...)

Se convirtió en una celebridad	He became a celebrity
Se convirtió en un monstruo	He became a monster
El garage se convirtió en un despacho	The garage became an office

▶ *quedarse*: this implies an involuntary change

Se quedó solo y pobre	He was left poor and alone
La pista de baile se quedó vacía	The dance floor was left empty
Se quedó embarazada	She got pregnant
Mis padres se quedaron tranquilos	My parents were relieved/at peace
Se quedó callado	He fell silent
Me quedé en blanco	I went completely blank (I forgot everything)

6.11 Verbos que cambian de significado con el 'se' reflexivo

You may have learnt reflexive verbs in the context of daily routine, but many verbs have an important change of meaning or nuance when they are used reflexively.

verbo		verbo reflexivo	
acordar	to agree	acordarse	to remember
caer	to drop, to fall	caerse	to fall over (accidentally)
caerle bien o mal a alguien	to make a good or bad impression on someone		
cambiar	to change	cambiarse	to change (outfit, or move house)
convertir	to convert	convertirse en	to become or turn into
creer	to think, believe	creerse	to have an inflated opinion of yourself
dormir	to sleep	dormirse	to fall asleep
echar	to throw	echarse	to lie down
encontrar	to find	encontrarse	to bump into someone you know, to feel (tired/ill/well, etc)
fijar	to make something firm or fixed	fijarse en	to notice or pay attention to something
gastar	to spend	gastarse	to wear out (e.g. shoes)
hacer	to do/make	hacerse*	to become
ir	to go	irse	to leave, go away
levantar	to lift up	levantarse	to get up (to stand up/get out of bed)
lavar	to wash (something)	lavarse	to wash oneself, to bathe
negar	to deny	negarse	to refuse to do something
ocupar	to occupy (space or time)	ocuparse	to be occupied with (a task or someone)
ocurrir	to happen	ocurrírsele algo a alguien	to have a sudden idea, to occur
parecer	to seem, to look	parecerse a	to look like/similar to
pasar	to pass through, to cross, to spend time somewhere	pasarse	to go too far, to cross the line
poner	to put	ponerse*	to put on clothes (on yourself)
probar	to test, to try out	probarse	to try on (clothes)
quedar	to meet up	quedarse*	to stay in one place
volver	to return	volverse*	to turn around

*these are also 'to become' verbs

6.12 Expresiones para discutir y argumentar

Several Paper 1 text types (e.g. *carta al director, ensayo, discurso*) require you to express your opinion and justify it, and examiners would like to see a more logical and coherent organisation of ideas in such texts. So, as well as connecting words, use **discursive markers** to construct an argument.

Introducción

- Se debate con frecuencia en estos días
- Todos coinciden en que … es un problema pero ¿es el problema tan grave como parece?
- Hay que preguntarnos… Cabe preguntarse si… ¿cómo se explica este fenómeno? ¿cómo se puede justificar tal postura? ¿a qué se debe este problema?
- En mi opinión… Desde mi punto de vista… Todo lleva a pensar que…
- No estoy de acuerdo en absoluto… No comparto en absoluto esta idea…
- No se debe generalizar pero… Hay que reconocer que… Hay que analizar…

Desarrollo

- Pienso que… Creo que… Personalmente…Es cierto que/está claro que + *indicativo*
- No pienso que… No creo que… Dudo que… Puede que + *subjuntivo*
- Es probable/innegable/chocante/interesante que + *subjuntivo*
- Por un lado…por otro lado… Por una parte…por otra parte…
- Esto significa que… No es de extrañar que…
- Es más complejo de lo que parece a primera vista…
- En primer lugar…en segundo lugar…finalmente…
- Luego…Claro…Además…Por ejemplo… Pongamos como ejemplo…
- Desde luego…. En realidad… Eso no tiene nada que ver con….
- En cuanto a…. Y no solo eso…sino también… Y por si eso fuera poco…
- El hecho de que + *subjuntivo*…
- No hay duda de que… Es verdad que…
- De hecho… A pesar de…
- Lo que de verdad me preocupa es…
- Aunque… Si bien es posible que… Hay quienes dicen que… Quiero decir que…
- Sin embargo… No obstante… En cambio… Al contrario…
- De hecho… En realidad… Igualmente… o sea…
- Por lo tanto… Como consecuencia… Así que… De esa manera… Por eso…
- Cuando se compara la situación en … deja claro que… Lo que tienen en común… Esto no es el caso en…
- De la misma manera… Comparado con… Parece igual en… En vez de…

Conclusión

- En conclusión… En resumen… En breve… Para resumir… En fin…
- Por las razones expresadas/expuestas/explicadas/presentadas aquí…
- Dados todos los argumentos… Todo parece indicar que… En su mayor parte…
- No cabe duda de que… Sin duda… Indudablemente…
- La cuestión se reduce en lo esencial a…
- Es fácil ver que…
- Espero que cambien las cosas… Espero que nuestras decisiones sean las correctas…
- Para conseguirlo, lo primero que tenemos que hacer es… ¿No sería mejor solucionar el problema de … antes de criticar a …?
- Lejos de ser la causa … podrían ser la solución.

6.13 Expresiones para comparar y contrastar

Paper 1 questions sometimes ask you to **compare and contrast** and examiners have highlighted this as a weakness for many students. Pay attention to these sentences which compare and contrast two festivals: Día de muertos and Halloween.

Comparar
¿En qué se parecen?

Tanto Día de muertos **como** Halloween marcan el paso de la vida a la muerte. **Ambas** fiestas se celebran a finales de octubre/principios de noviembre, una época del año que coincide con la cosecha, **lo que explica** el énfasis en la calabaza en los EEUU y el maíz en México. Muchas personas dicen que las dos fiestas son **iguales**, y es verdad que tienen mucho en común, pero también **tienen varias diferencias**. Algunos **elementos similares** son la costumbre de visitar el cementerio y preparar comida típica. **Pero, donde más se diferencian es** en la actitud hacia el más allá.

- **Más frases útiles**: también, similar, similarmente, igual, igualmente, del mismo modo, es parecido porque, las semejanzas comparables, aunque

Contrastar
¿En qué se diferencian?

A pesar de sus semejanzas, hay varios elementos que **diferencian la una de la otra. Con respecto a** los disfraces, en Halloween **es más común** disfrazarse de fantasmas y monstruos, **mientras que** en Día de muertos, **es más normal** disfrazarse de esqueleto y pintarse una calavera en la cara. **En contraste con** Halloween, los niños mexicanos no aterrorizan a sus vecinos con amenazas y bromas. **Por lo contrario**, toda la comunidad se reúne en la calle y en el cementerio y hay un ambiente **más** inclusivo. **A diferencia de** Día de muertos, que es una ocasión multigeneracional, Halloween **pone más énfasis en** los niños. **Una ventaja de** Día de muertos es que los niños desarrollan una aceptación de la muerte desde una edad temprana.

- **Más frases útiles**: no es tan… como… , de modo diferente, es más/menos… que, sin embargo, aunque, al contrario de, diferente, sin embargo, opuesto del, por un lado… por otro lado…, por una parte… por otra parte… , al igual que, una ventaja/desventaja de, contrariamente a lo que muchos piensan, más bien

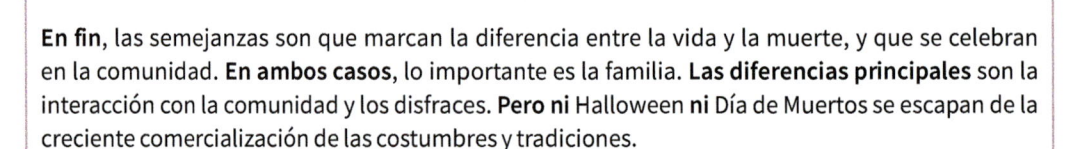

Concluir
En conclusión

En fin, las semejanzas son que marcan la diferencia entre la vida y la muerte, y que se celebran en la comunidad. **En ambos casos**, lo importante es la familia. **Las diferencias principales** son la interacción con la comunidad y los disfraces. **Pero ni** Halloween **ni** Día de Muertos se escapan de la creciente comercialización de las costumbres y tradiciones.

6.14 Cómo expresar datos

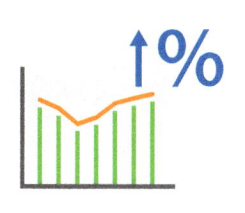

Paper 2 reading comprehensions are often articles and reports with statistics, figures and trends. While the content is not usually too complicated, familiarisation with the following expressions will help you navigate your way through such texts with more confidence. Try to impress the examiners by providing facts and figures in your oral or your Paper 1.

Porcentajes y estadísticas

10%	*el diez por ciento*
25%	*el veinticinco por ciento/una cuarta parte* (1/4)
33,3%	*el treinta y tres coma tres por ciento/una tercera parte/un tercio* (1/3)
50%	*el cincuenta por ciento/la mitad*
75%	*el setenta y cinco por ciento/tres cuartas partes* (3/4)
< 50%	*menos de la mitad/una minoría*
> 50%	*más de la mitad/la mayoría*
100%	*el cien por cien*

- Las emisiones de gases deberán reducirse **entre un 75% y un 95%** antes de **2050**.
- Las estadísticas demuestran que **la cifra** de víctimas de malos tratos ha aumentado considerablemente en los últimos años.
- **El 40%** de los jóvenes encuestados afirma haber sufrido acoso escolar.
- El problema parece **mayor** entre chicas.
- **Casi la mitad** de los votantes está a favor de la nueva ley, pero el resto la rechaza
- **Según una encuesta reciente**, hay que echar la culpa al gobierno.
- **La mayoría** de la gente tiene teléfono móvil.
- Es necesario hacer hincapié en **el hecho de que** aún hay presos políticos en algunos países del mundo.

porcentaje – percentage
por ciento – percent
encuesta/sondeo – survey
cuestionario – questionnaire
informe – report
estadísticas – statistics
datos – data
tendencia – trend
fecha – date
hechos – facts
base de datos – database
dirección – address
enfoque – focus
estándar – standard
evaluación – evaluation
resumen – summary
fuente – source
gráfica – graphic, graph, chart
infografía – infographic
valor – value

> Note that Spain and most South American countries use a decimal comma (*coma*) that is typical in continental Europe, while Central American countries generally use a decimal point/period (*punto*) which is also common in English-speaking countries. Similarly, the 'thousands' separator varies.
>
> Be mindful of this when reading news and other texts containing data!

Páginas web y correos electrónicos

www.los40.es	Tres uve dobles – **punto** – los cuarenta – **punto** – es
Patricia_marina@gmail.es	Patricia con P **mayúscula** – **guión bajo** – marina con m minúscula – **arroba** – gmail – **punto** – es

Fechas

04.01.1991	**El** cuatro **de** enero **de** mil novecientos noventa y uno
22.09.2010	**El** veintidós **de** septiembre **de** dos mil diez

6.15 Países y nacionalidades

It can be tricky to recall how to refer to someone in terms of where they are from. These should start you off and you can add countries, nationalities and adjectives of place that are relevant to you and the people you know.

País	Nacionalidad (forma masculina)	Ciudad de procedencia	Gentilicio
Argentina	argentino	Madrid	madrileño
Bolivia	boliviano	Barcelona	barcelonés
Chile	chileno	Galicia	gallego
Colombia	colombiano	Buenos Aires	bonaerense
Costa Rica	costarricense, tico	Lima	limeño, limense
Cuba	cubano	Santiago	santiaguino
Ecuador	ecuatoriano	Nueva York	neoyorquino
El Salvador	salvadoreño	Londres	londinense
España	español	Paris	parisino
Guinea Ecuatorial	ecuatoguineano		
Guatemala	guatemalteco		
Honduras	hondureño		
México	mexicano		
Nicaragua	nicaragüense		
Panamá	panameño		
Paraguay	paraguayo		
Perú	peruano		
República Dominicana	dominicano		
Uruguay	uruguayo		
Venezuela	venezolano		
Gran Bretaña	británico		
Inglaterra	inglés		
Escocia	escocés		
Gales	galés		
Irlanda del Norte	norirlandés		
(los) Estados Unidos	estadounidense		
Canadá	canadiense		
Francia	francés		
Italia	italiano		
Alemania	alemán		
Rusia	ruso		
China	chino		
(la) India	indio, hindú		

6.16 Errores comunes de vocabulario del NM (*SL*)

Interference from English is one of the major problems in Spanish B. Here is a list of errors I have found in SL exam papers that include word-for-word translations of English expressions, and what I call "panic words", which are literal renderings of English words with some sort of "Spanish" look about them! Hopefully, after reading this, you'll feel reassured that your Spanish isn't this bad. But if you spot any of your own errors here then do highlight them and move swiftly on to the grammar section!

What you want to say	Anglicism/Error	Correct Spanish
a few other things	*un poco otros cosas*	*algunas otras cosas*
a great opportunity	*un grande oppurtunidad*	*una gran oportunidad*
a mix of	*un mixo de*	*una mezcla de*
an individual	*un individual*	*un individuo*
another problem	*un otro problema*	*otro problema*
as much	*tanto mucho*	*tanto*
at the moment	*a momento*	*en este momento*
starting sentences with "Because of"	*Porque de*	*Ya que/Como/Dado que/A causa de/ Gracias a/Debido a*
- because of this programme	- *porque de este programa*	- *debido a este programa*
- because of humans	- *porque de los humanos*	- *a causa de los humanos*
- because I can dance	- *porque yo puedo bailar*	- *como puedo bailar*
beneficial	*beneficial*	*beneficioso*
better/best	*más bien/más mejor*	*mejor (que)/el mejor*
call me!	*me llama*	*llámame*
charity/foundation	*funda*	*una organización benéfica/una ONG*
disabilities	*desabilidades*	*discapacidades*
each other	*cada otros*	*el uno al otro*
economical	*economical*	*económico*
environment	*environmento*	*el medio ambiente*
eventually	*eventualmente*	*al final*
everywhere	*todos donde*	*por todas partes*
fifteen/sixteen	*diez y cinco/diez y seis*	*quince/dieciséis*
for a long time	*por un tiempo largo*	*durante mucho tiempo*
I am interested in	*yo soy interesante en*	*me interesa*
I know that	*sabo que*	*sé que*
I realise that	*realizo que*	*me doy cuenta de que*
I work well with other people	*trabajo bueno con otro gente*	*trabajo bien con los demás*
I'm enthusiastic	*estoy entusiastico*	*soy entusiasta*
everyone	*todas personas*	*todo el mundo*
illnesses	*enfermas*	*las enfermedades*
improve	*improbar*	*mejorar*
in fact	*en facto*	*de hecho*
in order to	*en orden de*	*para/para que (+ subjuntivo)*
in our world	*en nos mundo*	*en nuestro mundo*
influential	*influenciales*	*influyentes*
is dead	*es muerte*	*está muerto/muerta*
it could work	*puede trabajar*	*podría funcionar*
it looks good	*es mirar bien*	*tiene buen aspecto/me parece bien*
it was cold	*fue muy frío*	*hacía mucho frío*
it was in need of help	*fue en necesita de ayuda*	*necesitaba ayuda*
it will be	*va aser/va hacer*	*va a ser/será*
it's necessary	*es necesito/es necessario*	*es necesario/hace falta*
it's about working together	*es sobre trabajando juntos*	*se trata de trabajar juntos*
large/big	*largo*	*grande*
last night	*el nochepasado*	*anoche*
location	*locacion*	*la ubicación*

What you want to say	Anglicism/Error	Correct Spanish
manager	*manajero*	*gerente*
many people's lives	*muchas persona's vidas*	*las vidas de mucha gente*
maturity	*el maturismo*	*la madurez*
my college resumé	*mi colegio resume*	*mi currículum*
my grades	*mis grados*	*mis notas*
New York	*nueveyork/New Yorke*	*Nueva York*
now is the time	*ahora es el tiempo*	*ahora es el momento*
often	*muchos tiempos*	*muchas veces/a menudo*
on Mondays	*en lunes*	*los lunes*
passionate	*pasionato*	*apasionado*
people like	*personas se gustan*	*a la gente le gusta*
pictures	*picturas*	*fotos/dibujos* (drawings)/*cuadros* (paintings)
population	*el populacion*	*la población*
self confidence	*la confidencia*	*la seguridad en sí mismo*
success	*succeso*	*éxito*
Summer/Winter	*Vierno*	*verano/invierno*
thank you for reading my letter	*gracias para leyendo mi letra*	*gracias por leer mi carta*
the first time	*el primer tiempo*	*la primera vez*
the main theme	*la tema principale*	*el tema principal*
the majority	*la mayoridad*	*la mayoría*
the only thing	*la sola cosa*	*lo único*
the surface	*el surface*	*la superficie*
they decrease	*decrecen*	*disminuyen*
they support me	*me soportan*	*me apoyan*
to be in good health	*estar con bueno sano*	*tener buena salud*
to be involved in	*ser involver en*	*estar involucrado en*
to fix problems	*fijar problemas*	*arreglar problemas/encontrar soluciones*
to graduate	*graduar*	*licenciarse, graduarse*
to have a good time	*tener un buen tiempo*	*pasárselo bien/divertirse*
I have a great time	*tengo un gran tiempo*	*me lo paso muy bien/me divierto/disfruto*
to help them	*ayudar ellos*	*ayudarles*
to impress people	*impresar a las personas*	*impresionar a la gente*
to make the most of /to take advantage of	*hacer el mejor de/tomar advantaje de*	*aprovecharse de/sacar provecho de*
to perform	*performar*	*actuar*
to prevent	*preventar*	*prevenir*
to promote	*promotar*	*promover*
to refuse	*refusar*	*negarse a*
to research	*resercher*	*investigar*
to spend time	*gastar tiempo*	*pasar tiempo*
topics/issues	*topicos*	*temas/asuntos*
two months ago	*dos meses en el pasado*	*hace dos meses*
we look different	*miramos diferente*	*parecemos diferentes*
when	*quando*	*cuando*
with me/with you	*con mi/con sus*	*conmigo/contigo*
without	*con no*	*sin*
you won't regret it	*no lo regretarás*	*no te arrepentirás*

6.17 Vocabulario literario esencial de NS (*HL*) — HL

This glossary contains tricky vocabulary which has come up in past paper literary texts as well as some other suggestions. It might look daunting and you won't learn them all in one day. The good news is that you will not be expected to use any of these words, but it will definitely help if you can recognise them.

– A –

acantilado – cliff
acariciar – to caress
acurrucarse – to curl up
adivinar – to guess
afán – diligence, desire
aguardar, esperar – to wait for
agujero – hole
ahogarse – to drown, suffocate
alba – dawn
con alborozo – with sheer joy
alma – soul
amanecer – sunrise
amparar, cobijar – to shelter, protect
anacrónico – anachronistic
analfabeto – illiterate
anhelar – to desire vehemently
apoderarse de – to seize control of
apurar, apresurar – to hasten
arrastrar – to drag
arrodillarse – to kneel
arrojar, lanzar, echar – to throw, hurl
arroyo – stream, brook
arruinar – to ruin, spoil, bankrupt
atar – to tie up
atardecer – sunset
atemorizar – to frighten
atreverse a – to dare to
atónito – amazed, astonished
buen/mal augurio – good/bad omen
avergonzado – ashamed, embarrassed
azahar – orange blossom (virginity symbol)

– B –

balbucear – to stammer
barajar – to consider other possibilities (also *to shuffle cards*)
bullicio – noise, hustle and bustle

– C –

casualidad – coincidence, chance
caudaloso – plentiful (e.g. river)
cielo – sky, heaven
cigüeña – stork
cólera – anger
contemplar – to contemplate
crepúsculo – twilight or dusk
en cuclillas – to squat, crouch
cuna – cradle

– D –

deleitarse – to delight in
deleite – placer
desamparado – forsaken, abandoned
pasar desapercebido – to go unnoticed
desazón – anxiety, uneasiness
desgraciado – wretched
deslumbrar – to dazzle
despedirse de – to say goodbye
desperezarse – to stretch (your limbs)
desprovisto de – devoid of
disculpar – to excuse
disfrazado – disguised, dressed up
disimular – to pretend, conceal
don – talent, gift
dueño – owner

– E –

embriaguez – drunkenness
empeñarse en – to insist, persist
enaguas – petticoat
enamorarse de alguien – to fall in love
enajenar – to drive crazy, alienate
endiablado – possessed, perverse
engañar – to deceive
enloquecedor – maddening
enojo – anger
enredarse – to get entangled
enrojecer – to blush
ensimismamiento – self absorption
envenenado – poisoned
envidioso – envious
erguirse – to sit/stand up straight
erizar – to make stand on end
escabullirse – to scurry away
esconder – to hide
a escondidas – secretly
escudriñar – to scrutinize
estremecer – to make...tremble
exigir – to demand
extenuado – exhausted

– F –

fatigar – to tire out
florecer – to bloom, blossom
forastero – outsider, stranger
frotar los ojos – to rub one's eyes
fusilar, disparar – to shoot, execute

– G –

gemir – to moan
guiñar – to wink

– H –

hallar(se) – to find (oneself) somewhere
hallazgo – a great find
hazaña – feat, achievement, prank
hervidero – swarm, hotbed
holgazán – lazybones, layabout, idle
hosco – sullen, moody
huérfano – orphan
huir – to flee

hundirse – to drown, go under
hacer ilusión – to be looking forward to

– I –

indagar – to investigate, enquire into
ingenioso – ingenious, witty
inquieto – restless, anxious
insólito – unheard of, most unusual
intrépido – intrepid
inverosímil – implausible
irrumpir en – to burst in

– J –

juguetón – playful
jurar – to swear

– L –

lanzar – to throw, to launch (a record)
largarse – to get out as fast as possible
lástima – pity
una legua – distance you can walk in about an hour, (approximately 3 miles)
lejano – far away
pedir limosna – to beg
llamativo – striking, eye-catching

– M –

maldecir – to curse
malvado – wicked
manso – smooth, gentle, calm
manzana – block of houses (or apple)
marchitar – to wither or fade away
mayordomo – butler
mendigo – beggar
menosprecio – contempt
mezquino – stingy, miserly
misericordia – mercy
mugriento – filthy

– O –

oración – prayer (or sentence)
ombligo – belly button, the centre
a orillas de – on the shore, bank of
oscurecer – to get dark

– P –

padecer – to suffer
parir – to give birth to
parpadear – to blink, bat your eyelashes
pecado – sin
en la penumbra – in semidarkness
piedad – piety, devotion, mercy
pisotear – to trample over
plegaria – humble and fervent begging
potenciar – to strengthen, promote
praderas – meadows, prairies
privarse de algo – to deprive oneself of

puñetazo – punch

– Q –

querella – dispute

– R –

rabia – rage
rasgos – traits
recelo – suspicion, distrust, fear
a regañadientes – reluctantly, grudgingly
relámpago – lightening
rememorar, recordar – to remember
resplandor – radiance, brilliant light
resbalar – to slip, skid
rezar – to pray
risueño – cheerful, provokes joy
rodear – to surround
rozar – to brush past
rumbo – in the direction of

– S –

sacudir – to shake
saltimbanqui – acrobat
santiguarse – to cross one-self
sembrar – to sow seeds
semejante – such, similar
sigiloso – quiet
soberbio – proud, mighty
sobresalto – something that startles
soñoliento/somnoliento – sleepy
sordomudo – deaf and dumb
subyacente – underlying
susurrar – to whisper

– T –

tartamudear – to stutter
temporal/tempestad – storm, rainy spell
tinieblas – darkness, shadows
torpeza – blunder, clumsiness
tragar – to swallow
tropezar con – to stumble upon
tumbarse – to lie down
turbar – to disturb, unsettle

– V –

valeroso – brave, noble
varón – male (*hembra* – female)
venturoso – happy, fortunate
viuda – widow

– Y –

yacer – to be lying, reclining

– Z –

zambullirse – to plunge in, immerse oneself
zozobra – anxiety

Chapter 7: Language – Grammar

The IB Spanish B SL/HL course assumes you have a solid knowledge of basic Spanish grammar already. Therefore, this chapter will focus on two main areas of grammar that IB examiners repeatedly highlight as problematic: **basic errors**, which are evident at both SL and HL, and **complex structures**. Study the notes and then try the *Repaso* translations.

Basic errors

These include inaccuracies in gender of articles (*el/la*), adjectival endings, spelling, prepositions (e.g. *por/para*), and verb conjugations, especially of common verbs. Notably, many basic errors are caused by interference from English and so this is dealt with first.

Complex structures

You will gain marks in writing and speaking for using complex structures effectively. Remember that the examiners want you to succeed, and so you will get more marks for attempting to use complex structures – even if you get them wrong – than for not trying at all. It is important to note that there is no defined list of 'complex structures', so the following are aspects of Spanish that could reliably be considered complex at SL and HL:

- Subordinate clauses
- Relative clauses
- Using the subjunctive:
- Compound tenses with *haber*, *estar* and *ir*
- Moving between different time frames
- Imperatives
- Using the gerund or the infinitive
- Avoiding the passive voice
- Pronouns
- Negatives and affirmatives

> The IB examiners do not judge all language errors equally. They consider three categories of error:
> - Faltas – these are occasional slips, for example, an incorrect verb ending when most other verb endings are correct.
> - Defectos – more regular errors to do with lack of grammatical understanding, for example, using preterite where perfect should be used.
> - Fallos – frequent mistakes in the same structure, or crucial grammar that is simply missing e.g. no past tense at all, even if the meaning of a sentence would require it.

7.1 Basic Errors

7.1.1 Interference from English

A large number of IB candidates have English as their native language, or IB working language, and the interference from English is a huge issue in Spanish B in the following ways:

▶ **Spelling**

There are many words in English and Spanish that are similar (cognates) but have slightly different spellings. There are a number of key words that students think are similar but are not.

Anglicisms in vocabulary and spelling

What you want to say	Anglicism	Correct Spanish
beneficial	*beneficial*	*beneficioso*
another	*un otro/otra*	*otro/otra (without un/una)*
the majority	*la mayoridad*	*la mayoría*
to experience	*experienciar*	*experimentar*
to involve	*involvar*	*involucrarse*
I realise	*realizo*	*me doy cuenta*
scientific	*scientífico*	*científico*
Colombia	*Columbia*	*Colombia*
environment	*ambiente*	*el medio ambiente*
technology	*technología*	*tecnología*

Double letters: there is no **ff, mm, ss, tt** in Spanish, so watch out for these:

Error	Correct Spanish
communicación	*comunicación*
differente	*diferente*
difficil	*difícil*
effectivo	*efectivo/eficaz*
programma	*programa*
possible	*posible*
necessario	*necesario*
attention	*atención*

The *only* letters in Spanish that can be double are the consonants in the name CaRoLiNa:
    CC – *acción, dirección, diccionario, acceso* (sounds a bit like a**cc**ent or a**cc**ident)
    RR – *carro, cerrar, guitarra, aburrido*
    LL – *llamar, amarillo, llaves, llegar*
    NN – *innovador, innecesario, innato*

English "ph": there is **no ph** in Spanish, so the following words are spelled with an *f*:

    fotografía, teléfono, fenómeno, filosofía, físico

English "-tion" becomes "-ción" in Spanish:

    administración, comunicación, educación, organización, información

▶ **Literal translations of idiomatic expressions**

What you want to say	Error	Correct Spanish
to have a good time	*tener un buen tiempo*	*pasarlo bien ("vamos a pasarlo bien")*
to have fun	*tener divertido*	*divertirse ("vamos a divertirnos")*
the only thing I know	*la sola cosa que sé*	*lo único que sé*
it's worth it	*es vale lo*	*vale la pena*
the first time	*el primer tiempo*	*la primera vez*

7. LANGUAGE – GRAMMAR

▶ **Always translating 'how' as 'como'**

It is common to write incorrect things like '*como mucho*' when you mean 'how much'. Instead, use *cómo, cuánto, lo* or *cuán*, depending on what you mean:

What you want to say	Correct Spanish
Let me show you how to do it.	*Déjame enseñarte cómo se hace.*
It doesn't matter how hard you try.	*No importa cuánto lo intentes.*
It depends how much you want to go.	*Depende de cuánto quieres ir.*
I didn't realise how hard it would be.	*No me di cuenta de lo difícil que sería.*
I didn't know how easy it was.	*No sabía cuán fácil era.*

▶ **Lexis (word order)**

Because of his health condition, working in a factory is sometimes difficult.

✗ *Porque de su enfermedad, trabajando en una factoria es a veces difícil.*

✓ *A causa de su enfermedad, a veces es difícil trabajar en una fábrica.*

> You can't **start** a sentence in Spanish with '**porque**'. Use *como, ya que, dado que, a causa de,* or *debido a*.

It's important for you and the kids you are friends with.

✗ *Es importante para tú y los niños tú eres amigos con.*

✓ *Es importante para ti y los niños quiénes son tus amigos.*

> You can't **end** a sentence in Spanish with **a preposition**, so you may need a relative clause. See Prepositions.

It would be better to do this instead.

✗ *Sería mejor hacer esto en vez.*

✓ *En vez de hacer aquello, sería mejor hacer esto.*

> You can't **end** a sentence in Spanish with '**instead**'. Rephrase, starting with *en vez de* or *en lugar de*.

▶ **Not recognising tenses in English and their equivalent Spanish tenses**

Under pressure, it can be difficult to remember which tenses to use, and this can result in a "panic" attempt at tense formation. Take these examples:

What you want to say	Error	Correct Spanish
It will reduce	*será reducir*	*se reducirá*

The problem here is not recognising that the future tense in English is formed with **will + infinitive**. In Spanish, the future tense has its own endings so you shouldn't try to translate will as a separate word.

I'm interested in doing	*estoy interesado en haciendo*	*me interesa hacer*

The problem here is translating each bit of the verbal structure word for word. "To be interested in" is an impersonal verb in Spanish: *interesar* (which works like *gustar*), after which you use the **infinitive**, not the gerund.

It was going to be	*fue yendo a estar*	*iba a ser*

The problem is again thinking that each word is a different verb and tense, instead of recognising clusters of words that form a tense or verbal structure. To go = *ir*, it was going = *iba*.

▶ **Translating 'could' in the past**

Most of the time, 'could' generates the conditional tense for something that 'could happen' in the future:

I could visit you next week. → *La semana próxima **podría** visitarte.*

185

However, consider this sentence: 'It was too difficult, I **couldn't** do it.' This is clearly an idea related to the past. You can't use the conditional for the past, only the future, so this meaning of 'could' actually generates the imperfect:

✗ *Era demasiado difícil, no podría hacerlo*

✓ *Era demasiado difícil, no podía hacerlo.*

7.1.2 Nouns, gender and articles

▶ **Gender of problematic nouns**: you know that most nouns ending in **–o** are masculine and most nouns ending in **–a** are feminine. However, there are some nouns that cause problems.

These nouns are **masculine**:

el problema	*el tema*	*el programa*

> Memorise this sentence to help you remember:
>
> "*El problema es que no me gusta el tema del programa*"

These nouns are **feminine** but because they start with an *'a' tónica* (vocally stressed 'a') they **take the masculine articles** (*el/un*) even though other related words agree in the feminine form:

el agua	water	*el arma*	weapon
el águila	eagle	*el área*	area
el alba	dawn	*el ala*	wing
el álgebra	algebra	*el aula*	classroom
el alma	soul	*el alta*	clean bill of health/ membership
el ama	housekeeper		
el ancla	anchor	*el habla*	speech (the way someone speaks)
el ansia	wish, desire, longing		
el asma	asthma	*el hambre*	hunger/famine
el ave	bird		

Compare with these words that start with 'a' but the vocal stress is *not* on the first letter:

la abeja	*la almohada*	*la avispa*	*la aguja*

Words ending in **–dad**, **–ud** and **–ción** are always feminine:

la voluntad	*la salud*	*la canción*
la mitad	*la actitud*	*la comunicación*
la ansiedad	*la juventud*	*la situación*
la actualidad	*la multitud*	*la acción*

These words are **grammatically singular** (even though you are visualising plural):

la gente	people
la familia	family

> *La **gente** era muy simpática. Toda la **familia** vino a la fiesta.*
>
> *Las **vacaciones** fueron fantásticas.*

This word is **grammatically plural**:

las vacaciones   the holidays

These words are the same in singular and plural because they are **compound words**:

el paraguas	*los paraguas*	umbrella [literally = for waters]
un trotamundos	*los trotamundos*	globe trotter
un trabalenguas	*los trabalenguas*	tongue twister
un sacapuntas	*los sacapuntas*	pencil sharpener

As a general rule, **you should include the article** (*el, la, los, las*). However, you should omit (miss out) the article if one of these rules applies:

- omit the article in a **negative sentence**:
  - *No tengo **planes** para el verano.*
  - *No **tengo** acceso al internet.*
  - *Los estudiantes no tenían ni **libros** ni **conectividad**.*

- Omit the article when a direct object **refers to a class or type of thing** rather than a specific thing:
  - *¿Tienes **bici**?*
  - *¿Sabes **francés**?*
  - *Escribe **novelas** policíacas.*

- Omit the article when a **verb denotes a habit**:
  - *Laura corre **maratones**.*

- Omit the article **in front of school subjects** that you study:
  - *Estudio **geografía** y **matemáticas**.*

- Omit the article **in front of plural or 'uncountable' nouns after indefinite antecedents**:
  - *Quisiera trabajar para una empresa que fabrique **medicinas**.*

- Omit the article between *ser* + **profession**:
  - *Mi padre es **médico**, mi madre es **contable** y en el futuro, yo seré **abogado**.*

> Nouns can be 'countable' (e.g. apples, shoes) or 'uncountable' (e.g. food, access).

7.1.3 Agreements

It's not just **adjectives** that need to agree with nouns in gender (masculine/feminine) and number (singular/plural), but also **articles**, **verbs** (in number) and **pronouns**:

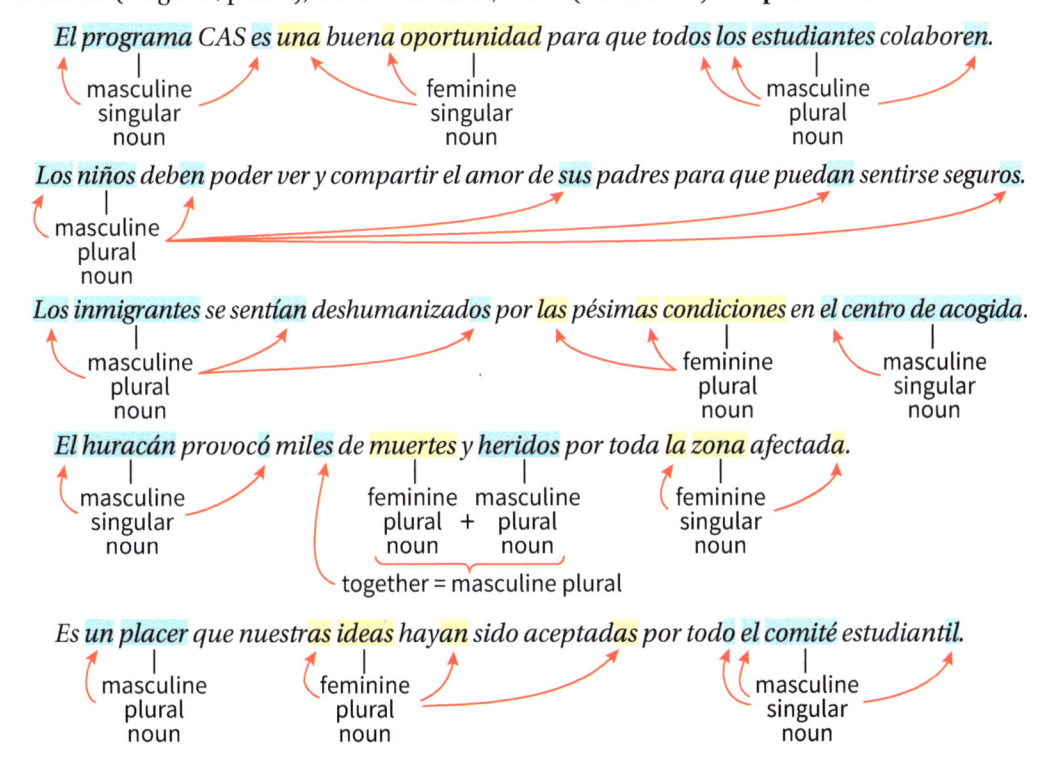

El programa CAS es una buena oportunidad para que todos los estudiantes colaboren.
— *programa*: masculine singular noun; *una... oportunidad*: feminine singular noun; *los estudiantes*: masculine plural noun.

Los niños deben poder ver y compartir el amor de sus padres para que puedan sentirse seguros.
— *niños*: masculine plural noun.

Los inmigrantes se sentían deshumanizados por las pésimas condiciones en el centro de acogida.
— *inmigrantes*: masculine plural noun; *condiciones*: feminine plural noun; *centro*: masculine singular noun.

El huracán provocó miles de muertes y heridos por toda la zona afectada.
— *huracán*: masculine singular noun; *muertes* (feminine plural) + *heridos* (masculine plural) together = masculine plural; *zona*: feminine singular noun.

Es un placer que nuestras ideas hayan sido aceptadas por todo el comité estudiantil.
— *placer*: masculine plural noun; *ideas*: feminine plural noun; *comité*: masculine singular noun.

7.1.4 Accents

- The accent is called a **tilde** and is always acute, which means it goes up: *á é í ó ú*
- You can only have *one* tilde on a word, and it *only* goes on vowels.
- *ñ* - the squiggle on the 'n' is called a *virgulilla* and sounds like 'ny': *español, España*.
- *ü* - the *u con diéresis* is a rare accent used only with *g+ue* or *g+ui*, when you want to pronounce the "u" e.g. *ambigüedad, vergüenza, pingüino*. You don't pronounce the "u" in *águila, guía*.
- Accents differentiate certain **monosyllabic** words that are otherwise spelled the same:

el = the	*si* = if	*tu* = your	*mi* = my	*de* = of
él = he	*sí* = yes	*tú* = you	*mí* = me	*dé* = give (pres. subj. of *dar*)
	se = reflexive pronoun	*te* = object pronoun	*mas* = but	*aun* = even
	sé = I know	*té* = tea	*más* = more	*aún* = still, yet

- **Relative conjunctions** when used as **direct** or **indirect questions**, or even nouns, take an accent. For example:

   Relative conjunction: *que* = that
   Direct question: *¿qué?* = what?
   Indirect question: *Le pregunté qué quería* = I asked him **what** he wanted
   Noun: *No sabía qué hacer* = I didn't know **what** to do

que = that/who/which	*quien* = who/whom	*como* = as, like
qué = what?	*quién* = who?	*cómo* = how? what is … like?
cuando = when	*cuanto/cuantos* = how much/many	*cuan* = how (to the extent that)
cuándo = when?	*cuánto/cuántos* = how many?	*cuán* = how? (to what extent?)
el/la cual = which	*donde* = where	*adonde* = to where
los/las cuales = which	*dónde* = where?	*adónde* = where to?
cuál/cuáles = which?		

- You will need to add accents to verbs in the **imperative** and **gerund** forms when the addition of pronouns adds syllables to the word. Likewise plural nouns:

   Imperative form: *¡Levántate! ¡Cómelo! ¡Ayúdame!*
   Gerund form: *¿Todavía estáis discutiéndolo?*
   Estoy preguntándole sobre su familia.
   Plural noun: *joven → jóvenes*

- Accents on verb forms are very important to convey the correct tense and meaning:

compro = I buy (present, *yo* form)	*compró* = he bought (preterite, *él* form)
trabajo = I work (present, *yo* form)	*trabajó* = he worked (preterite, *él* form)
ceno = I eat dinner (present, *yo* form)	*cenó* = he ate dinner (preterite, *él* form)
ira = anger (noun)	*irá* = he will go (future, *él* form)
hacia = towards (preposition)	*hacía* = he used to do (imperfect, *él* form)

- In 2010, the **Real Academia Española** removed the accent from *sólo*, which means that *solo* now means both 'alone' and 'only'. The accent was also removed from the demonstrative pronouns *este* (this one), *ese* (that one), and *aquel* (that one). Hooray!

- *Porque* or *¿por qué?*

porque	= because	*¿Por qué?*	= Why?
	= *ya que, dado que, puesto que*		
por que	= for which/so that	*el porqué*	= the reason, cause
	= *por el/la que/por el/la cual*		

- Basic rules for accents – Spanish words are categorised according to which syllable the stress falls:

  > - *Aguda*: Words that have a natural stress on the **last** syllable. If they end in a **consonant** (but not **-n** or **-s**), they do not have a written accent: ciu-dad/le-gal. If they end in a vowel, **-n** or **-s**, they do have a written accent: com-pré/com-ió, and words ending ción or -sión.
  > - *Llana*: Words that are stressed on the **penultimate** (second to last) syllable. If they end in a **vowel** (a, e, i, o, u), **-n** or **-s**, they do not have a written accent: *ca-mi-no/es-cri-ben*. If they end in any other consonant, they do have a written accent: *cár-cel/fá-cil*.
  > - *Esdrújula*: Words that are stressed on an earlier syllable always have a written accent: *fe-nó-me-no, pro-pó-si-to*. If the addition of pronouns makes a verb longer (and so it becomes *esdrújula*), you need to add an accent in order to respect the original stress: *da* (give) but *dá*-me-lo (give it to me)/*es-cri-be* (write) but *es-crí-be*-me (write to me)

- If rules are too much for you to take in, just learn where to put the accent on the **most frequent words** you might want to use:

✓ también	✓ plástico	✓ atmósfera
✓ película	✓ opción	✓ ¿Cómo están?
✓ rápidamente	✓ jóvenes	✓ aquí
✓ profesión	✓ fantástico	✓ introducción
✓ yo sé	✓ música	✓ exámenes
✓ después	✓ último	✓ la mayoría
✓ así que	✓ además	✓ difícil
✓ situación	✓ periódico	✓ había
✓ fácil	✓ más	✓ día
✓ cómodo	✓ tráfico	✓ información
✓ todavía	✓ simpático	✓ habrá
✓ tenía	✓ debería	✓ opinión
✓ para mí	✓ será	✓ me gustaría

7.1.5 Punctuation

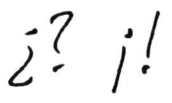

The main aspects of punctuation to remember in your writing are **the upside down question mark** and **upside down exclamation mark** which are peculiar to Spanish. They are actually quite useful and logical punctuation marks, and you need to remember that they can appear in the middle of a sentence if necessary.

punto	.
coma	,
punto y coma	;
dos puntos	:
puntos suspensivos	…
signos de interrogación	¿?
signos de exclamación	¡!
paréntesis	( )
corchetes	[ ]
raya	—
comillas	" " or « »
apóstrofo	'

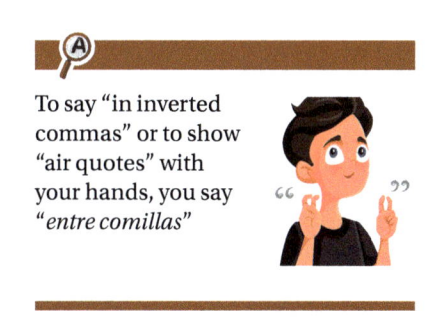

To say "in inverted commas" or to show "air quotes" with your hands, you say "*entre comillas*"

The **upside down question mark** announces the literal start of a question even if that is in the middle of a sentence, and indicates when speaking that you should change your intonation at this point:

¿Qué cambios implementarías si fueras la directora de tu colegio?
Si fueras la directora de tu colegio, ¿qué cambios implementarías?

Similarly, **the upside down exclamation mark** announces the literal start of an exclamation and indicates that you should alter your intonation by raising your voice or expressing surprise:

¡He suspendido todos los exámenes!
Llevaban horas y horas charlando cuando de repente, ¡le dio un beso!

At the start of a **letter** or **email** in Spanish, you use *dos puntos* instead of a comma:

Estimado Señor Gómez: Hola Ana:

When writing the date at the start of a **letter**, use *coma* between place and date:

Madrid, 27 de marzo de 2021

If you are writing an **article or review**, remember that titles (books, films, articles, etc.) only use capital letters with the first word or proper nouns:

Title of book:	La casa de Bernarda Alba
Title of review:	**Reseña:** Los jóvenes no pueden volver a casa, de Mario Martz (2017)
	Reseña: Flores de otro mundo (dir: Iciar Bollaín, 1999)
Article headline:	**La** vacunación: un éxito europeo

If you are writing an **interview** with embedded speech, you will need to use speech marks appropriately. Traditionally, Spanish uses « » instead of " " when embedding direct speech, and you are still likely to see the former in print, but the latter is more common now online.

En una novela:

Llegando a la frontera, Fermín apretó el bulto en su bolsillo. Su madre le había dado un pequeño monedero con unos billetes antes de irse. «Guárdalo bien, lo vas a necesitar», le había dicho.

En una entrevista con Ylva Johansson, comisaria europea, sobre la crisis en Siria:

Johansson recuerda que "siempre debe concederse el derecho de petición de asilo" y que toda situación "debe gestionarse respetando los derechos fundamentales". Pero añade que "no se puede ofrecer la posibilidad de pedir asilo en cada metro de la línea fronteriza".

https://elpais.com/internacional/2020/02/15/actualidad/1581792619_152062.html

---

In direct speech represented as dialogue, Spanish uses the *raya* (long dash) instead of speech marks:

—Deberías hablar con el director. —dijo Samuel.
—No puedo —contestó Diana—. Todo será peor.
—Esto no lo sabes —insistió.
—¡Sí que lo sé! —gritó desesperada.

In Spanish there is *no* use of an **apostrophe** to indicate possession and instead you need to use '*de*':

my friend's birthday   →   *el cumpleaños **de** mi amigo*
my grandfather's watch →   *el reloj **de** mi abuelo*

The only use of an **apostrophe** is to contract words, usually reflecting regional dialect, social class or colloquial speech, particularly in poetry or song lyrics:
*Me voy **pa'** mi casa*   (contraction of *para*)
*Te doy **to'** lo que quieras*   (contraction of *todo*)

7.1.6 Prepositions

The most common prepositions that cause trouble are ***por*** and ***para***, and ***pero*** and ***sino***, but you also need to learn **which verbs take which prepositions**, and **where to put the preposition** if it gets split up from its verb.

Por **and** *para*

This is one of the hardest things to get right in Spanish!

Por	Para
for, in exchange of, per, through, by, via, because of	for, purpose, in order to, destination

• **Why?** = *¿Por qué?*
• **Exchange – thanks, money**
   Gracias por el regalo.
   Pagué 15 pesos por el libro.
• **Per, time**
   Voy al gimnasio tres veces por semana.
   But: *Estudié **durante** 5 horas sin parar.*
• **Cause, reason**
   Perdieron por no jugar bien.
   El gato murió por falta de comida
• **Through, via**
   Pasamos por un túnel muy largo.
   Pasamos por Francia para llegar a España.
• **By – transport, communication**
   Hablamos por teléfono.
   Fui por vía aérea.
• **Passive voice**
   El cuadro fue pintado por Picasso.
• **Errands, messages**
   Voy a por pan. (= I'm off to get bread)
   La vecina me preguntó por ti ayer.
• **For, on behalf of, in favour of**
   Voy a votar por el Partido Verde.
   Hay que luchar por los derechos humanos.
	• **For what purpose?** = *¿Para qué?*
	• **Destination**
	   El regalo es para mi madre.
	   Fumar es malo para la salud.
	• **Purpose**
	   Este mando es para el televisor.
	• **In order to (followed by infinitive)**
	   Para ir a Madrid, hay que coger el tren.
	   Hace falta vino para hacer una sangría.
	   Estudio para sacar buenas notas.
	• **Deadlines**
	   Los deberes son para el lunes.
	• **Contrast from expectation**
	   Gana mucho dinero para ser tan joven.

Set phrases using *por*

por allí	around there	*por lo menos*	at least
por casualidad	by chance	*por lo tanto*	therefore
por cierto	by the way	*por ningún lado*	nowhere
por el contrario	on the contrary	*por si acaso*	just in case
por eso	for that reason	*por suerte*	luckily
por favor	please	*por supuesto*	of course
por fin	finally	*por todas partes*	everywhere
por la noche	at night		
por lo general	in general		

> *¿sólo o solo?* – see Accents (section 7.1.4 on page 188)

Pero and sino

Pero always means "but". **Sino** is often used after **no solo** or **no**, in "not this, but that" type sentences, and can also mean "on the contrary", "but rather", "but instead", "but also":

> *En Sevilla, si se quiere **no solo** pasear, **sino (también)** empaparse del auténtico espíritu sevillano, el lugar perfecto es la calle Sierpes.*
>
> *Según los especialistas, es frecuente que el dolor lumbar **no** se deba a una enfermedad de la columna vertebral, **sino** a un mal funcionamiento de la musculatura de la espalda.*

Verbs that take prepositions

Verbs don't always take the preposition you might expect!

*asistir **a***	to attend	*a la izquierda **de***	on the left of
*acercarse **a***	to get close to	*acabar **de***	to have just done
*aconsejar **a***	to advise someone	*arrepentirse **de***	to regret
*acostumbrarse **a***	to get used to	*dejar **de***	to stop (e.g. smoking)
*contribuir **a***	to contribute to	*despedirse **de***	to say goodbye to
*caer **al** suelo*	to fall on the floor	*encargarse **de***	to take charge of
*comenzar **a***	to start to	*enterarse **de***	to find out about
*empezar **a***	to begin to	*hablar **de***	to talk about
*estar **a** favor **de***	to be in favour of	*tratar **de***	to try to/to be about
*llegar **a***	to arrive somewhere		
*matar **a***	to kill someone	*insistir **en***	to insist upon
*volver **a** hacer algo*	to do something again	*tardar **en***	to be late in
		*esforzarse **en***	to make an effort to
*comparar **con***	to compare to	*estar **en** contra de*	to be against
*casarse **con***	to marry	*participar **en***	to participate in
*hablar **con** alguien*	to talk to someone	*pensar **en***	to think about
*soñar **con***	to dream about		
		*luchar **por/contra***	to fight for/against
		*hablar **por** teléfono*	to talk on the phone

Sometimes a preposition gets split up from its verb, for example, when asking a question or when part of a relative clause. Remember, never end a sentence with a preposition!

What you want to say	Error	Correct Spanish
Who were you talking **to**?	*¿Quién hablabas con?*	*¿**Con** quién hablabas?*
The last thing I want to talk **about** is…	*La última cosa que quiero hablar de es…*	*La última cosa **de la** que quiero hablar es…*
One of the activities I participated **in**	*Una de las actividades que yo participé en…*	*Una de las actividades **en** que participé…*
The conditions that people live **in**	*Las condiciones que la gente vive en…*	*Las condiciones **en** que vive la gente…*

7.1.7 Verbs and tenses

Ser **and** *estar*

The differences between *ser* and *estar* are very tricky to master.

ser	estar

• **personalidad**
    Es un chico simpático y alegre.
	• **sentimientos o estados físicos**
	    Estoy feliz pero cansada.

• **características permanentes**
    La catedral es barroca.
	• **características temporales**
	    La piscina está muy fría.

• **localización de un evento***
    La boda es en la iglesia.
	• **localización de un objeto***
	    La iglesia está en la plaza mayor.

• **hora**
    Son las diez y media.
	• **fecha**
	    Estamos en junio.

• **nacionalidad** Juan es boliviano.	
• **profesión** María es profesora.	
• **material** La escultura es de madera.	
• **opinión o valoración** La gramática es difícil.	

> How you feel and where you are, that is when you use *estar*!

* Where a **place/building** is, use *estar*. Where **events** are, use *ser*:

    El Ayuntamiento está en la Playa Mayor.   *La boda será* en el Ayuntamiento.

    El estadio está en el norte de la ciudad.   *El partido es* en el Estadio Bernabéu.

    El hotel de la conferencia está en Lima.   ¿*Dónde es la conferencia*?

    El Palacio de Congresos está en Madrid.   *El congreso es* en Madrid.

Some adjectives change their meaning depending on whether you use *ser* or *estar*:

ser		estar	
to be boring	ser aburrido	estar aburrido	to be bored
to be happy	ser alegre	estar alegre	to be a little bit drunk
to be thoughtful, kind	ser atento	estar atento	to be paying attention
to be good	ser bueno	estar bueno	to be good-looking, in good health, to be tasty (food)
to be aware	ser consciente	estar consciente	to be conscious
to be smart, bright	ser despierto	estar despierto	to be awake
to be chronically ill	ser enfermo	estar enfermo	to be ill (temporarily)
to be smart, clever, witty	ser listo	estar listo	to be ready
to be mean, evil	ser malo	estar malo	to be unwell, to taste bad (food)
to be black (colour)	ser negro	estar negro	to be fed up
to be arrogant	ser orgulloso	estar orgulloso	to feel proud
to be rich, wealthy	ser rico	estar rico	to be tasty (food)
to be shy	ser parado	estar parado	to be unemployed
to be safe	ser seguro	estar seguro	to be sure
to be green (colour)	ser verde	estar verde	to be unripe (fruit), inexperienced (person)

Ser, *estar* and *haber*

	ser	to be	*estar*
	what it is, innate characteristics	⇔	where it is, feelings, temporary states

	ser	to be	*haber*
	it is = *es* it has been = *ha sido*	⇔	there is/there are = *hay* there have been = *ha habido*

Ser, *estar* and *haber* particularly cause a problem in past tenses when translating 'was':

it **was** a success	*fue un éxito*	(characteristic = *ser*)
it **was** already late	*ya era tarde*	(time = *ser*)
I **was** on my own	*estaba sola*	(in a figurative "place" = *estar*)
I **was** wrong	*estaba equivocada*	(temporary state = *estar*)
it **was** hot	*hacía calor*	(weather = usually *hacer*)
there **was** a problem	*hubo/había un problema*	(there was/were = *haber*)
there **were** lots of problems	*hubo/había muchos problemas*	(there was/were = *haber*)
there **have been** changes	*ha habido cambios*	(there have been = *haber*)

More pairs of verbs that cause confusion

	tener	to have	*haber*
	to have (in most general senses) used in *tener* expressions: *tengo hambre*	⇔	to have (formal): *he aquí* = here I have used in perfect tenses: *he comido*

	jugar	to play	*tocar*
	to play games or sports	⇔	to play instruments, to touch to be someone's turn: *le toca a Ana*

	mirar	to see	*ver*
	to see/look (at): *mirar un cuadro*	⇔	to see/watch: *ver una película, ver la tele*

	mirar	to look	*parecer(se)*
	to look (through your own eyes)	⇔	to look like: *se parece a su padre*

	preguntar	to ask	*pedir*
	to ask a question	⇔	to ask for something (a favour/money)

	preguntar	to question	*cuestionar*
	to ask a question: *le pregunté si había ido al concierto*	⇔	to question an argument or decision: *hay que cuestionar la decisión*

	saber	to know	*conocer*
	to know, to possess knowledge	⇔	to meet, to know someone or something

	querer	to love	*amar*
	to want, or to love in a friendly/sexual way	⇔	to love deeply, emotionally, romantically

	realizar	to realise	*darse cuenta (de)*
	to realize, to carry out, to accomplish	⇔	to realise

	parar	to stop	*dejar*
	to stop: *¿puedes parar el coche?*	⇔	to stop a habit: *dejar de fumar* to leave/allow/let: *déjame en paz; mis padres no me dejan salir*

> UK = realise/realize
> US = realize

Gustar and other impersonal verbs

Gustar is an impersonal verb. It is **not** the same as a reflexive verb. The 3rd person singular and plural pronoun is *le* or *les*, never *se*. Reflexive verbs conjugate as usual but impersonal verbs are usually only used in the 3rd person singular or plural:

Impersonal verbs			Reflexive verbs		
me	gust**a** / gust**an**	I like it / them	me	levant**o**	I get up
te	gust**a** / gust**an**	you like it / them	te	levant**as**	you get up
(le)	gust**a** / gust**an**	he likes it / them	(se)	levant**a**	he gets up
nos	gust**a** / gust**an**	we like it / them	nos	levant**amos**	we get up
os	gust**a** / gust**an**	you like it / them	os	levant**áis**	you get up
(les)	gust**a** / gust**an**	they like it / them	(se)	levant**an**	they get up

ending only changes according to normal verb endings whether thing liked is singular or plural

normal verb endings

Try to use *gustar* in tenses other than the present:

- ✓ la película no me gustó — I didn't like the film — (preterite)
- ✓ antes me gustaba nadar — I used to like swimming — (imperfect)
- ✓ a la gente le gustará — people will like it — (future)
- ✓ a tu hermana le gustaría — your sister would like it — (conditional)
- ✓ es una lástima que no te guste — it's a shame you don't like it — (present subjunctive)
- ✓ no creía que me fuera a gustar — I didn't think I'd like it — (imperfect subjunctive)
- ✓ me hubiera gustado ir — I would have liked to go — (pluperfect subjunctive)

Try to use *gustar* in the plural:

- ✓ Me gustaron mucho todas las actividades.
- ✓ A mis padres no les van a gustar mis planes.
- ✓ Cuando era más joven, no me gustaban los animales, pero ahora soy veterinaria.

Remember to use the singular (+ infinitive) if the thing being liked is a verb:

- ✓ A Mohamed le gusta tocar la guitarra.
- ✓ No nos gustará ver esta película.

Key verbs that work like **gustar** are **parecer** (to seem), **interesar** (to interest), and **hacer falta** (to be needed):

- Me parece que la causa de las tensiones entre estudiantes es la cantidad de deberes, pero a las autoridades no les parece que sea cierto y solo critican a los estudiantes.
- A los jóvenes les interesa más investigar por internet que ir a la biblioteca.
- Lo que me interesa es la manera en que el concepto de la belleza ha cambiado.
- A los jóvenes les hace falta el espacio personal.
- A mí me hacen falta más ejemplos de verbos impersonales.

Modal verbs

You should be very familiar with modal verbs, which are always followed by an infinitive:

querer	want to, would like to	*Quiero estudiar*
deber	should, ought to, must	*El gobierno debe hacer algo para parar el flujo migratorio.*
↳ *deber haber*	must have (done)	*El vuelo debe haber llegado ya.*
poder	be able to, can, could, might	*No puedo estudiar más, me duele la cabeza.* *Podríamos ir a la playa la semana próxima.*
soler	usually, used to	*Suelo estudiar por la noche.* *Los domingos, solíamos visitar el cementerio.*
saber	know, know how to	*Sé jugar al baloncesto y al fútbol.* *¿Sabes manejar un auto?*
desear	desire to, really want to	*Los jóvenes desean ir a la nueva discoteca.*
necesitar	need to	*Necesitas llegar puntual si quieres conseguir entradas.*
tener que	have to	*Tengo que estudiar*
hay que	have to, must	*Hay que hacer un esfuerzo*

When to use preterite and imperfect

Use the **preterite** (*pretérito indefinido*) to:	Use the **imperfect** (*pretérito imperfecto*) to:
▶ **Express one-off actions in the past:** *Salí a las ocho y llegué a tiempo.* ▶ **Express actions in the past that lasted a defined period of time:** *Pasé tres meses en Bolivia haciendo trabajo voluntario.* *La guerra duró cuatro años.* ▶ **Often used with time markers such as:** *ayer, anoche, la semana pasada, el año pasado, hace tres años*	▶ **Express descriptions in the past or to set the scene:** *El tren era antiguo y lento.* *La calle estaba vacía y no se escuchaba ningún ruido.* ▶ **Express repeated actions in the past or to express what used to happen:** *Cada día nos bañábamos en la piscina.* *Cada verano íbamos a Gales.* ▶ **Express what people looked like or were wearing:** *El ladrón era alto y llevaba una chaqueta negra.* ▶ **Thinking, feeling and wanting are usually better expressed with the imperfect:** *Ayer me sentía nerviosa y pensaba en todo lo malo de mi vida.* *Quería ir a la fiesta pero no tenía nada que ponerme.* ▶ **Can be replaced by imperfect continuous when the action is interrupted:** *Los niños jugaban/estaban jugando al fútbol cuando empezó a llover.* ▶ **Imperfect of *ir a* (+ infinitive) expresses what *was going to* happen:** *Estaba seguro que mi equipo iba a ganar.* ▶ **Imperfect of *soler* can be used to express things that used to happen regularly:** *Los sábados, mis padres solían ir al cine.* ▶ **Often used with time markers such as:** *siempre, cada día, cada verano, cuando era más joven, antes, en el pasado, mientras*

When to use perfect and pluperfect

Perfect tense (*pretérito perfecto*)		Pluperfect tense (*pluscuamperfecto*)	
haber in **present** + **past participle**:		*haber* in **imperfect** + **past participle**	
he ido	hemos ido	había ido	habíamos ido
has ido	habéis ido	habías ido	habíais ido
ha ido	han ido	había ido	habían ido

Use the **perfect tense** to:	Use the **pluperfect tense** to:
▸ **Express something in the past that is still connected to the present**: *Siempre he vivido aquí.* ▸ **Something that has happened recently/today/this morning**: *¿Qué has hecho hoy? -Esta mañana he ido de compras y esta tarde he visto a Carmen.* (You could also use preterite in this example.) ▸ **Something that has already happened or hasn't happened yet**: *Ya he terminado mis deberes.* *Todavía no he terminado el proyecto.* ▸ **Experiences you've had or not had, when date is irrelevant**: *He saltado en paracaídas.* *He conocido a muchos actores famosos.* *Nunca he visitado el Museo de Arte Moderno.* *He ido a Ibiza tres veces.* ▸ **Often used with time markers such as**: *siempre, nunca, ya, todavia, esta mañana, esta semana*	▸ **Express what had happened before something else**: *Llegué a las diez pero el autobús ya había salido.* *¿Por qué lo has pintado azul? ¡Habíamos dicho que lo pintaríamos amarillo!*

When *not* to translate perfect and pluperfect literally from English:

▸ **To express 'to have just' done something' use *acabar de* (+ infinitive) in present tense**: *Acabo de llegar* ▸ **To express 'to have been doing something for' (a period of time) or 'since' use *desde hace* (+ present) –or– *llevar* (+ gerund)**: *Estudio ballet desde hace 4 años.* *Vivo en Nueva York desde 2018.* *Llevo cuatro años aprendiendo español.* ▸ **To express what you 'have been doing' (without for) use *pretérito perfecto contínuo***: *He estado estudiando todo el día.* ▸ **To express 'How long have you…?' use *¿desde cuándo* (+ present)? –or– *¿cuánto tiempo hace* (+ present)?***: *¿Desde cuándo conoces a María?* *¿Cuánto tiempo hace que me esperas?*	▸ **To express 'to had just' use *acabar de* (+ infinitive) in imperfect tense**: *Acababa de empezar la película.* ▸ **To express 'to had been doing something for' (a period of time) or 'since' use *desde hacía* (+ imperfect) –or– *llevar* (+ gerund)**: *Estudiaba ballet desde hacía 10 años cuando gané una beca para ir al Conservatorio.* *Vivía en Nueva York desde hacía un año cuando conocí a Marcos.* *Llevaba un mes preparándome para el examen.* ▸ **To express 'How long had you…?' use *¿desde cuándo* (+ imperfect)? –or– *¿cuánto tiempo* (+ *llevar* in imperfect)?***: *¿Desde cuando vivías en Miami?* *¿Cuánto tiempo llevabas esperándome?*

7.1.8 Irregular verbs

Irregular verbs in the present tense

Although these common irregular verbs should have been mastered prior to IB, it is common to see shaky knowledge of their conjugations, even in the **present tense**.

ser	estar	ir	dar
soy	estoy	voy	doy
eres	estás	vas	das
es	está	va	da
somos	estamos	vamos	damos
sois	estáis	vais	dais
son	están	van	dan
tener	**querer**	**poder**	**poner**
tengo	quiero	puedo	pongo
tienes	quieres	puedes	pones
tiene	quiere	puede	pone
tenemos	queremos	podemos	ponemos
tenéis	queréis	podéis	ponéis
tienen	quieren	pueden	ponen
hacer	**saber**	**seguir**	**venir**
hago	sé	sigo	vengo
haces	sabes	sigues	vienes
hace	sabe	sigue	viene
hacemos	sabemos	seguimos	venimos
hacéis	sabéis	seguís	venís
hacen	saben	siguen	vienen
decir	**pedir**	**oír**	**ver**
digo	pido	oigo	veo
dices	pides	oyes	ves
dice	pide	oye	ves
decimos	pedimos	oímos	vemos
decís	pedís	oís	veis
dicen	piden	oyen	ven

The other reason you need to revise your **present tense** is because you need to know the present tense '*yo*' form in order to form the **present subjunctive** correctly:

tener	→	tengo	→	tenga	tenga, tengas, tenga, tengamos, tengáis, tengan
salir	→	salgo	→	salga	salga, salgas, salga, salgamos, salgáis, salgan
poner	→	pongo	→	ponga	ponga, pongas, ponga, pongamos, pongáis, pongan
hacer	→	hago	→	haga	haga, hagas, haga, hagamos, hagáis, hagan
seguir	→	sigo	→	siga	siga, sigas, siga, sigamos, sigáis, sigan
venir	→	vengo	→	venga	venga, vengas, venga, vengamos, vengáis, vengan
decir	→	digo	→	diga	diga, digas, diga, digamos, digáis, digan
oír	→	oigo	→	oiga	oiga, oigas, oiga, oigamos, oigáis, oigan
querer	→	quiero	→	quiera	quiera, quieras, quiera, queramos, queráis, quieran
poder	→	puedo	→	pueda	pueda, puedas, pueda, podamos, podáis, puedan

See Complex Structures (section 7.2 on page 207) regarding how to use the **subjunctive**.

Irregular verbs in the preterite tense

This is by far the hardest tense to learn, due to all the spelling changes. Try to learn the conjugations in groups according to the type of spelling change. Pay close attention to the '*ellos*' form as this is what you need to use in order to form the **imperfect subjunctive.**

Regular verbs						*ellos* ↓
–ar verbs	e.g. *estudiar, trabajar, visitar, llamar, bailar, cambiar, mandar, olvidar*					
hablar	*hablé*	*hablaste*	*habló*	*hablamos*	*hablasteis*	*hablaron*
–er verbs	e.g. *aprender, beber, comprender, vender, correr, deber, toser*					
comer	*comí*	*comiste*	*comió*	*comimos*	*comisteis*	*comieron*
–ir verbs	e.g. *salir, asistir, describir, escribir, ocurrir, recibir, subir, sufrir*					
vivir	*viví*	*viviste*	*vivió*	*vivimos*	*vivisteis*	*vivieron*
Irregular verbs (no accents)						
ser + ir	*fui*	*fuiste*	*fue*	*fuimos*	*fuisteis*	*fueron*
dar	*di*	*diste*	*dio*	*dimos*	*disteis*	*dieron*
ver	*vi*	*viste*	*vio*	*vimos*	*visteis*	*vieron*
Verbs with spelling changes (grave group, no accents)						
tener	*tuve*	*tuviste*	*tuvo*	*tuvimos*	*tuvisteis*	*tuvieron*
estar	*estuve*	*estuviste*	*estuvo*	*estuvimos*	*estuvisteis*	*estuvieron*
andar	*anduve*	*anduviste*	*anduvo*	*anduvimos*	*anduvisteis*	*anduvieron*
hacer	*hice*	*hiciste*	*hizo*	*hicimos*	*hicisteis*	*hicieron*
querer	*quise*	*quisiste*	*quiso*	*quisimos*	*quisisteis*	*quisieron*
poner	*puse*	*pusiste*	*puso*	*pusimos*	*pusisteis*	*pusieron*
caber	*cupe*	*cupiste*	*cupo*	*cupimos*	*cupisteis*	*cupieron*
saber	*supe*	*supiste*	*supo*	*supimos*	*supisteis*	*supieron*
decir	*dije*	*dijiste*	*dijo*	*dijimos*	*dijisteis*	*dijeron*
traer	*traje*	*trajiste*	*trajo*	*trajimos*	*trajiste*	*trajeron*
producir	*produje*	*produjiste*	*produjo*	*produjimos*	*produjisteis*	*produjeron*
poder	*pude*	*pudiste*	*pudo*	*pudimos*	*pudisteis*	*pudieron*
venir	*vine*	*viniste*	*vino*	*vinimos*	*vinisteis*	*vinieron*
Other spelling changes (mainly to keep correct letter combination pronunciation)						
c → q	e.g. *buscar, tocar, comunicar, chocar, indicar, practicar, acercarse, sacar, atacar*					
explicar	*expliqué*	*explicaste*	*explicó*	*explicamos*	*explicasteis*	*explicaron*
z → c	e.g. *empezar, alcanzar, almorzar, comenzar*					
empezar	*empecé*	*empezaste*	*empezó*	*empezamos*	*empezasteis*	*empezaron*
g → gu	e.g. *apagar, llegar*					
llegar	*llegué*	*llegaste*	*llegó*	*llegamos*	*llegasteis*	*llegaron*
u → ü	e.g. *averiguar, atestiguar*					
averiguar	*averigüé*	*averiguaste*	*averiguó*	*averiguamos*	*averiguasteis*	*averiguaron*
o → u	e.g. *dormir*					
morir	*morí*	*moriste*	*murió*	*morimos*	*moristeis*	*murieron*
+ y	e.g. *leer, concluir, huir, incluir, contribuir, oír, caer*					
construir	*construí*	*construiste*	*construyó*	*construimos*	*construisteis*	*construyeron*
leer	*leí*	*leíste*	*leyó*	*leímos*	*leísteis*	*leyeron*
e → i	e.g. *repetir, seguir, servir, advertir, sentir, sugerir, preferir, mentir, competir*					
pedir	*pedí*	*pediste*	*pidió*	*pedimos*	*pedisteis*	*pidieron*
sentir	*sentí*	*sentiste*	*sintió*	*sentimos*	*sentisteis*	*sintieron*

See Complex Structures (section 7.2 on page 207) for more on the **imperfect subjunctive**.

Stem-changing verbs

Stem-changing verbs (or radical-changing verbs, or "boot verbs") fall into 3 groups:

e → ie		e → i		o → ue & u → ue	
pensar		pedir		poder	
pienso	pensamos	pido	pedimos	puedo	podemos
piensas	pensáis	pides	pedís	puedes	podéis
piensa	piensan	pide	piden	puede	pueden
cerrar	entender	reír(se)		almorzar	mostrar
comenzar	mentir	repetir		contar	recordar
despertarse	preferir	seguir		costar	volar
divertirse	querer	servir		dormir	volver
empezar	sentir	vestirse		encontrar	
				morir	jugar

Stem changing verbs in present and preterite

Just to keep you on your toes, the spelling changes in these radical changing verbs follow different patterns in the present and the preterite:

divertirse	pres:	me divierto, te diviertes, se divierte, nos divertimos, os divertís, se divierten
	pret:	me divertí, te divertiste, se divirtió, nos divertimos, os divertisteis, se divirtieron
preferir	pres:	prefiero, prefieres, prefiere, preferimos, preferís, prefieren
	pret:	preferí, preferiste, prefirió, preferimos, preferisteis, prefirieron
sentir	pres:	siento, sientes, siente, sentimos, sentís, sienten
	pret:	sentí, sentiste, sintió, sentimos, sentisteis, sintieron
querer	pres:	quiero, quieres, quiere, queremos, queréis, quieren
	pret:	quise, quisiste, quiso, quisimos, quisisteis, quisieron
seguir	pres:	sigo, sigues, sigue, seguimos, seguís, siguen
	pret:	seguí, seguiste, siguió, seguimos, seguisteis, siguieron
servir	pres:	sirvo, sirves, sirve, servimos, servís, sirven
	pret:	serví, serviste, sirvió, servimos, servisteis, sirvieron
pedir	pres:	pido, pides, pide, pedimos, pedís, piden
	pret:	pedí, pediste, pidió, pedimos, pedisteis, pidieron
reír(se)	pres:	río, ríes, ríe, reímos, reís, ríen
	pret:	reí, reíste, rió, reímos, reísteis, rieron
repetir	pres:	repito, repites, repite, repetimos, repetís, repiten
	pret:	repetí, repetiste, repitió, repetimos, repetisteis, repitieron
dormir	pres:	duermo, duermes, duerme, dormimos, dormís, duermen
	pret:	dormí, dormiste, durmió, dormimos, dormisteis, durmieron
morir	pres:	muero, mueres, muere, morimos, morís, mueren
	pret:	morí, moriste, murió, morimos, moristeis, murieron
poder	pres:	puedo, puedes, puede, podemos, podéis, pueden
	pret:	pude, pudiste, pudo, pudimos, pudisteis, pudieron

Irregular verbs in the imperfect, future and conditional tenses

Regular verbs in the **imperfect** tense:

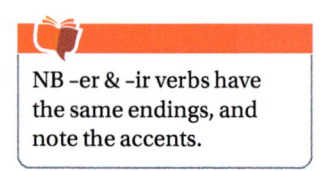

NB -er & -ir verbs have the same endings, and note the accents.

-ar verbs e.g. hablar	-er verbs e.g. comer	-ir verbs e.g. vivir
hablaba	comía	vivía
hablabas	comías	vivías
hablaba	comía	vivía
hablábamos	comíamos	vivíamos
hablabais	comíais	vivíais
hablaban	comían	vivían

There are **only 3 irregular verbs in the imperfect** so there is no excuse not to know them!

ser	ir	ver
era	iba	veía
eras	ibas	veías
era	iba	veía
éramos	íbamos	veíamos
erais	ibais	veíais
eran	iban	veían

Regular verbs in the **future** tense:

-ar verbs e.g. *hablar*	-er verbs e.g. *comer*	-ir verbs e.g. *vivir*
hablaré	comeré	viviré
hablarás	comerás	vivirás
hablará	comerá	vivirá
hablaremos	comeremos	viviremos
hablaréis	comeréis	viviréis
hablarán	comerán	vivirán

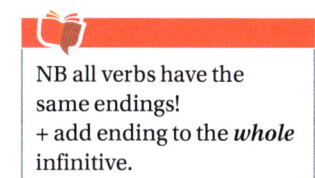

> NB all verbs have the same endings!
> + add ending to the *whole* infinitive.

Regular verbs in the **conditional** tense:

-ar verbs e.g. *hablar*	-er verbs e.g. *comer*	-ir verbs e.g. *vivir*
hablaría	comería	viviría
hablarías	comerías	vivirías
hablaría	comería	viviría
hablaríamos	comeríamos	viviríamos
hablaríais	comeríais	viviríais
hablarían	comerían	vivirían

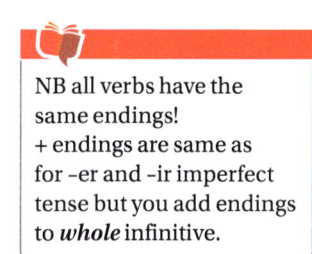

> NB all verbs have the same endings!
> + endings are same as for -er and -ir imperfect tense but you add endings to *whole* infinitive.

These verbs share the same spelling changes in their stems in the **future** and **conditional**:

		future (*él*)	conditional (*él*)
decir	dir–	dirá	diría
querer	querr–	querrá	querría
hacer	har–	hará	haría
haber (hay)	habr–	habrá	habría
saber	sabr–	sabrá	sabría
caber	cabr–	cabrá	cabría
poder	podr–	podrá	podría
salir	sal**d**r–	saldrá	saldría
valer	val**d**r–	valdrá	valdría
poner	pon**d**r–	pondrá	pondría
tener	ten**d**r–	tendrá	tendría
venir	ven**d**r–	vendrá	vendría

Irregular past participles

You will need to use past participles with all **compound tenses with *haber***.

Regular past participles:

| –ar | hablar → hablado | –er | comer → comido | –ir | vivir → vivido |

Irregular past participles:

escribir	escrito	ver	visto
prescribir	prescrito	prever	previsto
inscribir	inscrito		
		poner	puesto
abrir	abierto	imponer	impuesto
cubrir	cubierto	exponer	expuesto
descubrir	descubierto	disponer	dispuesto
morir	muerto	componer	compuesto
romper	roto		
		volver	vuelto
decir	dicho	devolver	devuelto
hacer	hecho	resolver	resuelto
satisfacer	satisfecho		

7.1.9 Six key verbs: *hacer, ser, estar, ir, tener, haber*

You can go a long way with just these six verbs, so knowing them in all the main tenses should be a priority. Pay close attention to spelling changes and try to learn some of the idiomatic expressions.

> To practice verb conjugations, go to spanishdict.com/conjugation and try the Conjugation drills or enter a verb of choice and click on 'Practice conjugating...'

Hacer

pretérito imperfecto	pretérito indefinido	presente	futuro	condicional
hacía	hice	hago	haré	haría
hacías	hiciste	haces	harás	harías
hacía	hizo	hace	hará	haría
hacíamos	hicimos	hacemos	haremos	haríamos
hacíais	hicisteis	hacéis	haréis	haríais
hacían	hicieron	hacen	harán	harían

pluscuamperfecto	pretérito perfecto	presente contínuo	presente del subjuntivo	imperfecto del subjuntivo
había hecho	he hecho	estoy haciendo	haga	hiciera
habías hecho	has hecho	estás haciendo	hagas	hicieras
había hecho	ha hecho	está haciendo	haga	hiciera
habíamos hecho	hemos hecho	estamos haciendo	hagamos	hiciéramos
habíais hecho	habéis hecho	estáis haciendo	hagáis	hicierais
habían hecho	han hecho	están haciendo	hagan	hicieran

7. LANGUAGE – GRAMMAR

Expresiones con hacer	
hacer la vista gorda	to turn a blind eye
hacerse el sordo	to pretend not to hear
hacer caso	to pay attention
hacer caso omiso	to not take into account
hacer castillos en el aire	to make unrealistic plans
hacer algo al pie de la letra	to dot all the 'i's and cross all the 't's
hacer buena/mala impresión	to make a good/bad impression
hacer chuletas	to cheat in an exam
hacer cola	to queue
hacer como si nada	to act like nothing happened
hacer cosquillas	to tickle
hacer el ridículo	to make a fool of oneself
hacer el tonto	to muck about
hacer frente a	to confront
hacer falta	to be necessary/needed/lacking
hacer hincapié	to highlight/draw attention to
hacer juego	to go well together/to be a good match
hacer las paces	to reconcile/to make peace
hacer pedazos/polvo	to destroy
hacerse a la idea de	to come round to the idea of

Ser

pretérito imperfecto	*pretérito indefinido*	*presente*	*futuro*	*condicional*
era	fui	soy	seré	sería
eras	fuiste	eres	serás	serías
era	fue	es	será	sería
éramos	fuimos	somos	seremos	seríamos
erais	fuisteis	sois	seréis	seríais
era	fueron	son	serán	serían
pluscuamperfecto	*pretérito perfecto*	*presente contínuo*	*presente del subjuntivo*	*imperfecto del subjuntivo*
había sido	he sido	estoy siendo	sea	fuera
habías sido	has sido	estás siendo	seas	fueras
había sido	ha sido	está siendo	sea	fuera
habíamos sido	hemos sido	estamos siendo	seamos	fuéramos
habíais sido	habéis sido	estáis siendo	seáis	fuerais
habían sido	han sido	están siendo	sean	fueran

Expresiones con ser	
ser de carne y hueso	to be alive/human/of flesh and blood
ser un pedazo de pan	to be such a sweetheart
ser un cielo	to be a lovely person
ser una mosquita muerta	to look like butter wouldn't melt in your mouth
ser un flechazo	to be love at first sight

Estar

pretérito imperfecto	pretérito indefinido	presente	futuro	condicional
estaba	estuve	estoy	estaré	estaría
estabas	estuviste	estás	estarás	estarías
estaba	estuvo	está	estará	estaría
estábamos	estuvimos	estamos	estaremos	estaríamos
estábais	estuvisteis	estáis	estaréis	estaríais
estaban	estuvieron	están	estarán	estarían
pluscuamperfecto	**pretérito perfecto**	**presente contínuo**	**presente del subjuntivo**	**imperfecto del subjuntivo**
había estado	he estado	estoy estando	esté	estuviera
habías estado	has estado	estás estando	estés	estuvieras
había estado	ha estado	está estando	esté	estuviera
habíamos estado	hemos estado	estamos estando	estemos	estuviéramos
habíais estado	habéis estado	estáis estando	estéis	estuvierais
habían estado	han estado	están estando	estén	estuviera

Expresiones con estar

estar de fiesta	to be on a night out/out on the town
estar como un tomate	to be embarrassed
estar hecho polvo	to be exhausted
estar como una cabra	to be mad as a hatter
estar hasta las narices	to be fed up
estar entre la espada y la pared	to be caught between a rock and a hard place
estar en las nubes	to be daydreaming
estar fuera de/bajo control	to be out of/under control

Ir

pretérito imperfecto	pretérito indefinido	presente	futuro	condicional
iba	fui	voy	iré	iría
ibas	fuiste	vas	irás	irías
iba	fue	va	irá	iría
íbamos	fuimos	vamos	iremos	iríamos
ibais	fuisteis	vais	iréis	iríais
iban	fueron	van	irán	irían
pluscuamperfecto	**pretérito perfecto**	**presente contínuo**	**presente del subjuntivo**	**imperfecto del subjuntivo**
había ido	he ido	estoy yendo	vaya	fuera
habías ido	has ido	estás yendo	vayas	fueras
había ido	ha ido	está yendo	vaya	fuera
habíamos ido	hemos ido	estamos yendo	vayamos	fuéramos
habíais ido	habéis ido	estáis yendo	vayáis	fuerais
habían ido	han ido	están yendo	vayan	fueran

Expresiones con ir

ir de vacaciones	to go on holiday
ir tirando	to be getting on with something/to be getting by
¿Cómo te va?	How's it going?
ir detrás de alguien	to fancy someone
ir a lo tuyo/suyo	to go your/their own way
Qué va	No way!

Tener

pretérito imperfecto	pretérito indefinido	presente	futuro	condicional
tenía	tuve	tengo	tendré	tendría
tenías	tuviste	tienes	tendrás	tendrías
tenía	tuvo	tiene	tendrá	tendría
teníamos	tuvimos	tenemos	tendremos	tendríamos
teníais	tuvisteis	tenéis	tendréis	tendríais
tenían	tuvieron	tienen	tendrán	tendrían
pluscuamperfecto	**pretérito perfecto**	**presente contínuo**	**presente del subjuntivo**	**imperfecto del subjuntivo**
había tenido	he tenido	estoy teniendo	tenga	tuviera
habías tenido	has tenido	estás teniendo	tengas	tuvieras
había tenido	ha tenido	está teniendo	tenga	tuviera
habíamos tenido	hemos tenido	estamos teniendo	tengamos	tuviéramos
habíais tenido	habéis tenido	estáis teniendo	tengáis	tuvierais
habían tenido	han tenido	están teniendo	tengan	tuvieran

Expresiones con tener

tener ganas de	to feel like doing something
tener hambre/sed	to be hungry/thirsty
tener calor/frío	to be hot/cold
tener dolor de	to have a ... ache/pain
tener sueño/prisa	to be tired/in a hurry
tener miedo/cuidado	to be scared/careful
tener suerte/éxito	to be lucky/successful
tener confianza	to be confident
tener razón	to be right
tener mala leche	to be in a bad mood/to be aggressive

Haber

Unless you are using *haber* as an auxiliary verb in **compound tenses**, you generally only need the 3rd person forms, which is why the other forms are greyed out.

pretérito imperfecto	pretérito indefinido	presente	futuro	condicional
había	hube	he	habré	habría
habías	hubiste	has	habrás	habrías
había	hubo	ha (hay)	habrá	habría
habíamos	hubimos	hemos	habremos	habríamos
habíais	hubisteis	habéis	habréis	habríais
habían	hubieron	han	habrán	habrían
pluscuamperfecto	**pretérito perfecto**	**presente contínuo**	**presente del subjuntivo**	**imperfecto del subjuntivo**
había habido	he habido	estoy habiendo	haya	hubiera
habías habido	has habido	estás habiendo	hayas	hubieras
había habido	ha habido	está habiendo	haya	hubiera
habíamos habido	hemos habido	estamos habiendo	hayamos	hubiéramos
habíais habido	habéis habido	estáis habiendo	hayáis	hubierais
habían habido	han habido	están habiendo	hayan	hubieran

Expresiones con haber	
hay	there is/there are
haber de/que	to have to
de haber sabido que...	If I'd known that...
va a haber	there's going to be
debe (de) haber	there must be
podría/debería haber	I could/should have ***or*** there could/should be

7.1.10 Repaso 1 – los errores básicos

Translate these sentences, being particularly careful to spot **basic errors** before you start:

1. It's possible to watch different kinds of programme on satellite television.

2. I didn't like the music they were playing at the party.

3. Some people think that the only thing young people want is to have fun.

4. Television is not only entertaining but also educational.

5. Because of the changes, the students are not happy.

6. You (*tú*) should stop smoking as it's bad for your health.

7. If you (*tú*) can't do it, it would be a good idea to ask for help.

8. It's important to think about the future.

9. There is so much rubbish everywhere that it looks like there has been a party.

10. The event was a success and I'd like to organise it again next year.

7.2 Complex Structures

7.2.1 Subordinate clauses

In grammar we have clauses and sentences. **A subordinate clause adds extra information** to the sentence and cannot stand alone. It is often introduced by a relative, such as *que*:

*Un estudiante perdió su portátil, **que** valía 500 euros, al dejarlo en la estación.*
                                  └─── subordinate clause ───┘

English favours quite short sentences. But **Spanish favours long sentences**, full of subordinate clauses, separated by commas, and linked with connecting words and relatives. The following sentence would not be considered good style if translated word for word into English, but in Spanish it is perfectly acceptable:

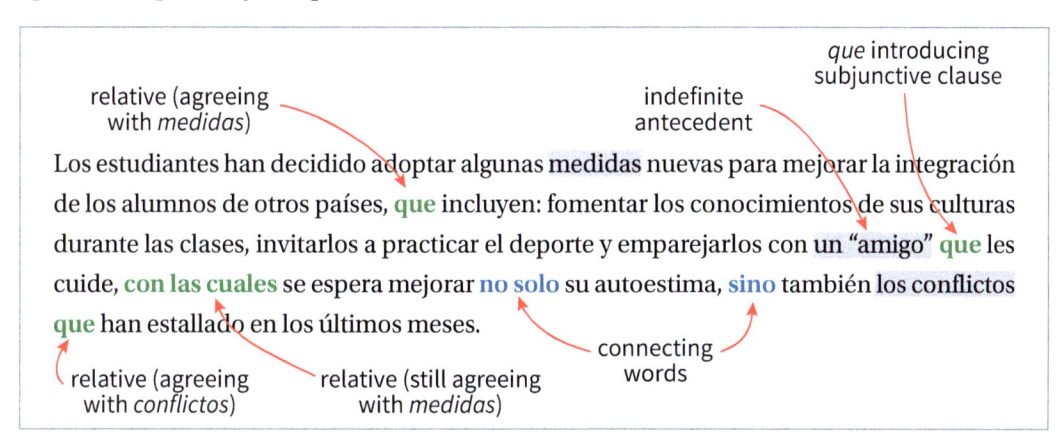

> relative (agreeing with *medidas*) → indefinite antecedent — *que* introducing subjunctive clause
>
> Los estudiantes han decidido adoptar algunas **medidas** nuevas para mejorar la integración de los alumnos de otros países, **que** incluyen: fomentar los conocimientos de sus culturas durante las clases, invitarlos a practicar el deporte y emparejarlos con un **"amigo" que** les cuide, **con las cuales** se espera mejorar **no solo** su autoestima, **sino** también **los conflictos que** han estallado en los últimos meses.
>
> relative (agreeing with *conflictos*) — relative (still agreeing with *medidas*) — connecting words

A subordinate clause depends on the main clause for meaning. In Spanish, if you have two subjects in one sentence, the first is in the main clause, the second is in the subordinate clause, which is almost always introduced by *que*. The verb attached to the second subject is usually in the subjunctive. Whether you use the present or imperfect subjunctive depends on the tense of the main clause, but English won't necessarily help you spot this:

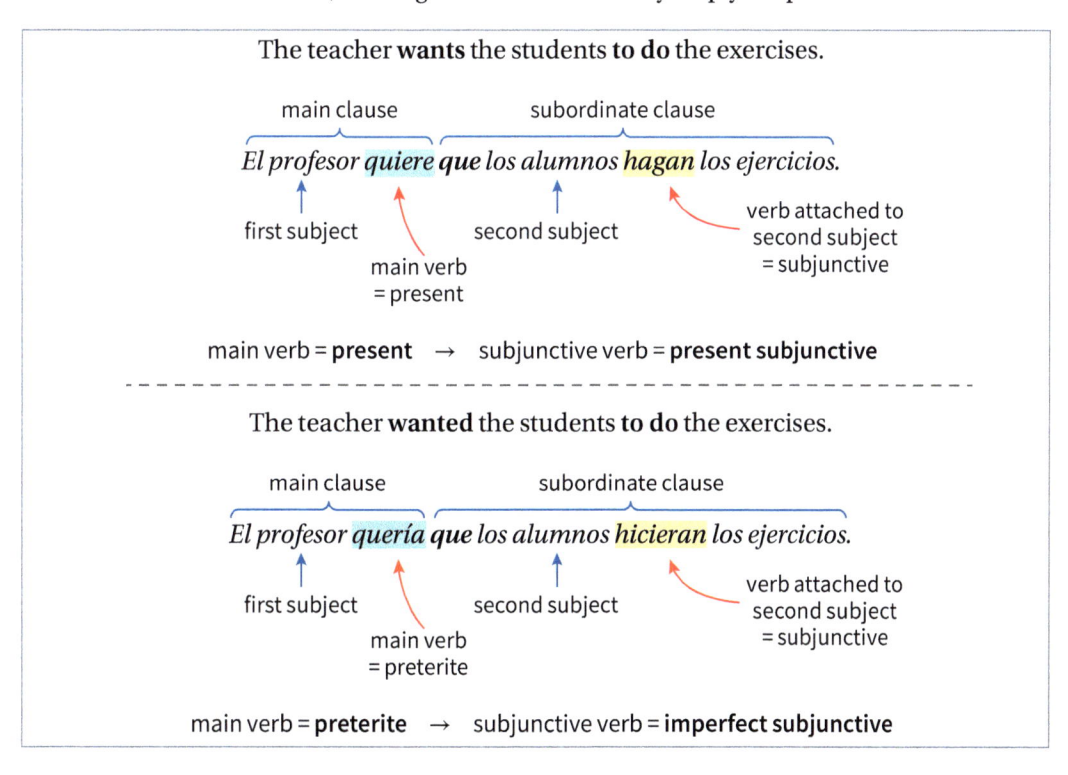

> The teacher **wants** the students **to do** the exercises.
>
> ⎧ main clause ⎫⎧ subordinate clause ⎫
> *El profesor* **quiere** *que los alumnos* **hagan** *los ejercicios.*
>   ↑   ↑   ↑   ↖ verb attached to
> first subject   main verb   second subject   second subject
>   = present   = subjunctive
>
> main verb = **present** → subjunctive verb = **present subjunctive**
>
> -
>
> The teacher **wanted** the students **to do** the exercises.
>
> ⎧ main clause ⎫⎧ subordinate clause ⎫
> *El profesor* **quería** *que los alumnos* **hicieran** *los ejercicios.*
>   ↑   ↑   ↑   ↖ verb attached to
> first subject   main verb   second subject   second subject
>   = preterite   = subjunctive
>
> main verb = **preterite** → subjunctive verb = **imperfect subjunctive**

> 📖 The key to gaining top language marks is to use longer sentences, with lots of **clauses** linked by **connecting words** and **relatives**, as well as **subordinate clauses** that use the **subjunctive**.

7.2.2 Relative clauses

Relative conjunctions (and pronouns and adjectives) are really important to help you build longer sentences. The noun, pronoun or phrase to which the relative refers is called the **antecedent**. You are often tested in Paper 2 Reading Comprehension on your ability to spot the antecedent in a sentence. To use relatives correctly in Spanish, you need to first think about using a more formal English word order than usual, making sure you don't put a preposition at the end of a sentence:

Usual English	The bus we were travelling **in** was full.
Formal English	The bus, **in which** we were travelling, was full.
Usual Spanish	*El autobús en el que viajábamos iba lleno.*

  antecedent relative

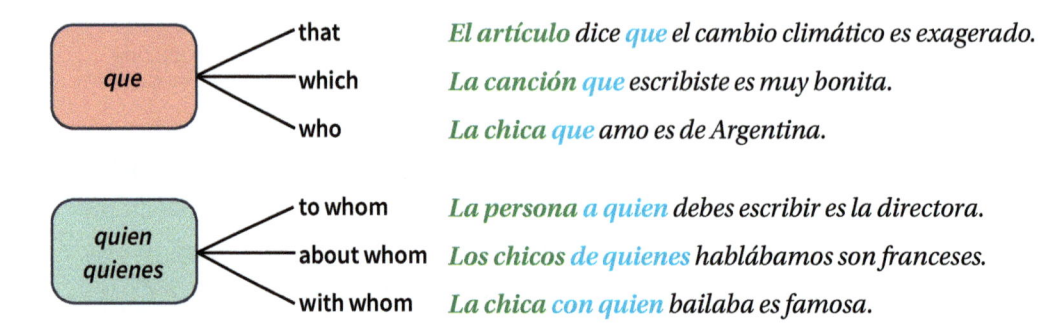

que
- that — *El artículo dice que el cambio climático es exagerado.*
- which — *La canción que escribiste es muy bonita.*
- who — *La chica que amo es de Argentina.*

quien / quienes
- to whom — *La persona a quien debes escribir es la directora.*
- about whom — *Los chicos de quienes hablábamos son franceses.*
- with whom — *La chica con quien bailaba es famosa.*

The difference between *el que* and *el cual* is very subtle. You could say that *el cual* is used in more complex sentences, but sometimes you can use either. *Lo que* and *lo cual* are neuter forms and refer to an **intangible idea** rather than a noun (which has to be masculine or feminine).

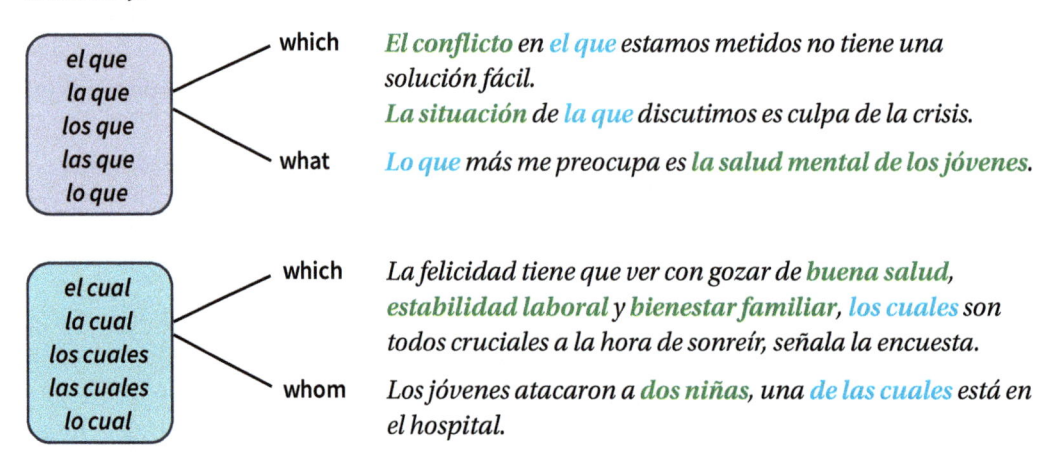

el que / la que / los que / las que / lo que
- which — *El conflicto en el que estamos metidos no tiene una solución fácil.*
  La situación de la que discutimos es culpa de la crisis.
- what — *Lo que más me preocupa es la salud mental de los jóvenes.*

el cual / la cual / los cuales / las cuales / lo cual
- which — *La felicidad tiene que ver con gozar de buena salud, estabilidad laboral y bienestar familiar, los cuales son todos cruciales a la hora de sonreír, señala la encuesta.*
- whom — *Los jóvenes atacaron a dos niñas, una de las cuales está en el hospital.*

Either: *La policía detuvo a 5 jóvenes, de los que/los cuales dos son inmigrantes.*
Aquí están las respuestas sin las que/las cuales no podíamos continuar.

Idea: *Cantar está prohibido, lo que/lo cual me parece absurdo.* The relative refers to the **idea** that singing is banned.
Las estrategias contra el narcotráfico no han dado resultados, lo que/lo cual significa que las mafias siguen controlando la zona. The relative does not refer specifically to the '*estrategias*', or the '*narcotráfico*' or the '*resultados*', but to the whole **idea** that the strategies against drug trafficking are not working.

7. LANGUAGE – GRAMMAR

As *cuyo* is an adjective, it agrees with the thing owned, instead of the usual antecedent.

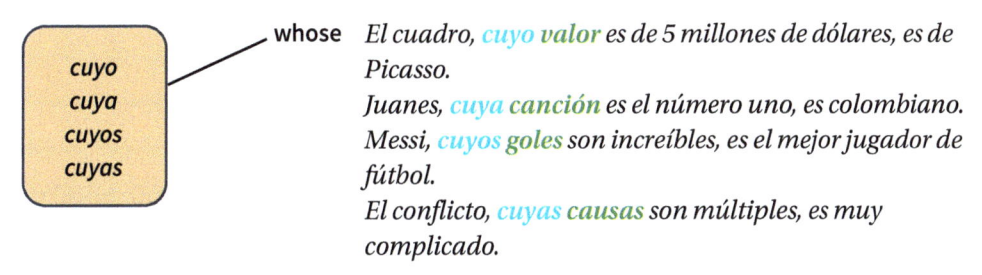

cuyo / cuya / cuyos / cuyas — whose

El cuadro, cuyo valor es de 5 millones de dólares, es de Picasso.
Juanes, cuya canción es el número uno, es colombiano.
Messi, cuyos goles son increíbles, es el mejor jugador de fútbol.
El conflicto, cuyas causas son múltiples, es muy complicado.

7.2.3 Using the subjunctive

How to form the present subjunctive

Take the '*yo*' form of the present and drop the ending to make the stem:

hablar → *hablo* → *habl-*
tener → *tengo* → *teng-*

Keep any spelling changes in the new stem and add the endings:

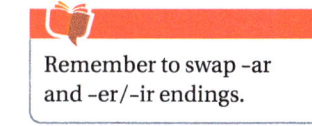

–ar verbs		–er and –ir verbs	
hable	hablemos	tenga	tengamos
hables	habléis	tengas	tengáis
hable	hablen	tenga	tengan

> Remember to swap –ar and –er/–ir endings.

Essential SL subjunctive structures and the present subjunctive

It is important to remember that while there are dozens of subjunctive structures you could learn, **you only need a few** to get high language marks. In SL Paper 1 and the oral, to get 7–9 out of 12 for language, "a **variety** of basic and **more complex** grammatical structures are used", while for 10–12 out of 12, such structures are used "**effectively**". Therefore, I recommend that you focus on a small number of effective structures that you can use in your writing and speaking, on any topic, before giving you some suggestions if you want to take the subjunctive further.

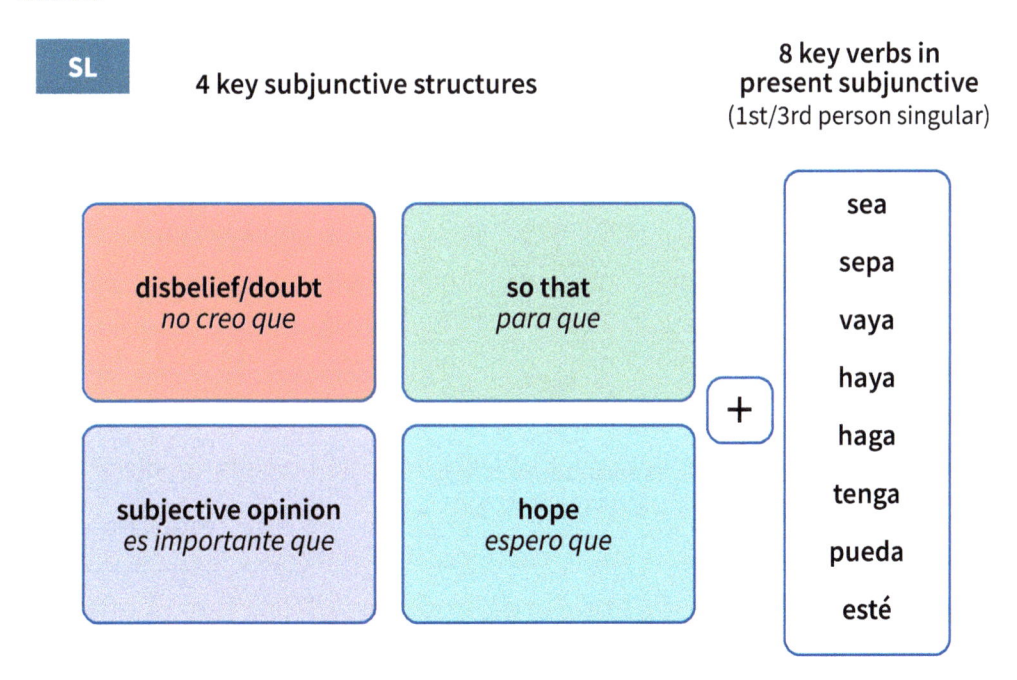

SL — 4 key subjunctive structures

- disbelief/doubt — *no creo que*
- so that — *para que*
- subjective opinion — *es importante que*
- hope — *espero que*

+

8 key verbs in present subjunctive (1st/3rd person singular)

- sea
- sepa
- vaya
- haya
- haga
- tenga
- pueda
- esté

✓ **No creo que** los jóvenes sepan qué peligros conllevan las redes sociales.
  I don't think that young people know about the dangers of social networking.

✓ Hay que concienciar a la gente **para que** vaya a la protesta.
  We have to raise awareness among people so that they go to the protest.

✓ **Es importante que** los estudiantes tengan la información para que puedan tomar decisiones.
  It's important for students to have the information so that they can make decisions.

✓ **Espero que** sea útil esta información.
  I hope that this information is useful.

How to form the imperfect subjunctive

Take the '*ellos*' form of the preterite and drop the ending to make the stem:

  hablar → hablaron → habl–

  tener → tuvieron → tuv–

Keep any spelling changes in the new stem and add the endings:

–ar verbs		–er + –ir verbs	
hablara	habláramos	tuviera	tuviéramos
hablaras	hablarais	tuvieras	tuvierais
hablara	hablaran	tuviera	tuvieran

> Remember the imperfect subjunctive has two totally interchangeable forms.

Essential HL subjunctive structures in present and imperfect subjunctive

In HL Paper 1 and the oral, to get 7-9 out of 12 for Language, "a **variety** of basic and **more complex** grammatical structures is used **effectively**", while for 10-12 out of 12, such structures are used "**selectively** in order to enhance communication". This suggested range of structures would count towards effective and selective variety.

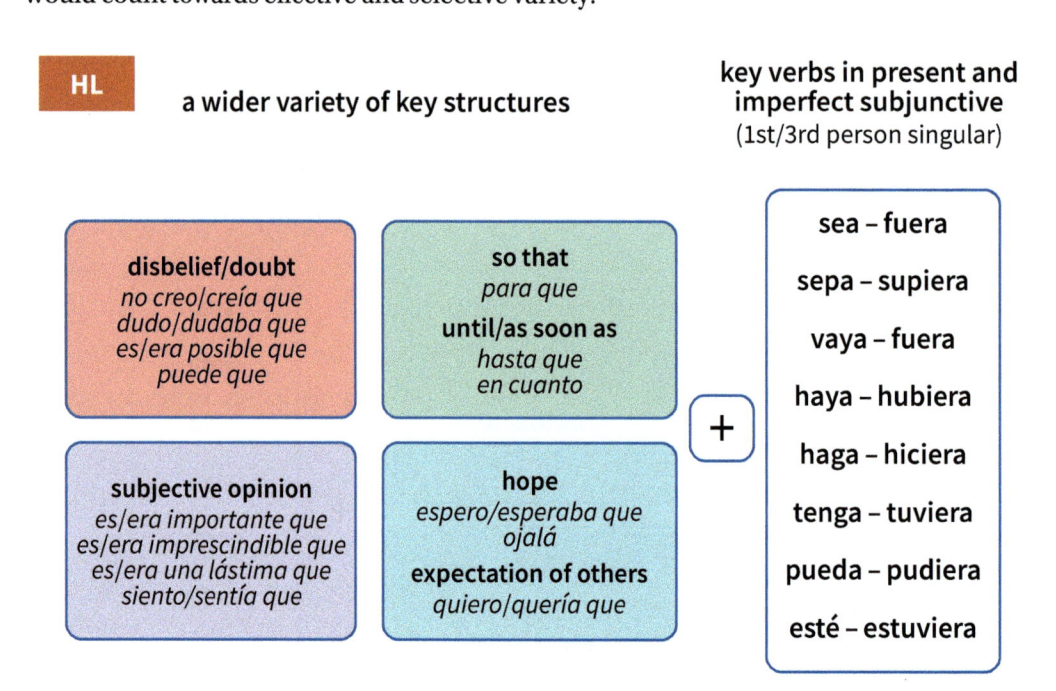

HL — a wider variety of key structures

key verbs in present and imperfect subjunctive (1st/3rd person singular)

disbelief/doubt
no creo/creía que
dudo/dudaba que
es/era posible que
puede que

so that
para que
until/as soon as
hasta que
en cuanto

subjective opinion
es/era importante que
es/era imprescindible que
es/era una lástima que
siento/sentía que

hope
espero/esperaba que
ojalá
expectation of others
quiero/quería que

+

sea – fuera
sepa – supiera
vaya – fuera
haya – hubiera
haga – hiciera
tenga – tuviera
pueda – pudiera
esté – estuviera

7. LANGUAGE – GRAMMAR

✓ *Uso mi portátil en el salón **para que** mis padres sepan lo que estoy haciendo.*
✓ ***Ojalá** pudiera hablar con mis padres, pero solo les interesan mis notas del colegio.*
✓ *Para resolver el conflicto **era imprescindible que** el gobierno hiciera algo.*
✓ ***No quería que** mis padres tuvieran que pagar mis estudios, por eso trabajaba en una tienda.*
✓ ***Puede que** haya muchas razones para el cambio, pero no estoy de acuerdo.*
✓ *La película era buena, pero **es una lástima que** los actores fueran tan malos.*

Learn key structures in pairs, with a present and imperfect subjunctive version:

no creo que vaya	para que sepa	hasta que tenga
no creía que fuera	para que supiera	hasta que tuviera
dudo que haga	siento que no haya	ojalá pueda
dudaba que hiciera	sentía que no hubiera	ojalá pudiera
es importante que sea	espero que pueda	quiero que esté
era importante que fuera	esperaba que pudiera	quería que estuviera

Most common uses of the subjunctive

▶ **Using the subjunctive to express *purpose***

para que	*Te lo explico claramente para que lo recuerdes.*

▶ **Using the subjunctive to express *hope***

esperar que	*Espero que mi carta llegue a tiempo.*
ojalá (que)	*Ojalá que todo volviera a la normalidad.*

▶ **Using the subjunctive to express *doubt* or *disagreement***

no creer que	*No creo que sea buena idea imponer más restricciones.*
	No creo que mi amiga haya visto esta película.
	El profesor no creía que los estudiantes hubieran estudiado.
dudar que	*Mis padres nunca dudaban de que pudiera hacerlo.*
	Duda que haya aprobado el examen.
	El comité estudiantil duda que haya suficientes recursos.
ser posible que	*Es posible que la situación mejore con las medidas correctas.*
	En mi opinión, sería posible que nos fuéramos de vacaciones en julio.
puede que/quizás	*Puede que tengas razón.*
	Quizá mañana podamos visitar el castillo.

▶ **Using the subjunctive to express *influence over others***

These are the structures that allow you to express when someone or something **wants**, **forces**, **makes** or **allows** someone else to do something. There will clearly be two subjects in the sentence.

querer que	*No quiero que mis padres sepan lo que estoy haciendo.*
	No querían que su hijo fuera a la universidad en otro país.
hacer que	*Las redes sociales hacen que sea más fácil compartir videos.*
decir que	*Les he dicho mil veces que arreglen la ventana rota.*
permitir que	*El uso del subjuntivo permite que el alumno se exprese mejor.*
sugerir que	*Mi profesor surgirió que leyera este libro.*

▶ **Using the subjunctive to express *'as if...'***

como si	Me tratan como si *fuera* un niño.
	Lo recuerdo como si *estuviera* allí.

▶ **Using the subjunctive to express *opinions* and *judgements***

importante	En el futuro será importante que *haya* más oportunidades.
necesario	Creo que es necesario que *hablemos* de este asunto.
imprescindible	Será imprescindible que *tomemos* medidas urgentes.
esencial	Fue esencial que todo el grupo *trabajara* rápido.
hace falta	En mi opinión, hace falta que *introduzcan* más variedad de fauna.
mejor	Sería mejor si *tuviéramos* más tiempo para completar la investigación.
aconsejable	Es aconsejable que *compres* botellas reutilizables.
chocante	Me parece chocante que los políticos corruptos *salgan* impunes.
una vergüenza	Es una vergüenza que *usen* métodos engañosos para vender productos.
inadmisible	Cualquier persona diría que es inadmisible que los niños *pasen* hambre.
terrible	Sería terrible que *hubiera* más desahucios.
un desastre	Es un desastre que los humanos *hayan contaminado* el mar.
una pena	Es una pena que los jóvenes *se influyan* tanto por los influencers.
normal	Mira, yo creo que es normal que los jóvenes *quieran* salir de fiesta.
lógico	Era lógico que Ricardo *fuera* a vivir con su pareja.
comprensible	Dadas las circunstancias, es comprensible que *esté* deprimido.
bueno	Es bueno que los profesores *sean* comprensivos.
fantástico	Sería fantástico que *fuéramos* a Ibiza para celebrar el fin de curso.
genial	Habría sido genial si *hubiéramos podido* ganar el partido.

▶ **Using the subjunctive to express *emotional reactions***

You can use precise verbs of feeling (*alegrarse, enfurecerse, entristecerse, preocuparse*) or the verb 'to feel' – *sentir* + an adjective of emotion.

alegría / happiness	Me alegro de que *hayas venido* a visitarme.
	Me siento feliz que los niños *se hayan reunido* con sus padres.
enfado / anger	Me enfada que *haya* tantos problemas económicos.
	Me siento furiosa de que el gobierno no *esté haciendo* nada.
	A los padres les enfurecía que su niño *sufriera* ciberacoso.
pena / sorrow	Me da pena que *haya* tanta pobreza en el mundo.
	Siento que tu perro *esté* enfermo.
	Me entristece que tanta gente *haya perdido* su trabajo.
preocupación / worry	Me preocupa que el cambio climático *sea* irreversible.
	Me siento preocupada de que Pedro no me *haya llamado* en 3 días.
confusión / confusion	Es incomprensible que no *hayas dicho* nada antes.
	Me confunde que *haya* tantas reglas gramaticales.
miedo / fear	Temo que *haya* más inundaciones en el futuro.
	Me da miedo que las temperaturas suban *aún* más.

7. LANGUAGE – GRAMMAR

▶ **Using the subjunctive to express** *the fact that*

Although you associate facts with the indicative, with the structure '*el hecho de que*' you are not explaining *what* the fact itself is, you are making a judgement *about* that fact.

el hecho de que	El hecho de que la empresa haya sobrevivido la crisis económica significa, en mi opinión, que tiene buenos sistemas.
	El hecho de que retraten a las mujeres como objetos sexuales en la publicidad, es, en mi opinión, lo que debe ser mejor controlado.

▶ **Using the subjunctive to express a** *future idea*

After these conjunctions of time, you should use the subjunctive if your idea is relating to the (potential) future. However, if the action is habitual or has already happened, you should use the indicative.

cuando — **when**

Cuando **vaya** a México, espero que **pueda** ir a una fiesta típica.
"When I go… I hope I can…" – I haven't been yet, so these are hopes for the future (= subjunctive).

Cuando **voy** a México, siempre celebro el Día de los Muertos.
"When I go…" – this is what I usually do (habitual = indicative).

Cuando **fui** a México, quería ir a una fiesta, pero al final no tuve tiempo.
"When I went…" (past = indicative).

Mi padre me dijo que cuando **fuéramos** a México, iríamos a una fiesta típica.
"…that when we went…" – we hadn't yet been at the time of reference (= subjunctive).

en cuanto
tan pronto como — **as soon as**
así que

En cuanto **sepa** mis resultados, voy a celebrarlo con mis amigos.
"As soon as I know…" (future)

En cuanto **supe** la verdad, llamé a mi amiga para pedirle perdón.
"As soon as I knew…" (past)

Voy a ir a España en cuanto **pueda**.
"…as soon as I can." (future)

hasta que — **until**

No voy a poder conducir un coche hasta que **tenga** 18 años.
"…until I am…" (future)

Mis padres me dijeron que no podía conducir un coche hasta que **tuviera** 18 años.
"…until I was…" (potential future)

Estudié hasta que mis amigos **me llamaron**.
"…until they called" (past)

antes de que — **before something happens**

Tenemos que reducir la contaminación ambiental antes de que **sea** demasiado tarde.
"…before it is too late." (future)

Antes de que **vaya** a la universidad, tengo que aprobar mis exámenes.
"Before I go…" (future)

Antes de ir a la universidad, tengo que aprobar mis exámenes.
"Before going…" (note no *que*)

después de que	**after doing something, once something has happened**

*Después de que **vaya** a la India, escribiré mis impresiones en mi diario.*
   "After I go..." (future)

*Después de que **terminen** los exámenes, voy a recorrer el mundo.*
   "After they finish..." (future)

*Nada fue igual después de que mi padre **se fue/se fuera**.*
   "After he went..." (past = indicative or subjunctive)

▶ **Using the subjunctive with an *indefinite antecedent***

This is a subtle use of the subjunctive, used when you are talking about someone or something you have in mind, but that is not a real or specific thing or person. Key indefinite antecedents to look out for are:

un – una	*algo*	*nada*	*alguien*	*nadie*
a	something	nothing	someone	no one

*¿Hay alguien aquí que **hable** español?*
Is there anyone here who speaks Spanish? (Someone? Anyone?)

*Quiero ir a un país donde **haga** calor.*
I want to go to a hot country. (A country, *any* country that is hot, but no country in particular.)

*Un viajero que **quiera** aprovechar el día debería madrugar para no encontrar cola.*
A traveller wishing to get the most out of the day should get up early to avoid queues. (A hypothetical traveller.)

▶ **Using the subjunctive to express *'if'* statements**

'*Si* clauses' are all about **what *will* happen if...**, **what *would* happen if...**, or **what *would have* happened if...** The range of '*si* clauses' allows you to express how realistic the idea is. In all these structures, you can swap the clauses around, as the '*si*' actually introduces the subordinate clause, not the main clause (e.g.: *Si pudiera, iría a México = Iría a México si pudiera*).

realistic	**si + present + future**
↓	*Si saco un 7 en español, ¡estaré tan contento!* If I get a 7 in Spanish I will be so happy!
wishful	**si + imperfect subjunctive + conditional**
↓	*Si pudiera, iría a México para practicar mi español.* If I could, I'd go to Mexico to practise my Spanish.
impossible to change the past	**si + pluperfect subjunctive + conditional perfect**
	Si no hubiera tenido problemas el año pasado, habría sacado mejores notas. If I hadn't had problems last year, I would have got better grades (but it's too late now to change that).
alternative to impossible *si* clause	**de haber + past participle + conditional perfect**
	De haber estudiado más, habría sacado el carné de conducir. If I'd studied more, I would have passed my driving test.

Using the perfect subjunctive

Use *haber* in the present subjunctive + past participle of the verb you want to use:

haber + tener → tenido	haya tenido	hayamos tenido
	hayas tenido	hayáis tenido
	haya tenido	hayan tenido

> Remember all the irregular past participles.

You almost always use the perfect tense in Spanish in exactly the same way as in English, and you simply switch to the **perfect subjunctive** after all the usual subjunctive triggers.

You are commenting in the present on something that ***has happened*** in the past:

- ✓ *Es una lástima que no nos **hayamos visto** desde hace tanto tiempo.*
  It's a shame that we haven't seen each other for such a long time.

- ✓ *Espero que **hayas tenido** un buen viaje y que **hayas visto** todo lo que querías.*
  I hope you have had a good journey and that you've seen all you wanted to.

- ✓ *No creo que **haya terminado** su proyecto.*
  I don't reckon he's finished his project./I don't think he'll have finished his project.

Or you are saying what will happen after/once something else ***has happened***:

- ✓ *Vamos a salir después de que **hayas recogido** tu dormitorio.*
  We'll go out after/once you've tidied your bedroom.

Using the pluperfect subjunctive

Use *haber* in the imperfect subjunctive + past participle of the verb you want to use:

haber + tener → tenido	hubiera tenido	hubiéramos tenido
	hubieras tenido	hubierais tenido
	hubiera tenido	hubieran tenido

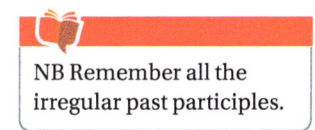

> NB Remember all the irregular past participles.

Again, you look out for all the usual subjunctive triggers and use the **pluperfect subjunctive** if the action ***had*** happened before other actions in the sentence.

Sentence in the past (preterite or imperfect) that comments on an action which ***had*** or ***possibly had*** taken place:

- ✓ *El gobierno reaccionó como si nunca **hubieran visto** los datos.*
  The government reacted as if they'd never seen the data.

- ✓ *Era trágico que **hubieran fallecido** tantos migrantes al cruzar el Mediterráneo.*
  It was tragic that so many migrants had perished while crossing the Mediterranean.

- ✓ *Siempre dudaba que el gobierno **hubiera tomado** las decisiones correctas.*
  I always doubted that the government had taken the right decisions.

- ✓ *Ojalá que el Bachillerato no **hubiera sido** tan difícil.*
  I wish the IB hadn't been so hard.

In impossible 'si clauses':

- ✓ *Si no lo **hubiéramos estudiado** en clase, nunca habría sabido nada sobre este tema.*
  If we hadn't studied it in class, I'd never have known anything about this topic.

Trouble identifying when to use the subjunctive

It's very difficult to spot when to use the subjunctive because in English we often use the infinitive instead.

My parents want me to go to university	~~Mis padres quieren me ir a la universidad.~~ Mis padres quieren que **vaya** a la universidad.
"To go" looks like an infinitive, but after *querer que* you always use the subjunctive in Spanish	
I hope you liked the concert	~~Espero te gustó el concierto.~~ Espero que **te haya gustado** el concierto.
"You liked" looks likes the past tense, but *espero que* always takes the subjunctive in Spanish. Because the sentence is in the past, you can't use the present subjunctive, so you could use the perfect subjunctive or imperfect subjunctive *te gustara/gustase*.	
before you tell me that I'm crazy	~~Antes de me dices que soy loco…~~ Antes de que **me digas** que estoy loco…
"Tell" looks like the present tense but *antes de que* always takes the subjunctive in Spanish.	
after they pay us	~~después de nos pagan~~ después de que **nos paguen**
"They pay us" also looks like the present tense, but *después de que* takes the subjunctive when referring to the future.	
I felt like I had lost my best friend	~~Me sentí como yo había perdido mi mejor amigo.~~ Me sentí como si **hubiera perdido** a mi mejor amigo.
"I had lost" is the pluperfect tense but this use of "like" means "as if" and *como si* always takes the imperfect or pluperfect subjunctive in Spanish.	
It's a great idea for you to set up a group	~~Es una idea genial para vosotros formar un grupo.~~ Es una idea genial que **forméis** un grupo.
"To set up" looks like an infinitive, but an opinion structure using *es + adjective + que* takes the subjunctive, and you don't need *para*.	

> **REMEMBER!**
> The **indicative** tenses refer to *reality*: real actions, events, thoughts, beliefs, facts, and objective statements.
>
> The **subjunctive** refers to *unreality*: subjective opinions, hopes, feelings, doubts, what you want or advise other people to do, and hypothetical statements.

How indicative and subjunctive tenses relate

After revising the subjunctive in isolation, you need to visualise how it relates to the indicative. This is because subjunctive forms don't translate as different tenses, they merely replace indicative tenses if the structure of your sentence demands it. There are fewer main subjunctive tenses than indicative tenses, only two:

- the **present subjunctive** replaces the present or future,
- the **imperfect subjunctive** replaces the imperfect, the preterite and the conditional.

You can also convert perfect tenses, continuous (progressive) tenses as well as other verbal structures into the subjunctive. To show you all the equivalents clearly, I am just going to use the **3rd person singular** (*él* or *usted*) form of the verb *ir* (to go).

7. LANGUAGE – GRAMMAR

In the following table, I have given you the full conjugations of each tense for the verb *ser* (to be) with their subjunctive equivalents.

main tenses		indicative	subjunctive
infinitive	*to go*	ir	
present	*goes*	va	vaya
future	*will go*	irá	
conditional	*would go*	iría	
preterite	*went*	fue	fuera/fuese
imperfect	*was going*	iba	
haber + past participle	*gone*	ido	
perfect	*has gone*	ha ido	haya ido
future perfect	*will have gone*	habrá ido	
pluperfect	*had gone*	había ido	hubiera/hubiese ido
conditional perfect	*would have gone*	habría ido	
estar + gerund	*going*	yendo	
present continuous	*is going*	está yendo	esté yendo
imperfect continuous	*was going*	estaba yendo	estuviera/estuviese yendo
ir a + infinitive			
immediate future	*is going to go*	va a ir	vaya a ir
imperfect future	*was going to go*	iba a ir	fuera/fuese a ir

▶ Full conjugations of *ser* (to be) with subjunctive equivalents

As previously mentioned, the subjunctive doesn't translate as different tenses, it merely replaces the indicative tenses when the sentence demands it, e.g. in a subordinate clause, after one of the key structures (e.g. *no creo que*), or after a conjunction of futurity (e.g. *cuando*).

presente	futuro		presente de subjuntivo
soy	seré		sea
eres	serás		seas
es	será		sea
somos	seremos		seamos
sois	seréis		seáis
son	serán		sean
es fácil	será fácil		dudo que sea fácil
it is easy	*it will be easy*		*I doubt it is/will be easy*
pretérito	imperfecto	condicional	imperfecto de subjuntivo*
			*2 forms, no difference
fui	era	sería	fuera/fuese
fuiste	eras	serías	fueras/fueses
fue	era	sería	fuera/fuese
fuimos	éramos	seríamos	fuéramos/fuésemos
fuisteis	erais	seríais	fuerais/fueseis
fueron	eran	serían	fueran/fuesen
fue fácil	era fácil	sería fácil	no creía que fuera fácil
it was easy	*it used to be easy*	*it would be easy*	*I didn't think it was/used to be/would be easy*

perfecto	futuro perfecto	perfecto de subjuntivo
he sido	habré sido	haya sido
has sido	habrás sido	hayas sido
ha sido	habrá sido	haya sido
hemos sido	habremos sido	hayamos sido
habéis sido	habréis sido	hayáis sido
han sido	habrán sido	hayan sido
ha sido fácil	habrá sido fácil	dudo que haya sido fácil
it has been easy	*it will have been easy*	*I doubt it has been/will have been easy*

pluscuamperfecto	condicional perfecto	pluscuamperfecto de subjuntivo
había sido	habría sido	hubiera sido
habías sido	habrías sido	hubieras sido
había sido	habría sido	hubiera sido
habíamos sido	habríamos sido	hubiéramos sido
habíais sido	habríais sido	hubierais sido
habían sido	habrían sido	hubieran sido
había sido fácil	habría sido fácil	ojalá hubiera sido fácil
it had been easy	*it would have been easy*	*if only it had been easy*

7.2.4 Compound tenses with *haber*, *estar* and *ir*

At SL you need to have mastered the main indicative tenses (present, preterite, imperfect, future and conditional), while at HL examiners like to see the richness and variety offered by compound tenses.

▶ Compound tenses with *haber* – perfect tenses

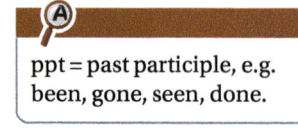

> ppt = past participle, e.g. been, gone, seen, done.

have done	= *haber (presente)* + ppt = *pretérito perfecto*					
he	has	ha	hemos	habéis	han	+ hecho
have done (subjunctive)	= *haber (presente del subj.)* + ppt = *perfecto del subj.*					
haya	hayas	haya	hayamos	hayáis	hayan	+ hecho
had done	= *haber (imperfecto)* + ppt = *pluscuamperfecto*					
había	habías	había	habíamos	habíais	habían	+ hecho
had done (subjunctive)	*haber (imperfecto del subj.)* + ppt = *pluscuamperfecto del subjuntivo*					
hubiera	hubieras	hubiera	hubiéramos	hubierais	hubieran	+ hecho
will have done	= *haber (futuro)* + ppt = *futuro perfecto*					
habré	habrás	habrá	habremos	habréis	habrán	+ hecho
would have done	= *haber (condicional)* + ppt = *condicional perfecto*					
habría	habrías	habría	habríamos	habríais	habrían	+ hecho
could have done	= *poder (condicional)* + *haber (infinitivo)* + ppt					
podría haber	podrías haber	podría haber	podríamos haber	podríais haber	podrían haber	+ hecho
should have done	= *deber (condicional)* + *haber (infinitivo)* + ppt					
debería haber	deberías haber	debería haber	deberíamos haber	deberíais haber	deberían haber	+ hecho

▶ Compound tenses with *estar* (+ *haber*) – progressive tenses

is doing	= *estar (presente)* + *gerundio* = *presente continuo*					
estoy	estás	está	estamos	estáis	están	+ haciendo
was doing	= *estar (imperfecto)* + *gerundio* = *imperfecto continuo*					
estaba	estabas	estaba	estábamos	estabais	estaban	+ haciendo

7. LANGUAGE – GRAMMAR

has been doing	= haber (presente) + estar (ppt) + gerundio					
he estado	has estado	ha estado	hemos estado	habéis estado	han estado	+ haciendo
had been doing	= haber (imperfecto) + estar (ppt) + gerundio					
había estado	habías estado	había estado	habíamos estado	habíais estado	habían estado	+ haciendo

▶ **Compound tenses with *ir a* + infinitive**

is going to	= ir (presente) + a + infinitivo = futuro inmediato					
voy a	vas a	va a	vamos a	vais a	van a	+ hacer
is going to (subjunctive)	= ir (presente del subj.) + a + infinitivo					
vaya a	vayas a	vaya a	vayamos a	vayáis a	vayan a	+ hacer
was going to	= ir (imperfecto) + a + infinitivo					
iba a	ibas a	iba a	íbamos a	ibais a	iban a	+ hacer
was going to (subj.)	= ir (imperfecto del subj.) + a + infinitivo					
fuera a	fueras a	fuera a	fuéramos a	fuerais a	fueran a	+ hacer

7.2.5 Moving between different time frames

While writing your longer and more complex sentences, notice how you are moving between different time frames and think carefully about which tenses you need to use.

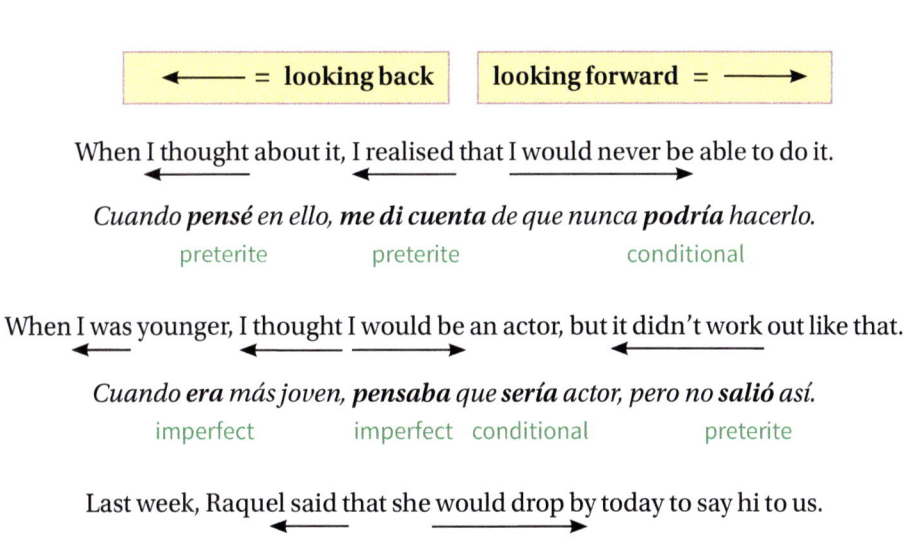

⟵ = looking back   looking forward = ⟶

When I thought about it, I realised that I would never be able to do it.

*Cuando **pensé** en ello, **me di cuenta** de que nunca **podría** hacerlo.*
preterite   preterite   conditional

When I was younger, I thought I would be an actor, but it didn't work out like that.

*Cuando **era** más joven, **pensaba** que **sería** actor, pero no **salió** así.*
imperfect   imperfect conditional   preterite

Last week, Raquel said that she would drop by today to say hi to us.

*Raquel **dijo** la semana pasado que **pasaría** hoy por el cole para saludarnos.*
preterite   conditional

PRÁCTICA

Traduce estas frases al español

1. I thought you'd said you were going to go to Buenos Aires next year.

2. If I'd known the problems it would cause, I never would have started the project.

3. I didn't call you because I've been studying all day.

4. What have you done all day? You could have prepared dinner and taken the dog out.

....

5. I've always wanted to volunteer abroad so that in the future I can put it on my CV.

....

7.2.6 Imperatives

Imperatives are particularly useful for the *folleto* and the *conjunto de instrucciones*.

| + positive command | − negative command |

Regulars

	tú +	tú −	usted +	usted −
	use 3rd person singular (*él* form) of present tense	use present subjunctive forms		
comprar	compra	no compres	compre	no compre
beber	bebe	no bebas	beba	no beba
vivir	vive	no vivas	viva	no viva

Irregulars

	tú +	tú −	usted +	usted −
	irregular form	use present subjunctive forms		
ser	sé	no seas	sea	no sea
ir(se)	ve(te)	no (te) vayas	vaya(se)	no (se) vaya
hacer	haz	no hagas	haga	no haga
decir	di	no digas	diga	no diga
poner	pon	no pongas	ponga	no ponga
salir	sal	no salgas	salga	no salga
tener	ten	no tengas	tenga	no tenga
venir	ven	no vengas	venga	no venga

Reflexive verbs

	tú +	tú −	usted +	usted −
asegurarse to make sure	asegúrate	no te asegures	asegúrese	no se asegure

Position of direct object (DO) and indirect object (IO) pronouns

	tú +	tú −	usted +	usted −
mandar + DO	mándalo = send it	no lo mandes = don't send it	mándelo = send it	no lo mande = don't send it
decir + IO	dime = tell me	no me digas = you don't say!	dígame = tell me	no me diga = you don't say!
dar + IO+DO	dímelo = tell me it	no me lo digas = don't tell me it	dígamelo = tell me it	no me lo diga = don't tell me it

> You need to add written accents (shown in red) when you make the word longer by adding pronouns, as each pronoun adds a syllable which in turn affects the accent rules.

Vosotros and nosotros forms

	vosotros +	vosotros –	nosotros +	nosotros –
regulars	take off –*ar/er/ir* and add –*ad/ed/id*	use present subjunctive forms	use present subjunctive forms, translates as "let's…"	
hablar	hablad	no habléis	hablemos	no hablemos
comer	comed	no comáis	comamos	no comamos
vivir	vivid	no viváis	vivamos	no vivamos
reflexives	omit the 'd'		omit the 's'	
asegurarse	aseguraos	no os aseguréis	asegurémonos	no nos aseguremos
ponerse	pongaos	no os pongáis	pongámonos	no nos pongamos
vestirse	vestíos	no os vestís	vistámonos	no nos vistamos

Vosotros would only be relevant in Spain. *Nosotros* has a rhetorical quality to it, and can be used very informally orally (*¡vámonos!* = let's go!) or very formally in an essay (*centrémonos primero en* = let us focus first on).

7.2.7 Using the gerund or the infinitive

- The gerund is used with *estar* to form a continuous (or progressive) tense:
    Déjame en paz, estoy estudiando.
    Anoche estuvimos bailando hasta las tres de la madrugada.
    Dudo que estén haciendo sus deberes ahora.

- To say **how long** you **spend doing** something, use *pasar* + gerund:
    Cuando era más joven, pasaba mucho tiempo jugando videojuegos.

- To say how long you **have been doing something for**, use *llevar* + gerund:
    Llevaba 6 años entrenando y por fin me escogieron para la selección regional.

- To express the idea of to **keep doing something**, or to **continue doing something**, use the gerund after *seguir* or *continuar*:
    Continuó estudiando toda la noche aunque su examen no fuera/fuese hasta el viernes.

- To express a sense of **while** at the beginning of a sentence:
    Escuchando el nuevo disco de Shakira, me di cuenta de que canta tanto en inglés como en español.

- To express **by doing something**:
    Estudiando las estructuras complejas, mejoré mis notas en español.

- To express **having done something**, use the *haber* infinitive structure, not the gerund:
    | Thank you for listening so attentively. | *Gracias por haber escuchado tan atentamente.* |
    | After seeing it with my own eyes… | *Después de haberlo visto con mis propios ojos…* |

- You *cannot* use the gerund as a **noun**, like in English; you should use the infinitive instead:
    | Studying is fun. | *Estudiar es divertido.* (**not** *estudiando es divertido*) |
    | Working with children is hard. | *Trabajar con niños es duro.* (**not** *trabajando con niños*) |

- You *cannot* use the gerund as an **adjective**, like in English; use these special forms instead:

a growing problem	*un problema creciente* (**not** *creciendo*)
the rising tensions	*las tensiones crecientes* (**not** *subiendo*)
running water	*agua corriente* (**not** *corriendo*)
living conditions	*las condiciones en que vive la gente* (**not** *viviendo*)

- You *cannot* use the gerund after liking, use the infinitive instead:

I like reading.	*Me gusta leer.* (**not** *me gusta leyendo*)
They like playing.	*Les gusta jugar.* (**not** *les gusta jugando*)

- Use the **infinitive** after these structures:

acabar de	to have just…
al	upon doing something
dejar de	to give up a habit
empezar a	to begin to do something
tener que	to have to
hacer falta	… is needed
hay que	have to, ought to
soler	usually do
volver a	to do again

7.2.8 Avoiding the passive voice

The passive voice is used when the subject becomes the **receiver of the action**, as opposed to the active voice when the subject **does the action**.

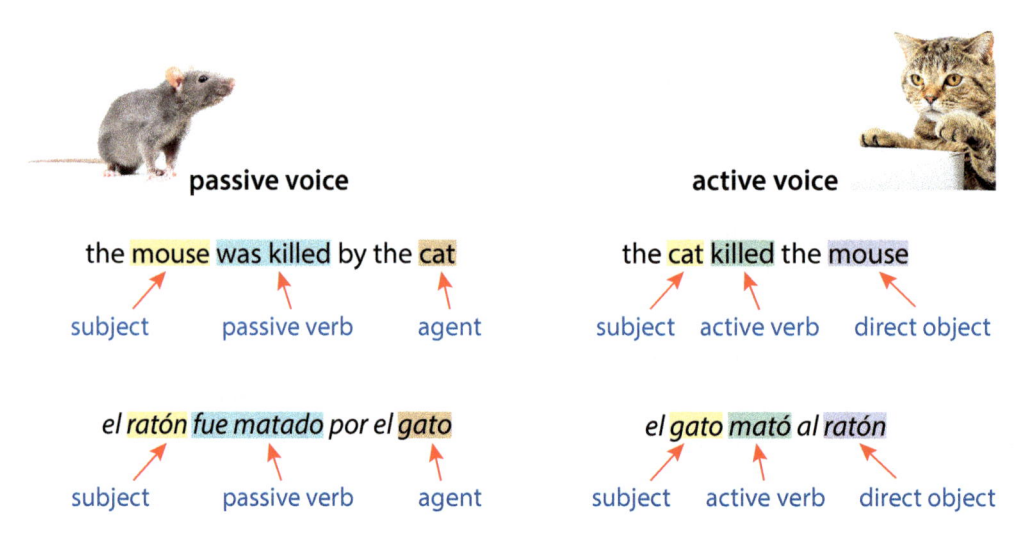

passive voice — the mouse was killed by the cat
- subject | passive verb | agent

active voice — the cat killed the mouse
- subject | active verb | direct object

el ratón fue matado por el gato
- subject | passive verb | agent

el gato mató al ratón
- subject | active verb | direct object

In English, the passive voice is formed using *to be* + *past participle* and *by*, eg:

| is done by | was read by | will be finished by | had been seen by |

In Spanish, it is also formed by *ser* + *participio pasado* and *por*, eg:

| *es hecho por* | *fue leído por* | *será terminado por* | *había sido visto por* |

The passive in Spanish works well for journalistic and historical texts, for example: "*El castillo fue construido en 1545.*" Or "*Los turistas fueron acusados de haber empezado el incendio.*" But in most other cases, Spanish usually prefers the active voice. The passive voice is preferred in English because it is generally a better style; the active voice can sound a bit basic. The passive is also a way of avoiding laying the blame on anyone, so it is more diplomatic!

7. LANGUAGE – GRAMMAR

The tendency among English speakers to use the passive in Spanish is because it works grammatically to just translate it word for word, and so it seems like the obvious thing to do.

Take this example:

Dance music **is used** in fun situations while slow music **is used** on solemn occasions.

The temptation is to write *es usada*, but actually *se usa* is much better.

To avoid the passive in Spanish, you need to **a) spot when you are using it** and **b) know what your active options are**. Your active options depend on whether you know who the agent is.

Do you know who the mouse was killed **by**?

Yes, it was killed by the cat → you know the agent
el ratón fue matado por el gato

Active option 1) *el gato mató al ratón*
make the sentence active: subject-verb-object

Active option 2) *al ratón lo mató el gato*
keep the mouse as the subject but add direct object pronoun straight after it

No, I just found it dead → you don't know the agent
el ratón fue matado

Active option 3) *se mató al ratón*
unidentified "one" killed the mouse

Active option 4) *mataron al ratón*
mysterious "they" killed the mouse

When there isn't an agent, it's harder to spot the passive voice and to remember to use active options instead, e.g.:

The CAS programme **is taken** by all students on the course. (Agent → all students)

- *Todos los estudiantes del curso siguen el programa CAS.*
- *El programa CAS lo siguen todos los estudiantes del curso.*

The exams **are taken** in May and the results **are issued** on July 5th. (It doesn't say who the exams are taken **by** or who the results are issued **by** → no agents)

- *Se hacen los exámenes en mayo y los resultados se comunican el 5 de julio.*

Spanish **is spoken** in 21 countries. (By? It doesn't say → no agent)

- *Se habla español en 21 países.*
- *Hablan español en 21 países.*

The film can **be seen** in all major cinemas. (By? It doesn't matter or is not relevant → no agent)

- *Se puede ver la película en todos los cines.*
- *Pueden ver la película en todos los cines.*

It **was decided** that the benefits outweighed the cost. (Who decided? It doesn't say → no agent)

- *Se decidió que los beneficios superaron a los costes.*
- *Decidieron que los beneficios superaron a los costes.*

Every day, bombs **are being dropped** and innocent people **are being killed**. (the sentence focuses on the consequences and avoids saying who is responsible → no agent)

- *Todos los días, caen bombas y matan a personas inocentes.*

7.2.9 Using pronouns

Pronouns are repeatedly flagged up by the examiners as a problematic area and it's easy to see why, as there are so many to learn and they are all so similar!

Subject pronouns					
I	you	he, she (it) you (formal)	we	you	they (m, f) you (formal, pl.)
yo	tú	él, ella	nosotros/as	vosotros/as	ellos, ellas
		usted			ustedes

Reflexive verb pronouns (e.g. *llamarse, levantarse*)					
I call myself	you call yourself	he calls himself she calls herself it calls itself you call yourself	we call ourselves	you call yourselves	they call themselves you call yourselves
me llamo	te llamas	se llama	nos llamamos	os llamáis	se llaman

Impersonal verb pronouns (e.g. *gustar, interesar, parecer*)					
it seems to me	it seems to you	it seems to him, to her, to you (formal)	it seems to us	it seems to you	it seems to them, to you (formal, pl.)
me parece	te parece	le parece	nos parece	os parece	les parece

Prepositional pronouns (use after a preposition e.g. *a, con, de, en, para*)					
me	you	him, her, it, you (formal)	us	you	them (m, f) you (formal, pl.)
mí	ti	él, ella, ello (neuter)	nosotros/as	vosotros/as	ellos, ellas
(conmigo)	(contigo)	usted			ustedes

Quiero ir contigo   Esto es para ti   ¿Es para mí?   Gracias a ustedes   Voy con ellos

Possessive pronouns					
mine	yours	his, hers, yours, its	ours	yours	theirs, yours
el mío la mía los míos las mías	el tuyo la tuya los tuyos las tuyas	el suyo la suya los suyos las suyas	el nuestro la nuestra los nuestros las nuestras	el vuestro la vuestra los vuestros las vuestras	el suyo la suya los suyos las suyas

Direct object pronouns					
me	you	him, you, it her, you, it	us	you	them (m), you them (f), you
me	te	lo	nos	os	los
		la			las

vimos a Susana → la vimos   vimos a Pedro y a Susana → los vimos

7. LANGUAGE – GRAMMAR

Indirect object pronouns					
to me	to you	to him, to her, to it, to you (formal)	to us	to you	to them (m, f) to you (formal, pl.)
me	te	le	nos	os	les
		↳ se			↳ se
		+ a él a ella a usted			+ a ellos a ellas a ustedes

To clarify or avoid confusion, you add the prepositional (pro)noun to the sentence, even if in English that would be tautological (saying the same thing twice):

¿El premio? *Se* lo dieron **a él**./*Se* lo dieron **a ella**./*Se* lo dieron **a los chicos**.

The '*le*' to '*se*' rule

Using direct object pronouns on their own is not usually difficult, it's when you are using both direct object and indirect object pronouns that it gets confusing due to the switch to '**se**'.

Position of object pronouns (*either* direct *or* indirect)			
Before conjugated verbs and negative imperatives, as separate words		After infinitives, gerunds and positive imperatives, all joined up	
No *lo* he terminado	No *te* vi en la fiesta	Tengo que terminar*lo*	Estaba mirándo*te*
No *lo* hagas	No *las* rompas	¡Ház*lo* ahora!	¡Cómpra*los*!

Position of object pronouns (indirect *plus* direct)			
Before conjugated verbs and negative imperatives (indirect comes first)		After infinitives, gerunds and positive imperatives (indirect comes first)	
No *se lo* he entregado aún	Mañana *se la* daré	Tengo que decír*selo*	Piénsa*telo* bien
¡No *se lo* digas a ella!	Ahora *os lo* explico	Dí*melo* ahora, por favor	¡Cómpra*melos*!

When you have both in a sentence, the order is **indirect object – direct object – verb**

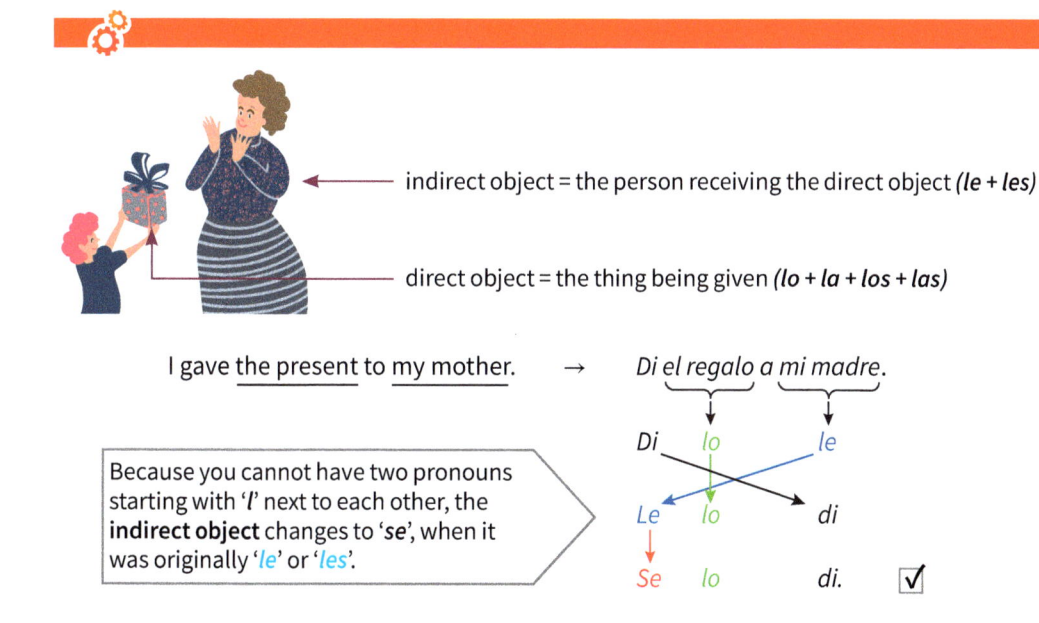

indirect object = the person receiving the direct object *(le + les)*

direct object = the thing being given *(lo + la + los + las)*

I gave the present to my mother. → Di el regalo a mi madre.

Di *lo* *le*
Le *lo* di
Se *lo* di. ✓

Because you cannot have two pronouns starting with '*l*' next to each other, the **indirect object** changes to '*se*', when it was originally '*le*' or '*les*'.

If you remember that "**lelo**" means "**tonto/bobo/estúpido**", then you won't write it!

225

Escuché las noticias y luego expliqué las noticias a mis padres.

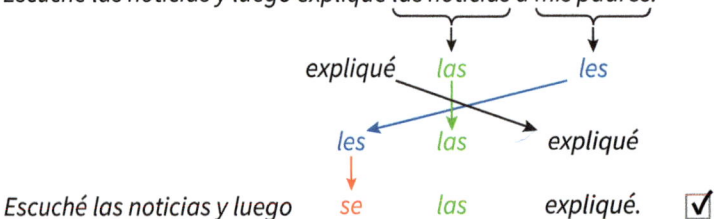

expliqué las les

les las expliqué

Escuché las noticias y luego se las *expliqué.* ✓

¿Compraste los periódicos para tu padre? Sí, compré los periódicos para mi padre.

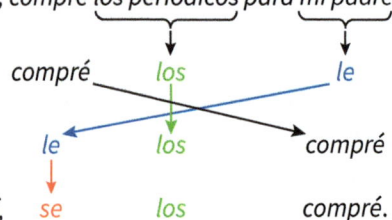

compré los le

le los compré

¿Compraste los periódicos para tu padre? Sí, se los *compré.* ✓

Using the pronoun '*lo*'

Lo is the direct object pronoun replacing a masculine singular noun to mean 'it'. But *lo* also has several other key uses:

▶ **it** *(lo, la, los, las)*

Para hacerlo… (lo = it)
Paso tres horas al día tocándolo. (lo = el piano)
Dámelo, por favor. (lo = el cigarro)
Lo *terminé antes de salir. (lo = el trabajo)*
Se **lo** *di a mi madre para su cumpleaños. (lo = el regalo)*

> – goes *after* infinitive, gerund, positive imperative
> – goes *before* any conjugated form of the verb e.g. present, preterite, subjunctive

▶ **how, quite how, the extent to which**

No puedo creer **lo** *estúpido que fui.*
Es difícil imaginar **lo** *difícil que es su vida.*
No se da cuenta de **lo** *urgente que es.*

▶ **the … thing**

Lo bueno *y* **lo malo** *de esta situación es que…*
Lo fundamental *es que sepas cómo usar el subjuntivo.*
Lo importante *es que los gobiernos negocien para resolver el conflicto.*

▶ **what, which**

Lo que *decía el artículo es que los jóvenes pasan mucho tiempo en línea.*
Los profes no nos dejan usar el móvil en clase, **lo cual** *me parece una tontería*

> See relative clauses in section 7.2.2 on page 208.

▶ **set phrases**

lo antes posible = as soon as possible
por lo menos = at least
por lo general = in general

Note you **can't** use '*lo*' after a preposition or at the end of a sentence:

✗ *hablar de lo*   ✗ *pon el libro encima de lo*

✓ *hablar de ello*   ✓ *encima de ello*

7. LANGUAGE – GRAMMAR

Common errors

As mentioned previously, '*lo*' means 'it' when used as a direct object pronoun, to replace a masculine, singular noun. But it **cannot** be used to mean 'it' as a subject pronoun and is not necessary at all when using *gustar*:

It is really easy to use.   ✗ *Lo es muy fácil usar*.

 ✓ *Es muy fácil usar*. (*lo* is not a subject pronoun)

I don't like **it**.   ✗ *No me gusta lo*.

 ✓ *No me gusta*. (Don't use *lo* with *gustar*)

PRÁCTICA

Elige el pronombre correcto para cada espacio.

1. He bought it for me.   [   ] *compró para* [   ].
2. They want to go with you.   *Quieren ir* [   ].
3. His house is bigger than mine.   *Su casa es más grande que* [   ].
4. Read it to her later.   *Lee* [   ] *a ella más tarde*.
5. My friends don't like drugs.   *A mis amigos no* [   ] *gustan las drogas*.
6. We saw him at the park with them.   [   ] *vimos en el parque con* [   ].

7.2.10 Using negatives and affirmatives

Spanish uses double negatives:

No veo a nadie   = I **don't/can't** see anyone. (I **don't** see '**no one**'.)

No he hecho nada.   = I **haven't** done anything. (I **haven't** done '**nothing**'.)

Make sure that you know the equivalent affirmatives and negatives:

yes	*sí*	*no*	no, don't
something	*algo*	*nada*	nothing
anything	*cualquier cosa*		
someone	*alguien*	*nadie*	no one
anyone	*cualquier persona*		
any	*alguno (algún)*	*ninguno (ningún)*	no, none, not a single
	alguna/os/as	*ninguna*	
always	*siempre*	*nunca (jamás)*	never
also	*también*	*tampoco*	either, neither
or…	*o… o…*	*ni… ni…*	neither… nor…

Examples:

✓ *No tengo **nada** que decir.*	I have **nothing** to say./I **don't** have **anything** to say.
✓ *No hay **ningún** problema.*	There's **no** problem./There aren't any problems.
✓ *No hay **ninguna** duda de que las sanciones funcionan.*	There's **no** doubt (at all) that sanctions work.
✓ *Yo habría hecho **cualquier cosa**. Tú **no** habrías hecho **nada**.*	I would have done **anything**. You **wouldn't** have done **anything**./You'd have done **nothing**.
✓ *No mejorará la situación si **nadie** hace un esfuerzo.*	The situation won't improve if **no one** makes an effort.
✓ *Los jóvenes **tampoco** quieren causar problemas a sus padres.*	Young people **don't** want to cause problems for their parents **either**.
✓ *Las opciones son claras: **o** te vas **o** no te vas. Tú decides.*	The options are clear; go **or** don't go. It's up to you.
✓ *No sé qué hacer: **no** me apetece **ni** ir al cine **ni** quedarme en casa.*	I **don't** know what to do: I **don't** feel like going to the cinema **or** staying at home.
✓ *No conozco **ningún** lugar para escuchar música clásica.*	I **don't** know **anywhere** to listen to classical music.
✓ ***Nunca** cocino con mantequilla.*	I **never** cook with butter.
✓ *He llamado a todos mis amigos pero **nadie** contesta.*	I've called all my friends but **no one** is answering.

7.2.11 Repaso 2 – las estructuras complejas

HL ONLY

Translate these sentences, and pay particular attention to spotting possible **complex structures** and **basic errors** before you start:

1. If I had known, I would have done things in a different way.

2. I didn't realise how difficult it would be.

3. Decisions are taken by all members of the committee.

4. A decision will be made after everyone has had a chance to give their opinion.

5. What most interests me about this topic is that there is no clear answer.

6. It is space, whose frontiers have no limits, that man will keep exploring.

7. People have ignored the recycling initiatives, which means that we'll have to think of new proposals.

8. The students asked for new sports facilities two years ago, and nothing has been bought yet.

9. It has been a growing problem since the beginning of the financial crisis.

10. I want the school to set up a new forum so that everyone can share their ideas, and I hope it will work.

Chapter 8: Answers and transcripts

8.1 Answers and transcripts for questions

Chapter 1: Introduction

Locating indigenous cultures on a map (page 5)

Aymara/Aimara:	Bolivia, Chile, Peru
Maya:	South of Mexico, Guatemala, Belize
Mapuche:	South Central Chile, Southwest Argentina
Kuna:	Panama, Colombia
Inca:	Peru (language: Quechua)
Caribes:	The Guianas, North coast Venezuela, Colombia
Azteca:	Central Mexico (language: Náhuatl)
Nukak:	Colombia
Shipibo:	Peru
Guaraní:	Northeast Argentina, Southwest Brazil, Paraguay, Bolivia, Uruguay
Afrodescendientes:	15 million people were transported from Africa to the American continent between the 15th–19th century. Now, the countries with the highest proportion of Afrodescendents are Haiti, Dominican Republic, Brazil, Cuba and Colombia.

Chapter 2: Paper 1 – Writing

Practice example (page 17): ¡Disfruta sin contaminar!

Aquí tien**es** 10 consejos de www.eco-fiestas.com para reducir la cantidad de basura durante los días festivos de Carnaval:

1. **Tir<mark>a</mark> <mark>tu</mark> basura al contenedor** – es el paso más fácil para reducir <mark>tu</mark> huella ecológica.

2. **Recicl<mark>a</mark> <mark>tus</mark> envases** – incluso las botellas de plástico y de vidrio, los botes y los frascos.

3. **No desperdic<mark>ies</mark> la comida** – ¡no compr<mark>es</mark> comida que <mark>vas</mark> a acabar tirando!

4. **Intent<mark>a</mark> usar decoraciones reciclables** – ¡guard<mark>a</mark> las decoraciones para el año próximo!

5. **Red<mark>uce</mark> el embalaje** – compr<mark>a</mark> productos con menos embalaje sobre todo de plástico.

6. **Recicl<mark>a</mark> los disfraces** – no compr<mark>es</mark> disfraces baratos que luego <mark>vas</mark> a tirar.

7. **No <mark>uses</mark> brillantina** – es muy contaminante para el medio ambiente.

8. **Tra<mark>e</mark> tu propia botella rellenable** – así evitar<mark>ás</mark> comprar botellas de plástico.

9. **Reco<mark>ge</mark> la basura** – donde <mark>veas</mark> basura en la calle, <mark>tírala</mark> al cubo más cercano.

10. **Descarga** nuestra app – para ver más consejos sobre cómo disfrutar de las fiesta sin contaminar.

Si sigu**es** al menos 3 de estos consejos, har**ás** una gran diferencia en reducir la cantidad de basura que queda después de las fiestas de Carnaval.

Chapter 3: Paper 2 – Listening comprehension practice texts

Texto A: Video presentación de unas vloggers – el etiquetado de la comida

Vas a escuchar a unos vloggers presentando una nueva iniciativa de etiquetado de advertencia en los productos alimentarios en México.

Miguel: ¡Hola y bienvenidos a una edición más de Vida Sana con Paula y Miguel! En el video de hoy hablaremos del nuevo etiquetado de alimentos que está a punto de implementarse en México. Si aún no sabes de lo que te estamos hablando, quédate, que en este video, te lo explicaremos. ¡Y sin más, vamos a ello!

Paula: Bueno, Miguel, empecemos recordando que el etiquetado de alimentos es una manera de presentar información sobre un producto alimentario para conocer sus ingredientes y su valor nutricional además de garantizar una protección al consumidor. Pero la realidad es todo lo contrario, ya que el etiquetado actual, que pronto será reemplazado, no es para nada fácil de leer.

Miguel: ¡Tienes razón, Paula! En un estudio reciente, encuestaron a más de 8 mil adultos mayores de 20 años, y el 62% declaró que no tiene el tiempo ni la habilidad para realizar los cálculos que se requieren para interpretar la información de la tabla nutricional que se encuentra en los productos preenvasados. Entonces, Paula, cuéntanos ¿cómo va a ser el nuevo etiquetado?

Paula: Órale pues, el nuevo etiquetado constará de cinco sellos de color negro octagonales y avisarán cuando un producto tenga exceso de calorías, sodio, grasas trans, azúcares y grasas saturadas. El objetivo, pues, es que sea muy claro y fácil de leer, para que el consumidor tome una decisión de compra en un vistazo. La desventaja es que no indica cantidades específicas, sino solo el hecho de que estos componentes están presentes "en exceso".

Miguel: Entonces nos parece un paso importante para combatir los índices de sobrepeso y obesidad que tanto agobian al sector salud en México, ¿verdad, Paula?

Paula: Exacto, estamos de acuerdo en que este nuevo etiquetado será una herramienta muy útil para concientizar a la población de lo que consumen, aunque no creemos que vaya a terminar por sí solo con los problemas de malnutrición en nuestro país.

Miguel: Bueno, esto es todo por el video de hoy. Nos interesa mucho saber lo que piensas así que déjanos tu opinión en la caja de comentarios. También recuerda que puedes apoyarnos dejándonos tu like y suscribiéndote.

Paula y Miguel juntos: ¡Hasta la próxima!

Duración:	2 min
Voces:	1 hombre mexicano y 1 mujer mexicana
Adaptado de:	https://www.youtube.com/watch?v=Ko9axPle_-A and https://elpoderdelconsumidor.org/2020/05/todo-lo-que-debes-saber-sobre-el-nuevo-etiquetado-de-advertencia/

Respuestas:

1. A C E F G [en cualquier orden]

Texto B: Noticias en directo – un desastre natural

Vas a escuchar una noticia sobre un desastre natural en Centroamérica.

En el estudio: Y ahora nos vamos a Honduras, donde el huracán Iota, tan solo dos semanas después del paso del huracán Eta, ha dejado devastación y muerte tras su paso por Centroamérica y el Caribe. En Tegucigalpa siguen las tareas de rescate de las miles de personas que el huracán ha dejado aisladas. ¿Cuál es la última noticia, Carolina?

Reportera: Pues sí, aquí en Tegucigalpa, la capital de Honduras, se están intensificando las tareas de rescate. Aún no se sabe cuántos muertos ha dejado el huracán Iota en su paso por Centroamérica pero lo que sí es seguro es que la devastación en varias regiones es enorme. Este miércoles el fenómeno cruzó Honduras y El Salvador antes de disiparse aunque las fuertes precipitaciones persisten empeorando un panorama marcado por importantes inundaciones, desbordamientos de ríos, carreteras dañadas y cortes eléctricos.

Iota ha vuelto a dejar mucha lluvia en el Valle del Sula, anegado hace dos semanas por la devastadora tormenta Eta. Inundaciones también aquí en la capital, donde policías, militares y bomberos han tenido que llevar a cabo operaciones de rescate y evacuaciones en algunos barrios.

En Honduras se habla por el momento de un muerto, pero donde empiezan a crecer de forma preocupante las cifras es en la región Caribe Norte de Nicaragua, una región pobre y deprimida de mayoría indígena donde ya se han confirmado ocho muertos, y se habla de que una veintena de personas más podrían haber perecido en el derrumbe de una iglesia.

El huracán Iota también ha descargado su furia en las islas colombianas de San Andrés y Providencia. Esta última habitada por unas cinco mil personas, ha quedado totalmente arrasada con el 98% de sus infraestructuras destruidas.

La combinación letal de Iota y Eta, dos monstruos meteorológicos en tan sólo dos semanas, ha dejado a Centroamérica muy mal herida. Solo en Honduras hay más de tres millones de personas afectadas y 100.000 evacuados. Las pérdidas materiales y económicas no han sido cuantificadas pero podrían superar los tres mil millones de dólares.

Ahora, volvemos al estudio.

* anegar = inundar

Duración:	3 min
Voces:	1 hombre ecuatoriano y 1 mujer colombiana
Adaptado de:	https://youtu.be/MDBdFV57rmQ

Respuestas:

1. B	5. A	8. 5.000/cinco mil
2. C	6. preocupante	9. 100.000/cien mil
3. A	7. una veintena (incorrect: 20/ veinte)	10. superar
4. C		

Texto C: Entrevista en la radio – la educación durante el confinamiento

Vas a escuchar una entrevista con Nuria Valdés, Directora del Departamento de Educación de Barcelona, sobre el cierre de los centros educativos por el Coronavirus.

Presentador: Buenas tardes queridos oyentes, soy Juan Martínez. Gracias por escuchar nuestro programa "El Mundo Hoy" en el que abordamos los temas más actuales. Hoy está con nosotros Nuria Valdés, del Departament d'Educació de Barcelona, quien nos hablará de las iniciativas que puso en marcha su departamento tras decretarse el cierre de los centros educativos debido a la crisis sanitaria del coronavirus. Bienvenida y muchas gracias por concedernos esta entrevista.

Nuria: Gracias, es un placer estar aquí.

8. ANSWERS AND TRANSCRIPTS

En los primeros días del confinamiento, ¿cuáles fueron las prioridades de su departamento?

Bueno, como ya sabéis, en marzo del 2020 el confinamiento fue muy repentino. Casi de un día para otro nos dijeron que se cerraba todo incluso los colegios. En ese momento lo más importante que vimos es que había muchos jóvenes que no podían seguir las clases remotas ya que no tenían dispositivos adecuados ni conectividad en sus casas. Por lo tanto, nos dimos cuenta de que era una prioridad suministrar aparatos para que pudieran seguir las clases en línea.

En segundo lugar, pero no menos importante, había otro problema. Y es que muchos niños, sobre todo de entornos desfavorecidos, comen en el colegio, y esta es en muchos casos la comida más importante que hacen en todo el día. Entonces también comprendimos que teníamos que garantizar esta comida diaria a todos estos niños.

¿Qué medidas implementó su departamento para hacer frente a estos dos retos?

Pues en cuanto a los dispositivos electrónicos, se compraron tabletas con conectividad a Internet y en cuestión de días se repartieron entre todos los alumnos que nosotros habíamos identificado como vulnerables.

Luego, creamos las tarjetas comedor, una especie de tarjeta de crédito que se iba renovando cada semana para que las familias de los alumnos pudieran comprar comida en los supermercados.

¿Y a usted le preocupaba la salud mental de los jóvenes durante esa época?

¡Por supuesto que sí! Cada día recibíamos información de profesores que decían que había muchos alumnos con los que no habían logrado ponerse en contacto o, en otros casos, que los veían muy afectados por lo que estaba ocurriendo y que no lograban concentrarse en los estudios. Entonces empezamos a realizar encuestas telefónicas con las familias para ver cómo estaban relacionándose con sus hijos, cómo los ayudaban con las tareas escolares o qué tipo de apoyo estaban recibiendo.

Además, con los alumnos mayores de 18 años organizamos sesiones en línea donde los jóvenes nos explicaban cómo estaban haciendo frente a esta situación, y se daban consejos los unos a los otros.

También hicimos un poco de formación con los profesores, para que pudieran ofrecer tutorías en línea y así ofrecer apoyo emocional individualizado a sus alumnos al menos una vez cada dos semanas.

Finalmente, ¿cree usted que algunos de los aspectos del modelo de enseñanza remota desarrollado durante el confinamiento perdurarán?

Seguro, seguro, porque todos hemos aprendido mucho. Algunos profesores que eran poco competentes en enseñanza digital tuvieron que adaptarse a las nuevas tecnologías, y estoy segura que continuarán usando los recursos digitales cuando todo vuelva a la normalidad.

De hecho, ahora estamos haciendo enseñanza híbrida, que quiere decir que, algunas partes del curso, especialmente las materias más teóricas, se siguen haciendo en línea un día a la semana.

Muchas gracias, Nuria Valdés, por acompañarnos esta tarde.

Duración: 4 min
Voces: 1 hombre gallego y 1 mujer catalana
Adaptado de: Entrevista de la autora con Gemma Verdés

Respuestas:

1. B C E G [en cualquier orden]

2. no habían logrado ponerse en contacto (con ellos) / los veían muy afectados / no lograban concentrarse en los estudios
3. encuestas telefónicas / llamaron a las familias por teléfono
4. se daban consejos (los unos a los otros)
5. formación
6. adaptarse a las nuevas tecnologías
7. (las materias/partes más) teóricas

Texto D: Podcast – la igualdad de género

Vas a escuchar una entrevista en un podcast sobre los desafíos en la igualdad de género en Argentina.

Bienvenidos al podcast de Ciencias Sociales. Hoy vamos a hablar de la igualdad de género en el mundo laboral en Argentina, un tema relevante y muy importante. Nuestra invitada hoy es la reconocida abogada Daniela Morales. Daniela, buenos días.

Hola, gracias por invitarme al podcast.

Daniela, díganos ¿sigue habiendo una brecha salarial en Argentina?

Bueno, como decís vos, este es un tema importante en la agenda feminista, no sólo en nuestro país sino a escala mundial. Y a pesar de que Argentina se suscribió hace más de 20 años a las metas establecidas en la Conferencia Mundial de la Mujer, las mujeres aún ganamos un 27% menos que los hombres.

¿Qué significa esto en términos reales?

Esto significa que un hombre gana en doce meses de trabajo lo que las mujeres tardaríamos quince meses en ganar. Y aunque esto representa un avance, si se continúa con el actual ritmo de mejoría, no vamos a lograr cerrar esta brecha hasta el 2086.

¿Cómo se explica que persista esta brecha a pesar de existir una ley que garantiza que las mujeres ganen el mismo salario por el mismo trabajo que los hombres?

La situación es más compleja que esto porque las desigualdades de género están muy arraigadas en la sociedad. Sigue habiendo demasiada diferencia en cuanto a la distribución de empleos en relación a trabajos que son considerados femeninos o masculinos ya que una gran parte de los femeninos aún tienen que ver con los de cuidados, sea de niños o sea de mayores, y para estos trabajos se suele cobrar menos.

¿A qué se refieren las feministas cuando hablan de un 'techo de cristal'?

El 'techo de cristal' es como un techo que no se ve, es decir, representa obstáculos invisibles que llevan a que no lleguemos a puestos más altos por el mero hecho de nuestra condición de género. El resultado es que las mujeres estamos menos representadas en la punta de la pirámide ocupacional.

¿Qué debería hacer el gobierno argentino para promover la igualdad?

Actualmente hay una ley que exige que el 30% de cargos sea para las mujeres. Yo plantearía ir más allá para lograr una paridad de 50 y 50, que sería más equitativo e igualitario. Pero hacen falta soluciones más imaginativas. Yo creo que el Estado tendría que contribuir a un sistema de premios y castigos en el mercado laboral, por ejemplo dar ventajas fiscales a aquellas empresas que contratasen a más mujeres. Aunque una cosa es cambiar la legislación, pero de allí a la verdadera transformación social, hay una distancia.

¿Aplicar la ley no es suficiente?

Desde luego que la lucha en el campo de la legislación es necesaria, pero no, no es suficiente. Hay una lucha, quizás más silenciosa pero igualmente difícil, para transformar prácticas sociales y valores culturales en este país. En realidad hay un abanico mucho más amplio de derechos sobre los cuales hay que discutir, por ejemplo, la violencia de género o la trata de personas. Son discusiones que van más allá de la aprobación de leyes.

Muchas gracias, Daniela Morales. Y muchas gracias a nuestros oyentes por escucharnos. Si te gusta este podcast puedes hacerte suscriptor premium en cienciassociales.com.

Duración:	3 min
Voces:	1 mujer española y 1 mujer argentina
Adaptado de:	http://agenciacomunica.soc.unicen.edu.ar/index.php/entrevistas/719-en-argentina-las-mujeres-ganamos-un-27-menos-que-los-hombres and http://argentinainvestiga.edu.ar/noticia.php?titulo=los_derechos_politicos_de_la_mujer&id=1969

Respuestas:

1. B
2. A
3. C
4. C
5. B

Texto E: Introducción a conferencia – las redes sociales

Vas a escuchar la introducción a una conferencia sobre la moda de los selfies en las redes sociales.

Profesora: Buenos días. Tenemos hoy el placer de recibir en nuestra universidad a Javier de Rivera, un conocido sociólogo y experto en redes sociales que compartirá con nosotros sus últimas investigaciones. Muchas gracias por estar con nosotros, Señor de Rivera.

Señor de Rivera: Buenos días a todos, para mí es un honor estar hoy aquí con ustedes para hablar sobre este tema tan actual. Creo que todos podemos estar de acuerdo en que las redes sociales ofrecen un espacio de comunicación importante a los jóvenes, al permitirles estar conectados de forma abierta y sincrónica tanto con amigos como con contactos virtuales. A la vez, ofrecen herramientas útiles para gestionar la vida social, pero el inconveniente que veo con las redes sociales es que hacen que las relaciones sean algo más superficiales y debilitan el grado de apoyo que podemos sentir. No solo esto sino que mantener su perfil en las diversas redes puede provocar ansiedad en alguien, pues la "gestión de la vida social" se convierte en una obligación.

Algo que a mí me preocupa es que... la necesidad de crear un perfil en las redes sociales implica una 'cosificación' de la persona. Es decir, que la complejidad de una persona se reduce a una foto, una descripción, a sus gustos, etc. Así, en cierto sentido tratamos con 'perfiles' en lugar de con 'personas' y creo que esto tiene un impacto negativo en las relaciones sociales. Bueno, la base de esta cosificación radica en la facilidad de hacer fotos digitales en los teléfonos móviles, sin coste adicional por foto, y luego compartirlas inmediatamente en las redes sociales. Les pregunto, ¿cuántos de ustedes se han tomado recientemente 'un selfie'? Levanten la mano por favor.

Veo que la gran mayoría y esto no me sorprende en absoluto. La realidad es que los selfies se han convertido en una práctica comunicativa. Solemos tomarnos un selfie en una situación que nos parece interesante y que queremos resaltar como parte de nuestra imagen ¿verdad?. En lugar de decir: "estuve con tal persona y nos caemos muy bien" o "me gusta mucho tal cosa", nos hacemos un selfie que lo representa. Es otro código comunicativo, centrado en la imagen, a diferencia del lenguaje hablado o escrito. Y esto se debe a que culturalmente vivimos en una sociedad de la imagen, es decir, que la cultura se sustenta sobre imágenes en televisión, revistas, internet, por ejemplo. Entonces, la representación gráfica de nosotros mismos se vuelve un aspecto importante de nuestra presentación en la sociedad, de la expresión de nuestra identidad y de nuestro valor social.

Hay quienes sostienen que la sociedad es adicta a los 'selfies' pero no creo que la "sociedad" como conjunto pueda ser adicta, quizás algunas personas sí puedan serlo. De todas formas no parece que cree adicción como tal, sino como mucho una dependencia psicológica. Esto se manifiesta cuando a alguien le faltan otros recursos para satisfacer su necesidad de conectar con los demás y entonces busca presentarse ante ellos para conseguir el mayor número de likes posible. Claro, no cuesta ningún trabajo dar un like, y todos los likes tienen el mismo valor, por lo que son un reconocimiento mecánico y cuantitativo. O sea que es una forma muy fácil de obtener ese refuerzo positivo que se busca – que te digan que molas – que sustituye el aprecio individualizado que se daría mejor con palabras o con gestos personales.

Muy interesante, Javier. Ahora vamos a abrir la conferencia a preguntas de la audiencia.

Duración: 3 min 30

Voces: 1 mujer gallega y 1 hombre gallego

Adaptado de: https://sociologiayredessociales.com/2016/04/entrevista-sobre-la-moda-de-los-selfies/

Respuestas:

1. abierta y sincrónica
2. superficiales
3. (se convierte en) una obligación
4. cosificación
5. compartirlas (inmediatamente)
6. una práctica comunicativa / un/otro código comunicativo
7. representa
8. imágenes
9. una dependencia psicológica
10. mecánico y cuantitativo

Texto F: Debate político – la política migratoria de Chile

Vas a escuchar un debate en la televisión sobre la inmigración en Chile.

Presentadora: Muy buenas tardes a todos y bienvenidos a un nuevo debate TelePlus. Hoy vamos a debatir con nuestros invitados acerca de un tema que ha estado presente en la agenda durante los últimos meses – el tema migratorio. ¿Se debe restringir el ingreso de migrantes a Chile? Con nosotros tenemos a la Diputada Carmen Martínez y al Diputado Rodrigo López; gracias por acompañarnos. Les recordamos a nuestros televidentes que durante el debate pueden enviarnos sus preguntas a través de nuestras redes sociales usando nuestro hashtag DebateTele+. Bueno, vamos a partir con la primera pregunta. Diputado López, ¿cree usted que la antigua administración fue demasiado permisiva con respecto al ingreso de migrantes al país?

Diputado López: Buenas tardes. ¡Por supuesto que no hubo permisividad! Durante el mandato de la Presidenta Bachelet se aplicó la legislación vigente que es la de 1975 que pone restricciones significativas al ingreso de migrantes. Hay que dejarlo claro, ¡a Chile no entra cualquiera!

Presentadora: Diputada Martínez, ¿está usted de acuerdo con el Diputado López?

Diputada Martínez: Buenos días. Pues sinceramente no concuerdo con el Diputado López. Efectivamente tenemos una norma antigua de 1975 que todos sabemos que hoy en día no da respuesta a la realidad que estamos viviendo en materia de la migración. Por eso, yo creo que el gobierno anterior fue negligente al no ser capaz de actualizar esa norma para garantizar una migración segura, ordenada y regular. De hecho, actualizar la ley fue un compromiso de campaña electoral que la ex-presidenta no cumplió durante su administración.

Presentadora: Según datos publicados recientemente, en el año 2017 llegaron más de 100.000 haitianos a Chile. Una solución que se ha propuesto para reducir esta cifra es la introducción de un visado. Diputada, ¿qué opina de este planteamiento?

Diputada Martínez: En cuanto a los haitianos, estas cifras representan un aumento del 114% con respecto al año anterior y el problema es que no sabemos quienes son. Yo creo que el estado receptor tiene el derecho de saber quién está ingresando en su país. La idea de la visa ha sido criticada por unos y aplaudida por otros, pero yo creo firmemente que la visa consular puede ser un instrumento eficaz de control.

Presentadora: Diputado López, ¿cómo responde a la propuesta de exigir visado a ciudadanos procedentes de determinados países?

Diputado López: Con todo respeto a la opinión de la Diputada Martínez, estoy definitivamente en contra de que se les exija visado a los migrantes de cualquier país ya que es una política que ya fracasó en Chile. De todas formas, un visado no va a detener el flujo de ciudadanos haitianos por un simple motivo: aquí en Chile hay empleo para los inmigrantes. La tasa de desempleo entre la población migrante está en el 5%. Por tanto no estamos ante un problema de capacidad del mercado de trabajo.

Presentadora: Diputada, le doy la palabra.

Diputada Martínez: Con respeto, no se trata solamente del mercado laboral. Miren, yo no tengo problemas con la migración en sí, la verdad lisa y llana es que migrar es un derecho humano. Pero insisto que la falta de un sistema de visado permite que las autoridades miren al techo cuando los migrantes ingresan como turistas y todos sabemos que turismo no vienen a hacer. La verdad es que muchos de ellos vienen engañados con respecto a cuál es el proceso y los trámites que tienen que hacer en nuestro país. Incluso a veces llegan después de haber sido abandonados en el desierto, poniendo en peligro su propia vida. No podemos seguir sin un sistema regulatorio.

Diputado López: Lo que describe la estimada Diputada es una situación lamentable pero no confío en que imponer más trámites burocráticos sea la solución. Hay que centrarnos en mejorar el proceso de inclusión e integración de la población migrante acorde con las medidas favorables que puso en marcha la ex-presidenta al final de su mandato.

Presentadora: Vamos a tomar una pequeña pausa para la publicidad pero no se vayan, porque volvemos dentro de unos minutos para continuar con el debate en TelePlus.

Duración:	4 min
Voces:	2 mujeres chilenas y 1 hombre chileno
Adaptado de:	https://www.youtube.com/watch?v=qKIh23dZPyI

Respuestas:

1. RL
2. CM
3. Presentadora
4. CM
5. RL
6. RL
7. C
8. B
9. C
10. B

Chapter 4: Paper 2 – Reading comprehension practice texts

¿SUFRES DE PROCRASTINACIÓN AMBIENTAL?

1. F
2. C
3. E
4. J
5. poner manos a la obra
6. E
7. H
8. G
9. también afecta a las generaciones venideras
10. C
11. C

EL USO DE INTERNET EN EL MÓVIL DISMINUYE LA TELE AUDIENCIA ENTRE LAS 18 Y 20 HORAS

1. F – replantear sus estrategias
2. V – hacer agua la teleaudiencia ["hacer agua" = *when a boat gets a leak. In this context it means "to rapidly decline"/"to drain away"*]
3. F – los usuarios se olvidan del mando / para disfrutar de su teléfono
4. la franja horaria
5. la radio
6. los contenidos audiovisuales / la televisión
7. D
8. A
9. G
10. B
11. A

GUÍA DE CONSEJOS PRÁCTICOS POR UNAS FALLAS SEGURAS Y RESPONSABLES

1. sin pasarnos / sin pasarse
2. sin perdernos nada / sin perderse nada
3. tener en cuenta
4. petardos
5. control
6. lugares autorizados
7. los metas en botes y papeleras
8. B
9. A, D, G, H [en cualquier orden]

LA COMPETENCIA INTERCULTURAL EN EL ÁMBITO EMPRESARIAL

1. (a) ejecutivos que trabajan una temporada en el extranjero (b) (al) trabajar en un equipo internacional [en cualquier orden]
2. jerarquías
3. D
4. F
5. B
6. meramente orientativo
7. creatividad e innovación
8. la lógica de nuestra propia cultura
9. C
10. se ofenda / se ofende
11. tal y como son
12. V - toda una serie de limitaciones
13. V - el comportamiento (de alguien) puede cambiar (radicalmente) cuando actúa con una persona de otra cultura
14. D (y)
15. A (entre)
16. B (según)
17. I (sino)
18. E (ante)

AYUDA EN ACCIÓN PROMUEVE LA REPRODUCCIÓN Y SUELTA A MÁS 100.000 TORTUGAS MARINAS EN EL SALVADOR

1. anidar
2. saqueos
3. hacer mella (en)
4. sensibilizar
5. resultado
6. (a) está en peligro crítico de extinción (b) (es) raro verla anidando (en la Bahía de Jiquilisco) [en cualquier orden]
7. (ya se están) incubando en el corral
8. A, D, F, G
9. generarse posibilidades de ingresos

LA FRÁGIL MEMORIA DE LA INFORMÁTICA

1. de puño y letra
2. impresas
3. ya no anda
4. datos
5. vaya a encontrar ["vaya..." *is an expression of exclamation. In this context it means "you'd be lucky to find"*]
6. el ciudadano común
7. los soportes físicos (de la información)
8. (viviendo en una) era oscura
9. chapuzones infértiles (en un gran mar de olvido)
10. F - sucede en todo tipo de organización
11. V - son la memoria de esa civilización
12. V - desapareceremos ["rastro" = *trace*]
13. (a) existieron antes de la era digital (b) nació en formato digital [en cualquier orden]
14. hardware y software
15. celular
16. F
17. B
18. A
19. H
20. D
21. (a) todo habrá sido en vano (b) dejaremos un vacío como legado [en cualquier orden]
22. C

LA NOCHE DE SAN JUAN: ALIADA DEL FUEGO Y TRADICIONES POPULARES

1. onomástica
2. cuyos orígenes se pierden en la historia
3. F - purificador
4. F - generalmente en parejas
5. V - agasajan a todos quienes acuden a felicitarlos ["agasajar" = *to smother with attention*]
6. F - en sitios soleados
7. (a) cura la melancolía / antidepresivo natural (b) para afecciones dermatológicas [en cualquier orden]
8. previo
9. recolectar
10. abundantes
11. se depositan
12. presuntas
13. B

'EVA', EMOCIÓN ARTIFICIAL

1. muy comentada
2. vista por cuatro gatos / recibido con un contundente desinterés general ["cuatro gatos" = *one or two people*]
3. se llevaron un (merecido) galardón
4. arriesgada
5. C
6. F
7. G
8. A
9. todo se centra en los actores
10. (a) viejas rencillas (b) agrietada relación [en cualquier orden]
11. David
12. a Álex / el otro (hermano)
13. a Álex
14. la niña / Eva
15. Caperucita
16. B

EL TECHO

1. arreciaba
2. inundaba la canoa
3. B
4. C [the clue is "salvaba" – *he gets to save the books, so he is relieved*. "El ceño se distendió" = *his frown eased;* "corrió a guarecerse allí" = *he ran to take shelter there*]
5. V – esperaba tranquilo
6. F – tronaba sobre el techo
7. F – tenía la sensación de que hacía un mes
8. F – no era nada en comparación del sueño
9. efímera tregua
10. (las botas) (de un hombre exhausto) resbalan sin avanzar
11. D
12. el individuo / Orgaz
13. los libros
14. Orgaz
15. B, C, F

LA GUARDIA

1. (reía) con embeleso
2. le interpeló / interpelar
3. parecía una invención de los sentidos
4. la solina batía sin piedad
5. a las hormigas
6. como el ronroneo satisfecho de un gato
7. A
8. D
9. me desmoralizó / (me sentía) incómodo
10. dar una vuelta por la plaza de armas
11. F – se levantaron a regañadientes ["a regañadientes" = *reluctantly*]
12. V – se las sacudían a manotadas

EL DIAMANTE DE LA INQUIETUD

1. (iba yo) bobeando hasta donde se puede bobear / bobeando y divagando
2. C
3. D
4. A
5. V – no contestó, pero seguía sonriendo / me miró sin contestar, con (un poquito de) ironía en los ojos
6. F – no he sido nunca de esos hombres indecisos
7. insistencia
8. me aburro como una ostra
9. (lograba) abrir brecha en su curiosidad
10. la partida estaba ganada
11. C

LOS INMIGRANTES

1. que hasta allí fuera afectuosa y buena con él
2. (a) (entrar en el) ayuno (b) las oraciones [en cualquier orden] ["había cerrado temprano la tienda" *and* "tomando una pequeña colación" *are 2 actions, but not rituals, that he does on the eve ("víspera") of Kippur, not actually during Kippur.*]
3. envalentonado
4. hacer burla y escarnio
5. le dio ánimos / dar ánimos
6. cubriéndolo de oprobios
7. E
8. F
9. B
10. B

Chapter 7: Language – Grammar

Repaso 1 – los errores básicos (page 206)

1. It's possible to watch different kinds of programme on satellite television.
   Es posible ver diferentes tipos de programa en la televisión vía satélite.

   ✗ Basic errors: spelling: double letters, verbs that mean similar things, accents.

2. I didn't like the music they were playing at the party.
   *No me gustó la música que **tocaban / estaban tocando** en la fiesta.*

   ✗ Basic errors: *gustar*, accents, verbs that mean similiar things.

3. Some people think that the only thing young people want is to have fun.
   Algunas personas creen que lo único que quieren los jóvenes es divertirse.

   ✗ Basic errors: idiomatic expressions translated word-for-word.

4. Television is not only entertaining but also educational.
   *La televisión **es no solo / no solo es** entretenida, sino también educativa.*

   ✗ Basic errors: *pero/sino*, agreements.

5. Because of the changes, the students are not happy.
   Debido a / A causa de los cambios, los estudiantes no están contentos.

   × Basic errors: not starting a sentence with *porque*, *ser/estar*.

6. You (*tú*) should stop smoking as it's bad for your health.
   *Deberías dejar de fumar **porque** / **ya que** es malo para la salud.*

   × Basic errors: verbs that mean similar things, *por/para*.

7. If you (*tú*) can't do it, it would be a good idea to ask for help.
   Si (tú) no puedes hacerlo, sería buena idea pedir ayuda.

   × Basic errors: verbs that mean similar things.

8. It's important to think about the future.
   Es importante pensar en el futuro.

   × Basic errors: verbs that take prepositions.

9. There is so much rubbish everywhere that it looks like there has been a party.
   Hay tanta basura por todas partes que parece que ha habido una fiesta.

   × Basic errors: set phrases using *por*, verbs that mean similar things, *ser/haber*.

10. The event was a success and I'd like to organise it again next year.
    El evento fue un éxito y me gustaría volver a organizarlo el año próximo.

    × Basic errors: verbs that take prepositions.

Práctica: traduce estas frases al español (page 219)

1. I thought you'd said you were going to go to Buenos Aires next year.
   ***Pensé** que **habías dicho** que **ibas a ir** a Buenos Aires el año próximo.*

2. If I'd known the problems it would cause, I never would have started the project.
   *Si **hubiera sabido** que **provocaría** tantos problemas, nunca **habría empezado** el proyecto.*

3. I didn't call you because I've been studying all day.
   *No te **llamé** porque **llevo** todo el día **estudiando**.*
   *No te **llamé** porque **he estado estudiando** todo el día.*

4. What have you done all day? You could have prepared dinner and taken the dog out.
   *¿Qué **has hecho** todo el día? **Podrías haber preparado** la cena y **sacado** al perro.*
   *¿Qué **llevas haciendo** todo el día? **Habrías podido preparar** la cena y **sacar** al perro.*

5. I've always wanted to volunteer abroad so that in the future I can put it on my CV.
   *Siempre **he querido** hacer voluntariado en el extranjero para que lo **pueda** poner en mi currículum en el futuro.* (*para que* + subjunctive)

Práctica: elige el pronombre correcto para cada espacio (page 227)

1. He bought **it** for **me**.
   *Lo/la compró para **mí**.*

2. They want to go with **you**.
   *Quieren ir **contigo** / **con vosotros** / **con usted** / **con ustedes**.*

3. His house is bigger than **mine**.
   *Su casa es más grande que **la mía**.*

4. Read it to her later.
   Léeselo a ella más tarde. (*le → se* rule + add accent when pronouns make the word longer affecting accent rules)

5. My friends don't like drugs.
   *A mis amigos no **les** gustan las drogas.*

6. We saw him at the park with them.
   ***Lo** vimos en el parque **con ellos**.*

Repaso 2 – las estructuras complejas (page 229)

1. If I had known, I would have done things in a different way.
   Si lo hubiera sabido, habría hecho las cosas de una manera diferente/de otra manera.

   ✓ Complex structures: *si* clauses.

2. I didn't realise how difficult it would be.
   No me di cuenta de lo difícil que sería.

   ✓ Complex structures: use of *lo*, moving between different time frames.

3. Decisions are taken by all members of the committee.
   Las decisiones las toman todos los miembros del comité.

   ✓ Complex structures: avoiding the passive.

4. A decision will be made after everyone has had a chance to give their opinion.
   Se tomará una decisión después de que todo el mundo haya tenido la oportunidad de dar su opinión.

   ✓ Complex structures: avoiding the passive, use of subjunctive to express future, perfect subjunctive.

5. What most interests me about this topic is that there is no clear answer.
   Lo que más me interesa de este tema es que no hay ninguna respuesta clara.

   ✓ Complex structures: use of *lo*, verbs that work like *gustar*, negatives.

6. It is space, whose frontiers have no limits, that man will keep exploring.
   El espacio, cuyas fronteras no tienen límites, es lo que el hombre seguirá explorando.
   El espacio, cuyas fronteras no tienen límites, es lo que el hombre no dejará nunca de explorar.

   ✓ Complex structures: relatives, use of gerund, negatives.

7. People have ignored the recycling initiatives, which means that we'll have to think of new proposals.
   La gente ha ignorado las iniciativas de reciclaje, lo cual significa que tendremos que pensar en nuevas propuestas.

   ✓ Complex structures: relatives, trouble recognising tenses, verbs that take specific prepositions.

8. The students asked for new sports facilities two years ago, and nothing has been bought yet.
   Los estudiantes pidieron nuevas instalaciones deportivas hace dos años y todavía/aún no se ha comprado nada.

   ✓ Complex structures: verbs that mean similar things, expressions of time, negatives, avoiding the passive.

9. It has been a growing problem since the beginning of the financial crisis.
   Ha sido un problema creciente desde el principio de la crisis financiera.
   Ha sido un problema que va en aumento desde que empezó la crisis financiera.

   ✓ Complex structures: use of gerund, expressions of time.

10. I want the school to set up a new forum so that everyone can share their ideas, and I hope it will work.
    Quiero que el instituto establezca un nuevo foro para que todo el mundo comparta sus ideas y espero que funcione.

    ✓ Complex structures: use of subjunctive after key structures (*quiero que, para que, espero que*).

Chapter 9: Links and recommended resources

9.1 Linked resources for this guide

The audio resources for the practice questions in Chapter 3 can be found on the Peak Study Resources website.

Scan the QR code or type in the following shortlink URL to take you to the index page:

> https://peakib.com/link/55af

9.2 Recommended resources

9.2.1 Books

- *A-Z for Spanish B*, by Noelia Zago – vocabulary book organised by topic.
- *Spanish Voices 1 and 2*, by Matthew Aldrich – authentic listening practice; questions are not IB-style but very useful range of accents and topics included.
- *SAT Spanish Subject Test* (Barron's) – clear grammar explanations and practice tests.
- *Spanish B Grammar and Skills Workbook* Second edition, by Mike Thacker and Sebastian Bianchi – comprehensive grammar practice and text types writing skills.
- *Oxford IB Prepared Spanish B*, by Carina Gambluch – comprehensive revision guide.

9.2.2 Podcasts and audio resources

- Hoyhablamos and Charlas hispanas – daily podcasts (10 mins) with transcripts for learners.
- TED en español – advanced level, full-length talks (varying lengths from 5 to 50 mins).
- Radioambulante – investigative journalism on Latin American issues.
- Radialistas.net – radio clips and radionovelas, emphasis on indigenous and human rights.
- Audiria.com – not recently updated but free online podcasts (2-5 mins in length) with multiple choice comprehension tests.
- ver-taal.com – free listening comprehension activities.

9.2.3 Audio magazines

All these audio magazines are packed with fantastic current and authentic articles, audio material and exercises.

- *Punto y coma* – hablaconene.com – 6 issues per year, print, digital or online.
- *Muchachos or Todos Amigos* – elilanguagemagazines.com – 5 issues per year, audio mp3.

9.2.4 Websites

- bbc.com/mundo – ideal reading material for IB students with sections on *noticias, cultura, salud, medio ambiente, tecnología, América Latina.*
- rtve.es – *Radio y Televisión Española* – short videos and news clips to practise your listening and broaden your grasp of current affairs.
- elpais.com or elmundo.es or eldiario.es or lavanguardia.com – Spanish news sites, check the *opinión* sections for *editoriales, columnas and cartas a la directora.*
- muyinteresante.es or consumer.es – accessible articles on *ciencia, innovación, tecnología, naturaleza, salud, educación.*
- thinkib.net/spanishb – InThinking for Spanish B – a fountain of knowledge for teachers and students of Spanish B.
- spanishdict.com – interactive grammar lessons and verb conjugation pages.
- wordreference.com – online dictionary, very useful for synonyms and conjugations.

9.2.5 Apps

- **Quizlet** – search for vocabulary quizzes on IB Spanish topics.
- **Spain Newspapers** or Kiosko.net – newspapers from Spanish speaking countries.
- **LyricsTraining** – learn as you listen to your favourite Hispanic music.

Notes

Notes